W0108906

Knaur.

Über den Autor:
Stefan Loipfinger, geboren 1968, ist Wirtschaftsjournalist. 2008 gründete er das Online-Portal *CharityWatch.de* und wacht seitdem über das Gebaren von karitativen Einrichtungen und Verbänden und fordert Transparenz. Als Spendenexperte ist er in den Medien ständig präsent. Loipfinger lebt mit seiner Familie in Rosenheim.

Stefan Loipfinger

Die Spendenmafia

Schmutzige Geschäfte mit unserem Mitleid

Knaur Taschenbuch Verlag

Besuchen Sie uns im Internet:
www.knaur.de

Originalausgabe November 2011
© 2011 Knaur Taschenbuch
Ein Unternehmen der Droemerschen Verlagsanstalt
Th. Knaur Nachf. GmbH & Co. KG, München
Alle Rechte vorbehalten. Das Werk darf – auch teilweise – nur mit
Genehmigung des Verlags wiedergegeben werden.
Umschlaggestaltung: ZERO Werbeagentur, München
Umschlagabbildung: mauritius images / die Kleinert
Satz: Adobe InDesign im Verlag
Druck und Bindung: CPI – Clausen & Bosse, Leck
Printed in Germany
ISBN 978-3-426-78498-3

5 4 3 2 1

Damit mehr Hilfe dort ankommt,
wo sie benötigt wird.

Inhalt

Vorwort

Die Herkunft des Begriffs »Mafia« ist ungewiss. Er könnte auf einen florentinischen Dialekt zurückgehen und mit »Armut« oder »Not« gleichgesetzt werden. Im Sizilianischen bedeutet »mafiusu« oder »marfusu« wiederum so viel wie »arrogant«, »eingebildet«, »selbstsicher«. Bezeichnungen, die sehr gut geeignet sind, die Einstellung so manch eines Spendenfürsten zu beschreiben, der einem Feudalherren gleich über die Gelder seiner Hilfsorganisation verfügt. Unabhängig von dieser Etymologie bezeichnet Wikipedia die Mafia als hierarchischen Geheimbund, »der seine Macht durch Erpressung, Gewalt und politische Einflussnahme zu festigen und auszubauen versucht«. Und genau das kann jeder erleben, der es wagt, einen kritischen Blick hinter die Kulissen der Spendenlandschaft zu werfen.

»Stefan Loipfinger ist ein Kinderschänder!« […] »Loipfinger ist pervers!«

Im Frühjahr 2010 wurde eine ganze Reihe von E-Mails mit solchen Überschriften in Umlauf gesetzt. Tausendfach überschwemmten sie elektronische Postfächer, vorzugsweise von Journalisten, aber auch von Verantwortlichen zahlreicher Hilfsorganisationen. Wie würden Sie sich fühlen, wenn solche Dinge über Sie behauptet werden? Sicher nicht gut. Mir geht es ebenso, noch dazu als Vater von fünf Kindern. Doch welche Möglichkeiten gibt es, um sich dagegen zu wehren? Keine! Sofern der Absender die Grundlagen des Internets beherrscht, und davon ist bei einer derart groß angelegten Verleumdungskampagne auszugehen.

In einer Version behauptet eine Frau, sie wäre zu der Verteilung gezwungen worden: »Diese Email sende ich Ihnen, weil ich von jemandem erpresserisch zum Weiterleiten gezwungen werde. […] Es tut mit sehr leid, dass man Sie erpresst.« Nachforschungen ergaben, dass die Nachricht von einem Remail-Server in Österreich stammte. Somit lässt sich die Identität des Absenders nicht fest-stellen.

Auch über Italien wurden Mails versendet, doch selbst mit professioneller Hilfe war eine Rückverfolgung nicht möglich. Vorgeblich hatte eine Prostituierte den Inhalt verfasst: »Als seine lang Jährige Geliebte Vertraute und Domina kenn ich fast alle seine sexuellen Phantasien. Stefan Loipfinger war etliche Jahre mein wichtigster Kunde trotzdem habe ich mich von ihm abgewendet bediene ihn nicht mehr und informiere jetzt die Öffentlichkeit über seinen Plan ein Kind zu vergewaltigen. Seit ich weis das er jetzt ein echtes Kind will forderte ich ihn auf eine Therapie zu machen. So etwas ist doch heilbar. Ich halte es als wichtig, seinen Plan bekannt zu machen um ihn so zu verhindern.« (Anmerkung: Rechtschreibung und Interpunktion wurden – wie bei allen Zitaten in diesem Buch – aus dem Original übernommen.)

Die gesamte Mail erstreckt sich über 15 Seiten. Im Verlauf ebenso schlimm verleumdet wurden Freunde, Bekannte, Verwandte, sogar Redakteure namhafter Medien, mit denen in der Vergangenheit gemeinsame Artikel entstanden waren. Allerdings war dabei dermaßen dick aufgetragen worden, dass selbst Menschen, die mir wenig wohlgesinnt sind, den Inhalt für unglaubwürdig hielten. Insofern machte ich mir wegen der Verleumdungen weniger Sorgen. Mich beunruhigte etwas ganz anderes: Manche Details konnten keinesfalls durch eine Internet-Suche in Erfahrung gebracht worden sein. Es musste jemand vor Ort recherchiert haben, sozusagen direkt vor meiner Haustür.

Diese Erkenntnis erschütterte mich. Das Einbeziehen meiner Privatsphäre war nicht zu vergleichen mit den Drohbriefen, die ich während meiner Zeit als kritischer Fachjournalist im Finanzwesen zugeschickt bekam. Verglichen mit den aktuellen sind sie sogar als zahm zu bezeichnen. Meist wollte nur jemand mit einigen Schimpf-Zeilen seinen Frust lösen. Ich hatte sie nie besonders ernst genommen. So etwas gehört bei vielen Journalisten zum Berufsleben. Doch die Anfang 2010 gestartete Kampagne gegen mich war und ist anders. In Umfang und Details scheint sie mit einer ganz und gar neuen Dimension behaftet – einer Dimension, die dabei ist, sämtliche Grenzen und Schranken zu sprengen.

Mehrere der Betroffenen und ich selbst erstatteten nach dem Auftauchen der Mails Anzeige gegen Unbekannt. Leider erfolglos. Im Internet sind Spuren leicht zu verwischen. Nachrichten lassen sich beispielsweise durch Remailer anonymisieren, indem sie von dort entpersonalisiert und automatisch weitergeschickt werden. Wer seine Spuren besonders gut verwischen will, sendet eine Mail gleich über verschiedene solcher Dienste.

Die Staatsanwaltschaft war machtlos trotz lebensgefährlicher Drohungen: »Wir machen Dich fertig Du Hurensohn! Dich die oben genannten und Deine ganze dreckige Verwandtschaft gleich mit! RACHE!!!«

Dieses und noch viel mehr, das ich hier allerdings nicht wiedergeben möchte, wurde angedroht, sollte CharityWatch.de nicht innerhalb von vier Tagen abgeschaltet werden. Wörtlich: »Dein schmutziges kleines Rufmordforum wirst Du leider vom Netz nehmen müssen. Schreib halt rein wegen Umbau geschlossen. Zur Schließung Deines Forums steht Dir ein angemessener Zeitraum von 4 Tagen zur Verfügung. Nach verstreichen dieser Bearbeitungszeit werden Du (und Dein persönliches Umfeld) weltweit rot markiert!«

Selbstverständlich habe ich CharityWatch.de nicht abgeschaltet. Es passierte einige Wochen lang nichts. Dann begann eine Verleumdungskampagne, die selbst nach Einschätzung von Experten ungewöhnliche Ausmaße hat. Wohl auch deshalb ist der Fall sogar so bemerkenswert, dass er in ein Buch über Rufmord im Internet einfloss.

Zwischen den »Kinderschändermails« und den anschließenden Vorkommnissen lassen sich keine Zusammenhänge nachweisen. Allerdings tauchen Parallelen auf […]

Es vergingen einige Monate, da startete eine Homepage mit dem Titel »Sage die Wahrheit«. Verantwortlich für diese mit dem Untertitel »charitywatch_quatsch« auftretende Internetseite ist ein gewisser Harry Lermer aus Niederbayern, der »Drückerboss«, wie er in der Spendensammlerszene hinter vorgehaltener Hand genannt wurde. Als »Herausgeber des Online Portals für Verbraucherschutz« schrieb er Hunderte, vermutlich sogar Tausende Vereine an. Ein Beispiel mag Stil und Machart widerspiegeln: »Grund meines Anschreibens ist die massive Rufmordkampagne, die ein Betreiber einer Webseite namens CharityWatch.de gegen spendensammelnde Vereine in Deutschland betreibt.«

In einer anderen Rundmail Mitte 2010 warb er aggressiv um Mitläufer: »Auf bitten mehrer Vereine werde ich ab dem 01.07. eine Plattform für geschädigte dieses Skandaljournalisten anbieten. Sie lautet charitywatch-quatsch.de. […] Nur durch rege Beteiligung kann dieser ›Journalist‹ für unglaubwürdig erklärt werden.«

Dieselbe Vorgehensweise wurde in der »Kinderschändermail« angekündigt: »Jetzt ist Loipwatch! […] Wir haben uns bereits mit vielen kleineren und mittleren Vereinen gegen Dich verbunden.« Eine weitere zufällige Parallele mit den ersten Mails ergibt sich durch die Ausdehnung der Drohung gegen jeden meiner Berufskollegen, der es wagt, kritisch über Vereine zu berichten: »Garantieschein: Jeder Journalist, der in Zukunft einen von Dir (oder unter falschem Namen) erstellten Bericht publiziert wird rot markiert und sein Chefredakteur.« Zugleich findet sich auf der Lermer-Homepage die Rubrik »Loipfingers Netzwerk«, auf der Journalisten verschiedener Medien denunziert werden. Gespickt sind die plumpen Pamphlete mit einem geradezu haarsträubenden und nicht selten atemberaubend konfusen Argumente-Arsenal.

Natürlich betreffen die Verunglimpfungen auch Mitarbeiter von CharityWatch.de. So findet sich auf besagter Internetpräsenz von Harry Lermer eine ganze Seite, die sich mit der CharityWatch.de-Mitarbeiterin Karin Burger beschäftigt. In für fremde Leser gar nicht nachvollziehbarer Art und Weise werden dabei Burgers sonstige Publikationen mit ihren Beiträgen auf CharityWatch.de vermischt.

Hass-Attacken dieser Art haben meist einen triftigen Grund. Es geht um Geld, viel Geld, mächtig viel Geld sogar: Falsche Wohltätigkeitsfürsten bangen um ihre Pfründe, wollen mit allen Mitteln verhindern, dass ihre miesen Machenschaften an die Öffentlichkeit kommen. Sie fürchten die Transparenz wie Dracula den Knoblauch.

Dieses Buch schildert in zahlreichen Beispielen, wie sich Vorstände, Hintermänner, Schattenfiguren und dubiose Geschäftemacher – alle mit Gutmenschen-Maske – pappsatt verdienen am Milliardenkuchen des Spendenmarkts.

Rund fünf Milliarden Euro sind es, die mitfühlende Deutsche pro Jahr spenden. Hinzu kommen Zustiftungen, staatliche Gelder, Mitgliedsbeiträge, Erbschaften, Bußgelder und Firmenspenden. Selbst die Kirchensteuer könnte als »freiwillige Zahlung für karitative Zwecke« gesehen werden, so dass in Summe ein zweistelliger Milliardenumsatz zusammenkommt.

Solch ein Euro-Berg weckt Begehrlichkeiten. Millionenschwere Motive machen erfinderisch und skrupellos. So fließen – bisher weitgehend unbeobachtet – erhebliche Beträge in die Taschen gewissenloser Geschäftemacher. Die Betrogenen sind all jene, die ein Herz haben für das Leid und das Elend anderer. Gutgläubig stellen sie ihr Geld zweifelhaften Vereinen zur Verfügung, nicht wissend, welche miese Maschinerie sich hinter der betrügerischen Helferfassade verbirgt. Allein die in diesem Buch beschriebenen Missbrauchsfälle bringen den dubiosen Profiteuren einen dreistelligen Millionenbetrag pro Jahr ein. Und das ist ohne Zweifel nur die Spitze des Eisbergs!

Mit dieser Kenntnis scheint das Motiv für die massiven Verleumdungen gegen mich als unbequemen Frager und mein Umfeld offensichtlich. Kein Wunder also, dass zeternde Mitstreiter Harry Lermer regelrecht umringen und bei der Veröffentlichung jeder neuen Unterstellung freudig applaudieren.

Andere arbeiten aktiv an der Verbreitung von Unwahrheiten oder übler Nachrede mit. So lässt sich Prinzessin Maja von Hohenzollern mit folgender Stellungnahme zitieren: »Da möchte sich ein dahergelaufener, ehemaliger Wirtschaftsjournalist, der schon als Fondskritiker höchst umstritten war, nun zum selbsternannten Wächter über Vereine und Menschen, die sich ehrenamtlich engagieren, aufschwingen und sich damit zum ›obersten Gutmenschen‹ erheben. Wäre er wenigstens ein guter Journalist, dann würde er substituiert und sachlich fundiert vorgehen, sauber arbeiten. Stattdessen fordert er, ohne jegliche rechtliche oder qualifizierte Legitimation innezuhaben, Vereine auf die Herausgabe ihrer Zahlen und Daten auf.«

Warum sich die Prinzessin so echauffiert? Ganz einfach: Sie ist Botschafterin bei einem höchst fragwürdigen Tierschutzverein namens ETN Europäischer Tier- und Naturschutz e. V. Warum sie sich über die einfache Frage aufregt, was mit dem Geld der Spender und Mitglieder passiert, erklärt ein Blick in die Mittelverwendung des Vereins. Zugang zu den Zahlen erhielt ich allerdings nicht über den Verein, sondern durch einen Insider. Erführen die ETN-Unterstützer, was dort hinter verschlossenen Türen alles passiert, bekäme der Verein ein mächtiges Problem. Also wettern Vereinsführung und hoheitliche Botschafterin gegen unbequeme Frager, die Transparenz anmahnen und wissen wollen, wofür denn die zahlreichen Beiträge der vielen tausend Tierfreunde eigentlich verwendet werden.

Um gezielt und im großen Rahmen Verleumdungen über mich zu verbreiten, werden sogar »Spezialisten« engagiert. Besonders profiliert für diesen Rufmord-Auftrag: ein Yellow-Press-Journalist, der vor Jahren zweifelhafte Bekanntheit erlangte, weil er als Chefredakteur ein Boulevardblatt leitete, das Prinzessin Diana ein Kind andichtete. Von »lebensnaher Phantasie« sprach der damalige Chefredakteur. Heute leistet er PR-Arbeit gegen Bezahlung.

Genau dieser mit viel Phantasie ausgestattete »Journalist« verfasste über mich eine schriftliche Abhandlung und schickte sie an Hunderte von Vereinen. Sollte ich mich jetzt geschmeichelt fühlen? Vielleicht. Leider blieb mir nur wenig Zeit, mich an der Gleichsetzung mit prominenten Persönlichkeiten zu erfreuen. Unter den Adressaten befand sich der umstrittene Mikrokreditevergeber Ana yi Africa e. V. Er zog einen seiner Vereinsvorsitzenden gut bekannten Anwalt aus Hamburg hinzu. Daraufhin bot dieser eine »ehrenamtliche« Mandatsübernahme an. Er wollte damit Aufmerksamkeit erreichen, da er sich ausdrücklich das Recht einräumen ließ, die Öffentlichkeit über die Mandate zu informieren. Sein klar formuliertes oberstes Ziel war allerdings, CharityWatch.de das Handwerk zu legen. Damit sein Engagement nicht völlig ausufert, schränkte er die Zahl der Mandate auf zunächst acht ein.

Rufschädigung kennt viele Wege

Ein anderer Weg der Rufschädigung: Hunderte Foreneinträge, verbreitet von Personen ohne wirkliche Identität. Bei jeder Gelegenheit, auch auf den Homepages namhafter Zeitungen und Magazine, wurde immer wieder die Aussage verbreitet: »Stefan Loipfinger lügt« oder, etwas abgewandelt, »Stefan Loipfinger ist nachweislich ein Lügner«. Sogar eine spezielle Homepage (www.stefanloipfingerluegt.wordpress.com) entstand. Für sie zeichnete eine gewisse Inga Pahle verantwortlich. Doch mit der Verantwortlichkeit war es nicht weit her. Eine ladungsfähige Adresse gab es nicht, so konnte rechtlich nicht gegen sie vorgegangen werden.
Gleiches gilt für eine Person mit dem vorgeblichen Namen Richard Schulz. Auf www.journalistenwatch.wordpress.com verbreitete er Anschuldigungen gegen verschiedene Journalisten – alle frei erfunden. Diskreditiert wurden stets Kolleginnen und Kollegen, die CharityWatch.de als Quelle zitierten oder empfahlen. Selbst vor Mitarbeitern öffentlich-rechtlicher Fernsehanstalten wurde gewarnt. Und damit diese auch wirklich verstanden, dass sie künftig die Finger von kritischen Gemeinnützigkeitsthemen zu lassen hätten, gab es zusätzlich noch Anschwärzungen bei den Vorgesetzten. Im Fall einer Mitarbeiterin von *Focus Online*

behaupteten die Denunzianten: »Stefan Loipfinger ist ein Freund und Geschäftspartner von Frau [...].« Das ist völlig aus der Luft gegriffen, wie so vieles andere aus der Rufmordkiste der vergangenen Monate.

Apropos Journalisten. Harry Lermer schrieb im Dezember 2010 per Massenmail über 2000 meiner Kolleginnen und Kollegen an und bat sie um »journalistische Hilfe« im Kampf gegen die vorgebliche Verunsicherung von Millionen Spendern. Mit Falschaussagen wie »Kontaktadressen werden an Dritte verkauft« sollten kritische Berichte angestoßen werden. Eine Unterlassungsverpflichtungserklärung unterschrieb Lermer ohne zu zögern, um wenige Stunden später die nächste Diskreditierungsmail in Tausenderauflage zu verschicken. »Ein bisschen was bleibt immer hängen« – das Motto leuchtet ein.

Diese Beispiele aus der Verleumdungskampagne illustrieren anschaulich den zwar plumpen, aber großformatig organisierten Versuch, »geschäftsschädigende« Kritiker mundtot zu machen. Geld spielt dabei keine Rolle, schließlich dient es dem »guten« Zweck: der Akquirierung von Spenden in Millionenhöhe. So ist es kaum verwunderlich, dass einige aus der Riege der unbequemen Fragesteller inzwischen resignierten. Der von unlauteren Vereinsfürsten aufgebaute Druck war ihnen zu groß geworden. Kenner der Szene meinen deshalb würdigend: »So lange wie Charity-Watch hat noch niemand durchgehalten.«

Wie wird es weitergehen? Wahrscheinlich kommen neue Attacken. Wie meistens anonym und aus dem Hinterhalt. Der klassische Mafiamord zur Entsorgung unbequemer Zeitgenossen hat heutzutage ausgedient. Bequemer geht es per Rufmord – ohne Fingerabdrücke und Schmauchspuren. Schnell gerät in den Fokus, wer zu intensiv hinter die Kulissen skrupelloser »Gutmenschen« leuchtet, die eine an sich lobenswerte Idee in Misskredit bringen, wer über die Tricks, Bluffs und Finessen berichtet, mit denen Spendengelder auf die Seite geschafft werden, wer es letztendlich sogar wagt, die Namen der zwielichtigen Sammlerfürsten zu nennen. Das Strategie-Repertoire jener, die ein existenzielles Interesse daran haben, ihre Machenschaften hinter blumigen Worthülsen zu verbergen: beleidigende Briefe, anonyme E-Mails und Telefonanrufe, massive Drohungen gegen Familie und Bekanntenkreis sowie breit angelegte Rufmordkampagnen. Es agieren diejenigen, die ihr Geschäftsmodell bedroht sehen, das den gutgläubigen Spendern vorgaukelt, den helfenden Zweck zu fördern, in Wahrheit jedoch nur auf eines ausgelegt ist: die Beteiligten zu begünstigen.

Doch woher soll der Spender wissen, wem er sein Geld anvertrauen kann? Ohne die nötigen Informationen ist das so gut wie unmöglich. Wer würde beispielsweise einem ehemaligen Versuchstierhändler Geld für den Tierschutz geben? Vermutlich keiner. Weil der Spender das aber nicht weiß, vertrauen in Deutschland Tausende einem solchen Menschen ihr Geld für das Wohl der Tiere an.

Metamorphosen wie diese sind keine Seltenheit in der Spendenszene. Beinahe jede Vorgeschichte erlaubt es, sich das Mäntelchen des barmherzigen Samariters umzuhängen, um in Wahrheit nur eines zu tun: das eigene Konto aufzufüllen. Und es wird kräftig kassiert: für kranke Kinder, für die bedrohte Umwelt, für frierende Obdachlose, für arme Menschen in Krisengebieten – die Liste des Elends ist lang. Und die Welle der Hilfsbereitschaft rollt.

Von den fünf Milliarden Euro, die die Deutschen jedes Jahr spenden, kommt bei weitem nicht alles dort an, wo es dringend benötigt wird. Oft genug verschwindet der Löwenanteil woanders. Bevor das Spendengeld in die Hilfsprojekte gesteckt wird, findet die interne Umverteilung nach Gutsherrenart statt. So kassieren die Bosse der ehrenwerten Vereine oft fette Gehälter und Prämien, fahren Ferrari und andere Nobelkarossen; manche besitzen gleich einen ganzen Fuhrpark, zudem pompöse Prachtvillen in Spanien, am Schwarzen Meer oder in Thailand nebst adäquatem Leben auf großem Fuß.

Das Wort von den mafiösen Strukturen ist nicht aus der Luft gegriffen. Wie verschiedene Recherchen inzwischen nahelegen, gibt es tatsächlich immer wieder Verbindungen zu echten Mafiaorganisationen. Zum Beispiel warnt die spanische Polizei vor internationalen Tiertransporten, bei denen die Tiere als Drogenkuriere missbraucht werden. Ein Video zeigt, wie ein Tierarzt aus einem von der Polizei entdeckten Hund päckchenweise Drogen herausoperiert. Der große Vorteil aus Schmugglersicht: Drogenhunde der Gesetzeshüter sind nicht in der Lage, Rauschmittel in ihren Artgenossen anzuzeigen. Außerdem werden Tiertransporte ungenügend kontrolliert. Obwohl es in Deutschland jährlich zur Einfuhr von schätzungsweise 250 000 bis 400 000 Hunden kommt, werden nur wenige Transporte ordnungsgemäß gemeldet. Die meisten finden trotz klarer EU-Vorschriften illegal statt. Den Veterinärämtern sind die vorgeschriebenen Kontrollen lästig. Deshalb sehen sie bei vielen Tierschutzorganisationen einfach weg. Die übergeordneten Länderministerien handelten ebenfalls jahrelang nach dem Prinzip der drei Affen: nichts sehen, nichts hören, nicht sprechen.

Zurück in die tägliche Praxis der Spendenmafia. Seit Mitte Dezember 2010 haben die Verleumdungen gegen CharityWatch.de massiv zugenommen. Genau zu diesem Zeitpunkt begann ein neues Zeitalter für Tierimporte durch gemeinnützige Vereine. Eine innerhalb der Szene verbreitete Mail belegt dies recht deutlich: »Hallo liebe Tierschutz-Kolleginnen und -Kollegen, ich wollte einerseits mein Wissen mit euch teilen: Ich habe heute erfahren, dass es wohl 2010 ein Treffen gab in Hannover, bei dem beschlossen wurde, dass man nun bundesweit bei der Einfuhr von Tieren härter durchgreifen will bzw. die EU-Gesetze zur Einfuhr stärker angewandt werden sollen. Noch gab es keine definitiven Beschlüsse zur Umsetzung, und ich weiß auch nicht ab wann das so sein soll, aber anscheinend wird mancherorts (teils ohne das Wissen von übergeordneter Stelle) schon dementsprechend hart durchgegriffen.«

In Italien gab es Razzien, bei denen zum Export vorbereitete Drogen in Hunden gesucht wurden. In einem Hintergrundgespräch mit dem Drogenspezialisten eines Landeskriminalamtes wies CharityWatch.de auf diese Praxis hin. Seither werden importierte, frisch operierte Tiere speziell untersucht. Besondere Aufmerksamkeit gilt Hunden, die aus Tierheimen mit eigenen Operationssälen kommen. Kaum zu glauben, aber Fakt: Tierfutter ist ebenfalls ein Vehikel, um Drogen einzuschmuggeln. In einem Fall war in Tierfutter Effedrin versteckt, ein Wirkstoff, mit dem Designerdrogen hergestellt werden. Der Import wurde mit Spendengeld finanziert – weil das Futter für ein Tierheim bestimmt war.

Ein anderer Beleg für diese Zusammenhänge ist ein offizielles Papier vom Office of Foreign Assets Control des US-Department of the Treasury. Dabei handelt es sich um eine Abteilung des Finanzministeriums der Vereinigten Staaten, die unter anderem die Verschachtelungen von Auslandsfirmen untersucht. In einem speziellen Fall geht es um das Firmengeflecht des Cali-Kartells, einem kolumbianischen Drogenimperium. Auf dem Schaubild des US-Finanzministeriums taucht ein Firmenname auf, der auch bei Recherchen zu Tierschutzorganisationen in Italien aufgefallen ist. Speziell geht es um ein Tierheim in der Nähe von Rom, das mit dem Geld von deutschen Spendern gebaut wurde, jedoch besagter Firma mit Verzweigungen zu kolumbianischen Drogenbaronen gehört.

Alles nur Zufall? Sicherlich nicht. Denn allein die von Beispielen losgelöste Logik legt einen Schluss nahe: Die organisierte Kriminalität nutzt das organisierte Spendenwesen für ihre Machenschaften. Wo sonst können Gelder ohne Nachweis und völlig unverdächtig im internationalen Rahmen verschenkt – verschoben? – werden. Geldwäsche mit Hilfe international aktiver Hilfsorganisationen? Ein Gedanke, der angesichts fehlender Transparenz und Kontrollen naheliegt.

Zum Schluss noch ein paar Anmerkungen zum Buch selbst: Auf den nachfolgenden Seiten werden viele Vereine und Namen genannt. Im Fokus stehen karitative Organisationen, die aktiv Spenden und/oder Mitglieder sammeln. Bei den Nennungen geht es nie um die Diskreditierung der jeweiligen Personen, sondern um die notwendige Verbesserung der Hilfeleistung, wie sie den Spendern und Mitgliedern als zahlende Unterstützer versprochen wurde. Die Nennung der Realnamen dient dazu, die Notwendigkeit von Reformen praxisnah zu bestätigten. Im günstigsten Fall werden die dokumentierten und in vielen Fällen auch durch Gerichtsurteile belegten Fakten bei den Spendern ein Umdenken auslösen. Denn nur die Spender können über ihr Zahlungsverhalten, die Mitglieder über die Ausübung ihrer Mitgliederrechte Druck auf diejenigen karitativen Organisationen ausüben, bei denen es etwas zu verbessern gilt.

Die Gegenwehr lässt sicher nicht lange auf sich warten. Deshalb beurteilen Sie die Aussagen in diesem Buch nicht nach den Vorwürfen, die gegen den Autor und sein Umfeld erhoben wurden und sicher noch werden. Leider ist es aussichtslos, gegen üble Nachrede im Internet vorzugehen. Bis ein Eintrag verschwindet, sind zehn neue erschienen. Bilden Sie sich eine eigene Meinung durch die in diesem Buch genannten Fakten. Was sagen die betroffenen Organisationen konkret zu den beschriebenen Tatsachen? Warum fließen teilweise nur Alibibeträge in die versprochenen Hilfeleistungen? Weshalb werden Spender und Mitglieder nicht detailliert darüber informiert, was mit ihrem Geld geschieht? All das sind Fragen, die dieses Buch aufwirft und für die es eigentlich unerheblich ist, wer sie stellt.

An manchen Stellen finden sich in diesem Buch Zahlen, die schon einige Jahre alt sind. Alles, was bis zum Redaktionsschluss im Frühjahr 2011 in Erfahrung zu bringen war, ist eingeflossen. Meist liegt die Ursache für veraltete Daten in dem Umstand, dass die betroffene Organisation keine oder keine aktuelleren Auskünfte erteilen wollte und die genannten Zahlen ehemalige Insider zur Verfügung gestellt haben.

Bei der Gelegenheit möchte ich diesen Informanten ausdrücklich danken, weil sie nicht selten gegen erheblichen Druck versuchen, die Öffentlichkeit zu informieren. Diese Form der Zivilcourage ist nicht selbstverständlich und hat bis dato noch Ausnahmecharakter.

Wichtig: Dieses Buch ist kein Plädoyer gegen das Spenden!
Generell sei eines betont: Es gibt viel Missbrauch – zu viel. Doch umgekehrt gibt es auch sehr, sehr viele unterstützenswerte, ehrenvolle und uneingeschränkt gemeinnützige Initiativen. Die zentrale Aufgabe besteht deshalb darin, das Geld von den zweifelhaften Hilfsorganisationen zu den seriösen umzuleiten. Gelingt das auch nur im Ansatz, profitieren davon Tausende hilfsbedürftige Menschen, Tiere, die Umwelt oder was immer als jeweiliger gemeinnütziger Zweck definiert ist.

Es geht in keinem Fall darum, den Leser zum Nichtspenden zu animieren. Stattdessen soll das Buch eine Hilfestellung zum »richtigen« Spenden sein. Mittelfristig könnte sich aus dem Wissen, dass die finanzielle Unterstützung tatsächlich ankommt, sogar eine Steigerung der Hilfsbereitschaft insgesamt ergeben. Denn eines wird mit diesem Buch deutlich: Deutschland braucht eine verbesserte Spendenkultur – sowohl bei der allgemeinen Spendenbereitschaft als auch hinsichtlich der Professionalität der Organisationen.

Es ist höchste Zeit, ernsthaft an diesen Zielen zu arbeiten. Dieses Buch soll einen fundierten Beitrag dazu leisten.

1 Die Spendenmafia: Wann stoppt der Staat den Spendenmissbrauch?

Manche Skandale brauchen etwas länger, bis sie im Bewusstsein der Öffentlichkeit ankommen. Dies gilt vor allem bei Vorwürfen gegenüber vermeintlichen Wohltätern. Ihnen wird häufig ein enormer Vertrauensbonus eingeräumt, der aber, ist er einmal zerstört, in besonders große Enttäuschung umschlägt.

Ein anschauliches Beispiel sind die Vorgänge um die Treberhilfe aus Berlin. Die als gemeinnützig angemeldete GmbH kümmert sich laut eigener Aussage um die Ärmsten der Armen Berlins. Dahinter liegt ein Strickmuster dunkler Machenschaften, das so oder ähnlich ausgeprägt auch bei vielen anderen Spendenorganisationen erkennbar ist: Der Ex-Geschäftsführer der Berliner Treberhilfe (Jahresumsatz 15 Millionen Euro) reiste regelmäßig in einem Nobelauto zu den sozialen Brennpunkten seines Wirkungskreises. Wohlgemerkt regelmäßig, denn das teure Auto nutzte er als Dienstwagen – zum Teil mit Chauffeur. Erstaunen rief auch sein geradezu fürstliches Geschäftsführergehalt hervor.

Wie geht das alles, fragt man sich. Die Fülle der recherchierten Fälle belegt, dass es für ausgefuchste Kenner des Spendenbereichs relativ leicht ist, sich auf Kosten einer karitativen Organisation ein angenehmes Leben auf hohem Niveau zu machen. Unzureichende Transparenzvorschriften und nicht erfolgende Kontrollen räumen die Gefahr, entdeckt zu werden, geradezu vollständig aus. Völlig losgelöst von der Treberhilfe kann man allgemein eine einfache Gebrauchsanweisung zum Missbrauch so formulieren: Ein kleiner Teil der für den Vereinszweck gedachten Spenden und Mitgliedsbeiträge fließt als Alibizahlung dem definierten Empfängerkreis zu. Meist sind das in Not geratene Menschen oder Tiere. Nicht selten wird dieser kleine Teil für wirklich vorbildliche Projekte verwendet und überzeugt die Unterstützer restlos. Der größere »Rest« aber »versickert« in Verwaltung und Werbung. Dazu gehören, passend zur Klientel, exklusive Dienstwagen, Mobiliar vom Feinsten, Büros in bester Lage, ab und an ein paar Luxusreisen zwecks Weiterbildung. In vielen Fällen lassen sich Gehälter der nach außen hin ehrenamtlich Tätigen auf Spitzenniveau und/oder lukrative Verträge mit Firmen nachweisen, die im Eigentum der Vereinsfunktionäre oder deren Familienangehörigen stehen.

Die Fülle belegter und juristisch geahndeter Spendenmissbrauchsfälle legt die Vermutung nahe, dass sich diese Gebrauchsanweisung zur Bereicherung weit herumgesprochen hat. Skrupel scheinen die Profiteure nicht zu haben.

Fazit: Es ist etwas faul im Spendenbereich! Insider wissen längst, dass die Spendenkriminalität mittlerweile epidemische Ausmaße annimmt.

Den Grund dafür sieht Wolfgang Seibel von der Universität Konstanz, Autor mehrerer Studien über Non-Profit-Organisationen in Deutschland, in der mangelnden Transparenz auf dem Wohlfahrtsmarkt: »Das Risiko, dass gemeinnützige Vereine zum Selbstbedienungsladen werden, ist strukturell bedingt. Weder gibt es einen Haushalt wie bei der öffentlichen Hand noch eine Bilanz wie bei einem Marktunternehmen. Oft haben die Vereinsvorsitzenden gar kein Interesse daran, dass ihre Geschäftsführer effektiv arbeiten. Da geht es mehr ums Prestige und um den Zugang zu öffentlichen Geldquellen.«

Doch an solchen Expertisen sind die staatlichen Entscheidungsträger offensichtlich nicht interessiert. Insbesondere die Politik zeigt bisher noch nicht einmal ansatzweise ein Bewusstsein für dieses Problem. Kleine Anfragen im niedersächsischen Landtag und im Bundestag brachten von Regierungsseite lediglich Antworten des Tenors »Keine vermehrten Klagen wegen Spendenmissbrauch.«

Zu ganz anderen Ergebnissen kommen manche Strafverfolgungsbehörden. So machte etwa die Kriminalpolizei in Itzehoe, Schleswig-Holstein, zuwiderlaufende Erfahrungen, die sie auch veröffentlichte. Die Praktiker dort wissen, was sich unter der medial aufpolierten Oberfläche vieler Vereine wirklich abspielt. Und weil es sich dabei durchaus nicht um Einzelfälle handelt, füllen die Ermittlungen ganze Aktenordner. In Itzehoe sagt man unseriösen Spendensammlern den Kampf an. Die Kriminalisten beschreiben Hintergrund und Handlungsmuster so: »Unseriöse Organisationen haben die Mildtätigkeit für sich entdeckt und machen hohen Gewinn, den sie zu einem Großteil in die eigene Tasche stecken. Nur ein geringer Prozentsatz dient dem Sammlungszweck.« Aus ihrer praktischen Arbeit wissen die Mitarbeiter der Präventionsstelle bei der Polizeidirektion Itzehoe, dass die Täter »unter dem Deckmantel von Vereinen beziehungsweise Organisationen gefühlsbesetzte Bereiche wie Kinder- und Tierschutz als Zielthemen bewerben«.

Der Missbrauch mit dem Imagekürzel e. V. nimmt zu

Beschäftigt man sich mit dem Missbrauch im Spendendschungel, fällt rasch auf, dass Einzeltäter die Ausnahme sind und dass es sich in der Regel um größere, manchmal weit verzweigte Organisationen handelt. Nach Wissen der Itzehoer Kripo werden die Täter teilweise unterstützt durch Drückerkolonnen im Bundesgebiet und durch Call-Center im Ausland. In erster Linie geht es ihnen um die Anwerbung von Mitgliedern für den betreffenden Verein samt dazugehöriger Bankdaten. Was dann folgt, ist durch mehrere Strafverfahren nachgewiesen: Sobald die Täter die Daten des Spenders besitzen, buchen sie überhöhte Beträge (oder mehrfach dieselben Mitgliedsbeiträge) von ein und demselben Konto ab. Das Perfide daran: Bei Fördermitgliedschaften gilt in der Regel das Haustürwiderrufsgesetz nicht. Es gibt somit kein gesetzliches Rücktrittsrecht. Dass hinter den zu viel abgebuchten Beträgen meist ein ganzes Netzwerk von Betrügern steckt, ist nicht neu. Dirk Kawald, Kriminalhauptkommissar im Kommissariat Wirtschaftskriminalität bei der Bezirkskriminalinspektion Itzehoe, befasste sich in den Jahren 2004 und 2005 mit der Aufklärung von Straftaten, die von einer größeren Tätergruppe im Zusammenhang mit dem bundesweiten Werben und Betreiben von Tier- und Kinderschutzvereinen begangen worden sind. Dabei wurde eine Reihe von Delikten (gewerbsmäßiger Betrug, Untreue, Urkundenfälschung, Insolvenz- und Steuerdelikte) abgearbeitet. Das geschätzte Schadensvolumen bewegt sich in zweistelliger Millionenhöhe.

In die Justizgeschichte eingegangen als besonders dreister Fall von Spendenmissbrauch ist das Ermittlungsverfahren gegen den eingetragenen Tierschutzverein Arche 2000 (dazu später noch mehr). Noch während der laufenden Ermittlungen wurden einige Verfahren abgetrennt und in die zuständigen Bundesländer weitergeleitet. Am Ende gab es verschiedene Ermittlungsverfahren und Urteile zu unterschiedlichen Vereinen.

Das Abschreckungspotenzial aus den ergangenen Urteilen scheint allerdings nicht sehr hoch zu sein. Nach wie vor wird in deutschen Städten zum Beitritt in einen dieser Vereine geworben, je nach Jahreszeit im Clowns-, Weihnachtsmann- oder Hasenkostüm verkleidet. In den Einkaufspassagen scheinen Infostände von Kinder- oder Tierschutzvereinen geradezu aus dem Boden zu schießen. Welche davon seriös arbeiten, ist auf den ersten Blick kaum zu erkennen. Und nahezu pausenlos klingeln Telefone in Deutschland. Es sind unaufgeforderte Anrufe in der gut verpackten Absicht, neue Mitglieder zu werben.

Auch die Kripo kann nicht viel mehr tun, als zur Vorsicht zu mahnen. Immerhin gibt es in Itzehoe ein polizeiliches Informationsblatt, das landesweit und flächendeckend verteilt wurde. Der Bürger müsse wissen, so die Begründung, worauf er sich beim Spenden einlassen kann und worauf nicht. Das Informationsblatt gibt Auskunft darüber, worauf spendenbereite Bürger zu achten haben, wenn sie von Spendensammlern angesprochen werden. »Lassen Sie sich nicht unter Druck setzen«, heißt es dort unter anderem, oder: »Geben Sie Ihre Bankdaten nicht heraus«.

Ein Infoblatt in einem Bundesland wird den Status quo der Vorbehaltlosigkeit, mit der viele Bürger dem Werben karitativer Organisationen begegnen, kaum spürbar verändern. Selbst die Tatsache, dass sich die Medien des Themas immer mal wieder annehmen, dämmte den kritiklosen Zulauf und die vorbehaltlose Spendenbereitschaft bisher nicht ein. Fernsehsendungen wie *Panorama*, *WISO* oder *Markt im Dritten* behandeln die Spenden- und Mitgliederproblematik im Zusammenhang mit dubiosen Vereinen. Ob sie eine entsprechend nachhaltige Sensibilisierung der Bevölkerung erreichen konnten?

Eher nicht: Nach kriminalpolizeilichen Erkenntnissen bedienen sich bereits Personen aus der »zweiten und dritten Führungsreihe« der Spendenbetrüger ähnlicher Strukturen, die sie inzwischen verfeinert und im großen Stil erweitert haben. Das ist der gut ausgebildete Nachwuchs, der mit neuen Vereinen und Organisationen nach dem nächsten Stück des großen Spendenkuchens schnappt. Sie tun dies wie ihre Vorbilder: unter dem Deckmantel der Mildtätigkeit gegenüber Mensch und/oder Tier.

Spendenmissbrauch unter dem Imagekürzel e. V., also eingetragener Verein, das ist eine immer größer werdende Lawine. Und die Zielgruppe – Mitglieder, Spender, Unterstützer – begegnet dem Konstrukt e. V. häufig vorbehaltlos, unkritisch, offen bis an die Grenze der Naivität! Viele Menschen halten den Verein an sich für etwas grundlegend Ehrenwertes. Besonders im karitativen Bereich sehen sie seine Aufgabe von vornherein durch das moralische Anliegen geadelt. Vertrauensvoll unterliegen sie einer bewussten Täuschung mittels einiger wenig aussagekräftiger behördlicher Prüfungen.

Die Kaputtsparer: Unsinniger Bürokratieabbau im Spendenbereich

Lässt sich für die Bundesrepublik eine eher unheilvolle Entwicklung vom Spendenparadies zum Selbstbedienungsladen für Charity-Paten feststellen? Was läuft schief im reichen Industrieland Deutschland, in dem viele Menschen ihre gesellschaftliche Verantwortung ernst nehmen und dafür gern karitative Zwecke unterstützen?

Die aktuelle Bestandsaufnahme im Spendenwesen lässt folgende Bewertungen zu: Abseits jeglicher Kontrolle können Drückerbosse und ihre Handlanger ungestört Imperien aufbauen. Abgesehen von der Aufsichts- und Dienstleitungsdirektion Trier (ADD) in Rheinland-Pfalz gibt es deutschlandweit keine Kontrollorgane. Leider hat es sich bei den Spendern bis heute nicht herumgesprochen, dass die Prüfungen des Finanzamts kein Beleg für die seriöse Verwendung von Spendengeldern sind. Staatliche Kontrolle findet de facto nicht statt. Im Grunde unverständlich, führt doch das skizzierte jährliche Spendenvolumen aufgrund der steuerlichen Absetzbarkeit zu entsprechenden Steuerausfällen.

Was bleibt ist das Spendensiegel des Deutschen Zentralinstituts für soziale Fragen (DZI). Doch reicht es für eine Kontrolle des Spendenmarktes nicht, an einige wenige Organisationen ein Spendensiegel zu vergeben. Zudem ist die Rolle des DZI eine passive, keine aktive. Die Organisationen müssen das Siegel beantragen, sie werden nicht automatisch zu einer Überprüfung ihrer Mittelverwendung aufgefordert. Und welcher unseriöse Verein legt seine Daten schon freiwillig offen? Laut einem Interview der *Frankfurter Rundschau* mit Geschäftsführer Burkhard Wilke bietet das Siegel »unabhängige Einschätzungen und sorgfältige Analysen, die wissenschaftliche Mitarbeiter des DZI erarbeiten«. Das stimmt, aber es handelt sich eben um nur etwa 260 Organisationen, auch wenn diese jährlich insgesamt rund 1,4 Milliarden Euro sammeln. Zur Relation der zahlenmäßigen Einordnung: In

Deutschland gibt es 566 000 Vereine und 17 000 Stiftungen. Auch Wilke beklagt, dass zu viele Organisationen nicht bereit sind, ihre Finanzdaten regelmäßig zu veröffentlichen. Vor allem müsse transparent gemacht werden, wie viel die Führungspersonen verdienen.

Die Frage, warum der Staat zögere, die Organisationen zu Transparenz zu verpflichten, beantwortet der DZI-Geschäftsführer so: »Der Gesetzgeber hierzulande setzt wie in vielen Staaten auf freiwillige Transparenz bei bürgerschaftlichem Engagement. Dahinter steht der Gedanke: Niemand ist gezwungen, zu spenden oder sich ehrenamtlich zu betätigen. Deshalb sollten auch die Organisationen, die auf diesen Einsatz angewiesen sind, schon aus eigenem Interesse alle wesentlichen Informationen offenlegen.«

Freiwillige Selbstverpflichtung also. Das Verfahren als solches sowie seine erwiesene Ineffizienz sind bekannt. Über eine freiwillige Selbstkontrolle versucht beispielsweise die Arzneimittelindustrie zum Wohle der Patienten die Einhaltung eines lauteren Wettbewerbs mit Ärzten, Patientenorganisationen und weiteren Partnern im Gesundheitswesen zu schaffen. Trotzdem gibt es immer wieder Negativschlagzeilen mit Korruption, Bestechung oder Kopfgeldern für Patienten. Freiwillige Selbstverpflichtung – das hört sich zwar zunächst beruhigend an. Aber ist das nicht in etwa so, als würde man die Geschwindigkeitskontrollen auf Deutschlands Autobahnen den Sportwagenherstellern übertragen? Selbst die Erfahrungen aus der zuletzt leidvoll erlebten Finanzkrise, die ursächlich in unkontrollierten Finanzzockereien begründet lag, haben offenbar niemanden aufgerüttelt.

Der potenzielle Sünder kontrolliert sich selbst. Ernsthaft würde das wohl niemand als funktionierendes System vorschlagen. Im Spendenbereich ist das trotzdem so, weil jegliches Bewusstsein dafür fehlt, dass es auch hier Sünder geben könnte. Notwendig wäre eine öffentliche Diskussion, aus der sich Lösungsvorschläge entwickeln lassen. Möge dieses Buch hierfür nicht nur einen Anstoß, sondern vor allem einen kleinen Beitrag leisten.

In allen Bereichen, in denen die Politik auf Selbstverpflichtungser-klärungen verweist, ist offensichtlich, dass sie sich vor der Verant-wortung, der Organisation und der Finanzierung wirkungsvoller Kontrollinstanzen drücken will. Die Motive dafür können unter-schiedlich sein.. Besonders im Kontext mit der Finanzkrise wird diskutiert, dass die Politik die Auseinandersetzung mit jenen, die es zu kontrollieren gilt, scheut. In anderen, insbesondere industri-ellen Bereichen, ließe sich das politische Ausweichen als erfolgrei-che Lobbyarbeit und als Ausfluss zu großer Nähe zwischen Politik und Wirtschaft deuten. Beide Motive scheinen nicht unbedingt plausibel für den Spendenbereich. Zwar gibt es Beispiele, die nahe-legen, dass auch die Politik ein Interesse daran haben könnte, den Spendenbereich unkontrolliert zu lassen, aber noch weit mehr drängt sich der Verdacht auf, dass es bisher weder in Politik noch in Gesellschaft ein realitätsnahes Bewusstsein vom Umfang des Missbrauchs gibt.

Als Lösung des Dilemmas schlägt das DZI vor, der Staat solle bei der Aufsicht von Spendensammlern den Bürgern einen »Basisschutz« bieten. Vorbild könne das Bundesland Rheinland-Pfalz mit seiner Dienstaufsichtsbehörde ADD sein. Solch ein Basisschutz, kombi-niert mit einem Mindestmaß an gesetzlich vorgeschriebener Trans-parenz, ist ein sinnvoller Lösungsansatz. Nur über diesen Weg wird es möglich sein, die Spendenbetrüger auszubremsen.

In Rheinland-Pfalz gibt es für die Überprüfung von Spenden-sammlern ein eigenes Gesetz, das sogenannte Sammlungsgesetz. Es zwingt in diesem Bundesland aktive Vereine, sich Straßen-sammlungen genehmigen zu lassen und auf Nachfrage ihre Bü-cher offenzulegen. Wer Spendengelder missbraucht oder auch nur nicht ausreichend die satzungsgemäße Verwendung dokumen-tiert, bekommt Sammelverbot. Dafür sorgt die ADD in Trier. Die-se unbestritten äußerst nachahmenswerte Aufsichtsbehörde, die erstaunlich wenige, dafür aber offensichtlich sehr kompetente Leute hat, verbietet jährlich etwa zehn bis 15 dubiose Spenden-sammlungen.

Doch an den Grenzen des Bundeslandes endet die Kompetenz der ADD. In benachbarten Bundesländern prüft niemand, wer in welchem Namen und zu welchem Zweck sammelt, ob das in Ordnung ist oder doch nur wieder eine neue Abzocke. Schon allein deshalb meiden betrügerisch arbeitende Organisationen das Bundesland Rheinland-Pfalz, weswegen die Zahl der dortigen Sammlungsverbote wieder nur die Spitze des bundesweiten Eisbergs markiert.

Kurios ist vor allem, dass es diesen Basisschutz früher auch in anderen Bundesländern gegeben hat, zum Beispiel in Bremen. Heute darf im Stadtstaat an der Weser jeder sammeln. Die Bremer haben ihr Sammlungsgesetz nämlich im April 2005 abgeschafft. Seitdem reiben sich unseriöse Spendensammler die Hände buchstäblich mit klingenden Münzen. Und der Innensenator? Der schwärmte in der ARD-Sendung *Panorama* von den deutschen Spendern. Und vom Bürokratieabbau. »Die Deutschen sind sehr, sehr engagiert, was das Spenden angeht. Und ich gehöre zu denen, die das nicht bremsen möchten, sondern ich möchte gerne, dass den Menschen, denen es nicht so gutgeht wie in unserem Land, durch solche Spendenaktionen, dass denen geholfen wird. Und deshalb finde ich das zunächst einmal vom Ansatz absolut richtig, da keine Gesetze und Regeln so zu machen, dass es die Menschen strapaziert.« Etwas naiv, dieses Statement, aber es passt zur Abschaffung des Gesetzes.

Ganz ähnlich ist die Argumentation zur Aufhebung des Sammlungsgesetzes in Schleswig-Holstein: »Haus- und Straßensammlungen künftig ohne besondere Erlaubnis. Veranstalter und Kommunen werden von Bürokratie entlastet«, jubelte das Innenministerium des nördlichsten Bundeslandes in einer Pressemeldung. Die Entbürokratisierung im Innenministerium gehe weiter voran. Das Sammlungsgesetz werde ersatzlos gestrichen, von 2009 an brauchten Veranstalter von Sammlungen dann keine besondere Erlaubnis mehr. »Das bedeutet weniger Bürokratie für Veranstalter und Kommunen«, so der damalige Innenminister Ralf Stegner. Das allgemeine Ordnungsrecht und strafrechtliche Bestimmungen reichten aus, die Bürger vor den schwarzen Schafen unter den Sammlern zu schützen.

Die viel bemühte Metapher vom schwarzen Schaf hört sich nach ein paar einzelnen verirrten harmlosen Vierbeinern an und belegt erneut, dass keinerlei Sensibilität für die tatsächliche Situation besteht. So grasen die Sumo-Sizer unter ihnen jedes Jahr Millionenbeträge ab – zuerst beim Spender, dann bei der Steuer. Überdies wird das Schlagwort Bürokratieabbau bei Verlautbarungen aus der Politik ausschließlich positiv behaftet eingesetzt. Erst die Übertragung in andere Bereiche macht deutlich, dass Bürokratieabbau nicht per se etwas Gutes sein muss. Wäre beispielsweise ein Bürokratieabbau im Bereich der Baugenehmigungen zu begrüßen, wenn dann jeder, auch der Nachbar nebenan, ohne die ordnende und begrenzende behördliche Hand seine Objekte hochziehen dürfte, wie es ihm gefällt?

Auch im Bundesland Niedersachsen wurde liberalisiert. Bis Ende 2006 galt dort das Sammlungsgesetz. Demnach mussten Sammlungen vorab durch die Ordnungsbehörde genehmigt werden. Mehr noch: Die Abrechnungen waren nach Durchführung der Sammlung zur Prüfung vorzulegen. Seit Januar 2007 ist das niedersächsische Sammlungsgesetz aufgehoben. Seither können Sammlungen ohne Genehmigung und ohne spätere Nachprüfung durchgeführt werden. Deshalb gibt es keine Möglichkeit, festzustellen, ob die Spenden dem vorgegebenen Zweck tatsächlich zufließen.

Keine Gesetze und Regeln also für das Sammeln von Spenden. Wie in vielen anderen politischen Bereichen wird dem Bürger diese Freigabe als alle Betroffenen erleichternde Liberalisierung verkauft. Doch zeigen die Erfahrungen der jüngsten Vergangenheit – seien es nun Finanzmärkte oder Atomkraftwerke –, dass das Vertrauen in sich selbst regulierende Kräfte und die freiwillige Selbstkontrolle nicht gerechtfertigt waren und sind.

Besonders fragwürdig erscheint diese fatale Liberalisierung durch Aufhebung des Sammlungsgesetzes in zwölf von 16 Bundesländern, wenn sie in Relation gesetzt wird mit den tausend anderen Vorschriften zu weit belangloseren Themen. Noch einmal sei dieser Bürokratieabbau mit der Übertragung in einen anderen Bereich illustriert: Dieselben Argumente nämlich könnten für die Aufhebung der Strafen fürs Falschparken verwendet werden. Um sich das dieser Liberalisierung folgende Chaos vorzustellen, bedarf es keiner großen Vorstellungskraft. Das heute herrschende Chaos im Bereich Spendenwesen ist kein kleineres, nur weniger offensichtlich. Ein unschätzbarer Vorteil für alle Sünder.

Zu den Bundesländern, die den Bürokratieabbau dem Spenderschutz vorziehen, gehören Sachsen-Anhalt, Hessen, Nordrhein-Westfalen, Berlin, Bremen, Hamburg, Brandenburg, Niedersachsen, Schleswig-Holstein und Mecklenburg-Vorpommern.

Auch das Bundesland Bayern ist dabei. Joachim Herrmann, bayerischer Innenminister, meinte in einer *Panorama*-Sendung: »Das ist unser Föderalismus, dass ein Land Dinge für richtig halten kann, die ein anderes Land nicht macht. Wir haben uns das gut überlegt und meinen, wir sollten das in die Entscheidungsfreiheit der Bürger geben.«

Das hört sich gut an, das mit der Entscheidungsfreiheit. Ob es aber wirklich »gut überlegt« ist? Für die »gute« Überlegung bedürfte es des genauen Überblicks über die Missbrauchsquote. Kennt Herrmann die? Welche Entscheidungsgrundlage steht dem spendenwilligen Bürger denn zur Verfügung, wenn er keine Informationen bekommt, wenn Sammler nicht zu Transparenz und Rechenschaft gezwungen werden?

Bayern: Leichtfüßig über jede Logik und Fachkompetenz

Der bayerische Innenminister drückt die Problematik aus seiner Sicht so aus: »Es ist doch ganz klar, dass überall das Strafrecht gilt, und wo eine Organisation wirklich nachweislich betrügerisch durch Vorspiegelung falscher Tatsachen hier entsprechend sich bereichert, dort kann das natürlich strafrechtlich verfolgt werden. Also, das tun wir ja dann in Bayern auch.«

Leichtfüßig springt der bayerische Innenminister dabei über eine logische Lücke hinweg: Um feststellen zu können, dass Spendengelder in strafrechtlich relevanter Weise veruntreut wurden, müssen deren Verläufe erst einmal einsehbar sein! Als wegweisender Versprecher darf dabei auch das Wörtchen »nachweislich« in der Innenminister-Äußerung gewertet werden. Wenn Herrmann sich auf die wenigen Fälle stützt, bei denen der illegale Verlauf so offensichtlich war/ist, dass ohne weiteren Nachweis staatsanwaltliche Ermittlungen initiiert werden können, verjüngt er die Spitze des Eisberges völlig unnötig. Schließlich gibt es eine riesige Diskrepanz zwischen moralischem und rechtlichem Betrug.

Darüber hinaus sind die Spendengelder längst verschwunden, wenn die Strafverfolgungsbehörden ihre Arbeit beginnen. Auf diesen Aspekt angesprochen, reagiert der Innenminister zynisch mit dem Verweis auf allgemeine Lebensrhythmen: »Ja, so ist das nun mal letztendlich in unserem Leben!« Ob das für Spender, die Millionenbeträge in die Unterstützung armer Menschen, kranker Kinder oder verwaister Tiere investierten, ein Trost ist, darf bezweifelt werden.

Beim Thema Spenderschutz lässt es die CSU auf jeden Fall an politischer Tatkraft fehlen. Denn obwohl die Bayerische Staatsregierung bei der ersatzlosen Streichung des Sammlungsgesetzes Ende 2007 zugesagt hatte, nach zwei Jahren eine Evaluierung der Aufhebung vorzunehmen, ist dies zunächst nicht geschehen. Erst als die Grünen im Bayerischen Landtag einen diesbezüglichen Beschluss einbrachten, wurde das Innenministerium tätig.

Der Widerwille, mit dem diese Evaluation auf Druck der Opposition dann vorgenommen wurde, ist in dem Anfang 2011 fertiggestellten Bericht deutlich zu spüren. Ein Ergebnis mit der Einschätzung, die Abschaffung wäre ein Fehler gewesen, stand nicht zur Debatte. Der Bericht führt zum Beispiel aus, aufgrund der von den Bezirksregierungen angeforderten Stellungnahmen seien

»keine Hinweise auf ein vermehrtes Auftreten betrügerischer Spendensammler« erkennbar. Das ist eine Feststellung, die jeder Logik widerspricht. Wie lässt sich »ein vermehrtes Auftreten betrügerischer Spendensammler« denn ohne Kontrollmöglichkeiten ermitteln? Ebenso sinnvoll wäre es, ein vermehrtes Auftreten von Temposündern nach einer Abschaffung der Geschwindigkeitskontrollen in Erfahrung zu bringen.

Deutliche Hinweise der Polizeipräsidien wurden in dem Bericht als unbedeutend eingestuft. Diese schätzten es als »problematisch« ein, »dass durch die Aufhebung des Sammlungsgesetzes kaum mehr ein Nachweis zu führen ist, wofür die gesammelten Spenden tatsächlich verwendet werden. Gerade bei ausländischen Staatsangehörigen wird eine zweckwidrige Verwendung der Spenden und somit die Betrugsabsicht nur in den seltensten Fällen beziehungsweise nur mit erheblichem Ermittlungsaufwand im Ausland nachzuweisen sein.« Das ist eine klare Aussage von kompetenter Stelle. Nichtsdestotrotz wurde sie vom Innenministerium in ihrer abschließenden Einschätzung einfach ignoriert.

Ähnlich äußerte sich die Landesarbeitsgemeinschaft der Freien Wohlfahrtspflege in Bayern, die in einem Schreiben an den bayerischen Innenminister Joachim Herrmann eine Wiedereinführung des Gesetzes forderte. Seit der Aufhebung sei es in allen Verbänden der Freien Wohlfahrtspflege in Bayern zu einem spürbaren Rückgang der Sammlungsergebnisse gekommen: »Seit dem Wegfall der Erlaubnispflicht für Haus- und Straßensammlungen komme es verstärkt zu Überschneidungen von Sammlungen mit anderen Organisationen außerhalb der Freien Wohlfahrtspflege.« Zusammenfassend wurde von der Landesarbeitsgemeinschaft ausdrücklich vorgetragen, das abgeschaffte Gesetz habe Spendenmissbrauch verhindert und vor unseriösen Umtrieben geschützt.

Die krampfhaft einseitige Betrachtung des Sachverhalts durch das Innenministerium kommt darüber hinaus in den Feststellungen zu den »Informationsmöglichkeiten der Bürgerinnen und Bürger« zum Ausdruck. So werden das DZI und der Deutsche Spendenrat als Informationsquellen genannt. Beide haben nicht die Möglichkeit, die gesetzlichen Kontrollmöglichkeiten zu ersetzen. Der Spendenrat ist eine freiwillige Transparenzinitiative. Mitglieder müssen einen Jahresbeitrag entrichten und verpflichten sich, bestimmte Mindestangaben zu veröffentlichen. Aber niemand kontrolliert ernsthaft die Einhaltung der Selbstverpflichtung, geschweige denn die sinnvolle Mittelverwendung. Kurz gesagt, der Spendenrat ist eine Marketinginitiative der Branche selbst. Mit Missbrauchsbekämpfung hat das nichts zu tun, wie noch zahlreiche Beispiele in diesem Buch belegen werden.

Das DZI war ursprünglich als Verbraucherschutzeinrichtung ins Leben gerufen worden. Das ist zumindest der ideelle Auftrag an die Stiftung. Doch wie viel Geld stellt zum Beispiel Bayern für diese Einrichtung zur Verfügung? Im Jahr 2009 waren es erbärmliche 600 Euro (in Worten: sechshundert!). Mit diesem Sümmlein soll die Berliner Einrichtung Verbraucherschutz betreiben und den Wegfall eines ganzen Gesetzes rechtfertigen? Mit einer anständigen Kapitalausstattung könnte das DZI durchaus Licht ins Dunkel bringen. Doch derart klapprig »ausgerüstet«, muss die Institution aus Sorge vor Klagen meist auf öffentliche Warnungen verzichten. Denn jeder, der schon mal Kritik an unseriösen Charity-Organisationen geäußert hat, weiß, wie klagewütig sie sind. Eine logische Reaktion, denn als Grundvoraussetzung für erfolgreiches Geldsammeln dient das Vertrauen, oder besser die Vertrauensseligkeit. Eine Warnung ist in jedem Fall schlecht fürs Geschäft. Also wird geklagt, was das Zeug hält. Schon aus Gründen der Abschreckung. Geld spielt keine Rolle, es ist ohnehin das Geld anderer Leute. Damit lassen sich leicht die teuersten Anwälte engagieren.

Trotz allem stellte das Bayerische Innenministerium fest: »Die vom Gesetzgeber mit der Aufhebung des Sammlungsgesetzes getroffene Grundentscheidung, dass es Sache des Bürgers sein soll, eigenverantwortlich zu entscheiden, wem er eine Spende zukommen lassen will, ist nach wie vor richtig.« Man liest und staunt.

Zwischen den Zeilen des Ministeriums ist dann aber doch zu lesen, was die Hintergründe sind: »Der Staat kann – schon mangels des erforderlichen Personals – bei der Vielzahl der auftretenden Organisationen den Bürgern diese Prüfung nicht fürsorglich abnehmen.« Dieses Fazit darf man als Quasi-Bankrotterklärung verstehen: Der Staat kann (will?) die Bürger nicht vor Spendenbetrug schützen. Offen bleibt die Frage, warum der Staat sich selbst nicht vor dem Verlust der damit verloren gehenden Steuergelder schützen kann/will. Überdies beinhaltet dieses Fazit das Eingeständnis, dass auch vorher schon nicht ausreichend geprüft wurde. Denn sonst wäre das dafür erforderliche Personal ja vorhanden.

Die Bundesregierung sieht keinen Handlungsbedarf

Das bayerische Beispiel ist durchaus übertragbar auf die übrigen zwölf Bundesländer ohne Sammlungsgesetz. In keinem dieser Bundesländer wird die Wiedereinführung eines Sammlungsgesetzes erwogen. Ein Fehler, den Sachsen-Anhalt und Nordrhein-Westfalen vor über zehn Jahren als Erste begingen, wurde zwischenzeitlich zur Regel.

Bleiben die vier Bundesländer Baden-Württemberg, Rheinland-Pfalz, Saarland und Thüringen. Drei davon zählen bereits zu den Wackelkandidaten. Sie kontrollieren die Einhaltung der Sammlungsvorschriften nicht ernsthaft. Nur Rheinland-Pfalz hat eine Behörde, die erfreulich aktiv Beschwerden über möglichen Spendenmissbrauch verfolgt – die bereits erwähnte ADD in Trier, die in besonderen Fällen ein öffentliches Sammlungsverbot ausspricht. Das schützt vier Millionen Rheinland-Pfälzer; die restlichen 95 Prozent der deutschen Bevölkerung dürfen weiterhin von zweifelhaften Zeitgenossen mit ihren vorgeschobenen Gutmenschengeschichten um ihr hart verdientes Geld gebracht werden. Leider wird auch in Rheinland-Pfalz nur ein Bruchteil aller deutschlandweit aktiven Organisationen überprüft. Zum einen sind die behördlichen Kapazitäten stark eingeschränkt. Zum anderen machen vorsätzliche Betrüger einen großen Bogen um dieses Bundesland. Warum sollte jemand eine Ächtung von Amts wegen riskieren, wenn sich 78 Millionen Deutsche unkontrolliert abkassieren lassen?

Jetzt bleibt noch die Frage, wie die Bundesregierung zu all dem steht. Eine Kleine Anfrage von Bündnis 90/Die Grünen zeigt, das Problem wurde dort nicht erkannt. Schlimmer noch: Die Bedenken werden stattdessen bagatellisiert (Drucksache 17/1712). Aufgrund »vermehrt auftretender Missbrauchsfälle« wollten die Oppositionspolitiker wissen, »ob und wie besser für eine zweckentsprechende Verwendung der Spendengelder gesorgt werden sollte«. Das Bundesministerium der Finanzen antwortete für die Bundesregierung eher beschämend und dokumentierte weitgehendes Desinteresse.

Die Anfrage im Detail: Einleitend wollten Renate Künast, Jürgen Trittin und die Fraktion der Grünen wissen, wie viele Vereine, Stiftungen und gemeinnützige Kapitalgesellschaften es in Deutschland gibt und wie viele davon gemeinnützig, mildtätig oder kirchlich tätig sind. Laut der Amtsgerichte in Deutschland waren dies Ende 2008 genau 566 171 Vereine und 17 372 rechtskräftige Stiftungen. Als es dann konkret um die im Sinne der Abgabenordnung steuerbegünstigten Organisationen ging, signalisierte die Antwort des Finanzministeriums absolute Ahnungslosigkeit: »Es gibt keine zentrale Erhebung über die Anzahl […]«

Obwohl die Finanzämter die steuerliche Einstufung vornehmen, weiß das Finanzministerium als übergeordnete Behörde nur ungenau über den dritten Sektor in Deutschland Bescheid: »[…] gibt es geschätzt circa 500 000 gemeinnützige Vereine und circa 15 000 gemeinnützige Stiftungen.« Wenigstens die Zahl der in den Einkommensteuererklärungen von Privatpersonen angegebenen Beträge »zur Förderung steuerbegünstigter Zwecke« konnte das Finanzministerium für 2006 und 2007 angeben. Stolze 4,5 Milliarden Euro waren es 2006, die sich 2007 um ein Viertel auf

3,35 Milliarden Euro reduzierten. Nicht enthalten sind Kleinst-
spenden, Zahlungen an nicht gemeinnützige Organisationen, Erbschaften, Bußgelder oder auch Unterstützungen von Firmen. Als
»Spenden in den Vermögensstock einer Stiftung« hat das Finanzministerium 2006 weitere 770 Millionen Euro gemeldet, die sich
im Folgejahr auf 265 Millionen Euro reduzierten.
Ebenfalls entlarvend ist die Antwort des Finanzministeriums zum
Thema Abschaffung der Sammlungsgesetze einzelner Bundesländer. Die Grünen wollten zu Recht wissen, ob sich die Abschaffun-
gen mit dem Argument des Bürokratieabbaus bewährt hätten und
ob es dazu Evaluierungen gäbe. Die Antwort vom parlamentari-
schen Staatssekretär Hartmut Koschyk: »Es handelt sich um Gesetzgebung der Länder; der Bundesregierung liegen hierzu keine
Erkenntnisse vor.«
Zynisch kommentiert, scheint das Problem insgesamt auf einem
dicken Polster mangelnder Erkenntnis seitens der Politik zu ru-
hen. Aus dieser trügerischen Entspannung heraus kommentiert
die Bundesregierung dann auch die Notwendigkeit von gesetzlichen Regelungen zum Schutz der Spender: »Gutgläubige Spender dürfen nach geltendem Recht darauf vertrauen, dass ihre Zuwendungen (Spenden und Mitgliedsbeiträge) zweckgerecht verwendet werden.« Obwohl an vielen Stellen Desinteresse und
Ahnungslosigkeit offenbar werden, ist sich die Bundesregierung
sicher: »Ergänzende Maßnahmen zum Schutz des steuerlichen
Abzugs der Zuwendungen sind nicht erforderlich.«
Wie wenig fundiert diese Einschätzung der Bundesregierung ist,
offenbaren verschiedene andere Antworten. So wollten die Grünen wissen, wie viele strafrechtliche Verfahren in den vergangenen Jahren gegen Verantwortliche von Vereinen und Stiftungen
geführt beziehungsweise abgeschlossen wurden und um die Ver-
hängung welcher durchschnittlicher Strafen es sich handelte:
»Angaben hierzu werden in den Statistiken der Strafrechtspflege
nicht gesondert erfasst.« Also erneut »keine Ahnung« – aber
trotzdem eine Meinung.

Verschiedenen Fragen in Richtung Transparenz ist die Bundesregierung gleich ganz ausgewichen. Das gilt vor allem für das Grundproblem der fehlenden Veröffentlichungspflichten. Im Gegensatz zu anderen Ländern wie USA oder Großbritannien, wo Nichtregierungsorganisationen (NGO) ihre Zahlen veröffentlichen müssen, hat in Deutschland der Spender kein Recht darauf zu erfahren, was eine Organisation mit seinem Geld getan hat.

Ob die Bundesregierung in der laufenden Legislaturperiode Transparenzverbesserungen plane, wollten die Grünen-Politiker wissen. Die Regierung sagt dazu nichts Konkretes und vermengt die Frage mit zwei anderen Themen, wonach ein Spender nicht einmal das Vorliegen der Gemeinnützigkeit überprüfen kann. Sprödes Amtsdeutsch auf über einer Seite geht pfeilgerade am Thema vorbei. Dafür erklärt der Staatssekretär Ausnahmeregeln. Zusammengefasst: Nur wenn eine Organisation sich zu Transparenz verpflichtet oder es zur Einleitung eines Strafverfahrens kommt, wird das Vorliegen oder Nichtvorliegen der Gemeinnützigkeit öffentlich. Die Bundesregierung sieht keinen Grund für eine gesetzliche Regelung, dass ein Spender über die Verwendung seines Geldes Auskunft zu erhalten hat.

Somit ist der regierungsseitige Hinweis, ein Spender könne auf die zweckgerechte Verwendung seines Geldes vertrauen, mehr als wackelig. Wichtig scheint auch die Frage nach der Abgrenzung der satzungsgemäßen von den nicht satzungsgemäßen Ausgaben. Wie solches von den Finanzämtern in der Praxis gehandhabt wird, wollten die Grünen am Beispiel der sogenannten Bettelbriefe wissen.

Nach Auskunft des Finanzministeriums sieht das so aus: »Für die Frage der Angemessenheit kommt es entscheidend auf die Umstände des jeweiligen Einzelfalls an.« Das hat einen tüchtigen Touch von Radio Eriwan. Auch die abschließende Feststellung dazu sollte ein Spender kennen, bevor er im Hinblick auf die Verwendung seines Geldes vorschnell auf die Gemeinnützigkeitsprüfung vertraut: »[…] kann während der Gründungs- und Aufbauphase eines Vereins, einer Stiftung usw. auch eine überwiegende Verwendung der Mittel für Verwaltungsausgaben und Spendenwerbung unschädlich für die Steuerbegünstigung sein.« Im Klartext: Wenn ein gemeinnütziger Verein in den ersten Jahren sein Geld statt für hungernde Kinder etwa in den Aufbau einer Adressdatenbank steckt, ist das schon in Ordnung.

Offenbar denkt die Bundesregierung nur noch in Milliardensummen – Millionen interessieren schon nicht mehr. Das ist zumindest der Eindruck bei der Antwort auf die Frage nach einer Vermeidung der Umsatzsteuer auf Fundraising-Dienstleistungen (Fundraising, englischer Begriff für Geldbeschaffung, professionelle Spendensammlung). Es gibt Fälle, bei denen in Deutschland erbrachte Dienstleistungen über ein verbundenes Unternehmen im Ausland, zum Beispiel der Schweiz, ohne Umsatzsteuer abgerechnet werden. Diese Lücke im Umsatzsteuerrecht kostet jährlich »nur« ein paar Millionen Euro und interessiert deshalb offenbar nicht. Das Finanzministerium schreibt: »Der Bundesregierung sind solche Fälle nicht bekannt.« Die Grünen haben nachgefragt, was dagegen unternommen werde. Natürlich nichts, weil diese Fälle ja nicht bekannt sind.

Sehr interessant aus Spendersicht stellen sich zudem die Fragen in Richtung Datenschutz dar. Unumwunden gibt die Bundesregierung zu, dass ein Datenschutz in Bezug auf Namen, Adresse, Beruf und Geburtsjahr nicht existiert, sofern »die Verarbeitung oder Nutzung erforderlich ist für Zwecke der Werbung von Spenden«. Hinsichtlich von Beschwerden erklärte die Bundesregierung: »Die Zahl der in den Jahren 2007, 2008 und 2009 bei den Datenschutzbeauftragten der Länder und des Bundes gemeldeten Verstöße sind der Bundesregierung nicht bekannt.« Wen wundert es, dass die Bundesregierung auch in diesem Punkt keinen Handlungsbedarf sieht?

Für Dr. Gerhard Schick, finanzpolitischer Sprecher von Bündnis 90/Die Grünen und Initiator der Kleinen Anfrage, ist diese Antwort keineswegs befriedigend. Er hat die Bedeutung des Sektors und dessen systemimmanente Probleme erkannt und als politische Forderung die Einführung eines zentralen Registers mit weitgehenden Veröffentlichungspflichten postuliert. Er sieht in größtmöglicher Transparenz die Grundvoraussetzung für eine professionelle Weiterentwicklung des Spendenmarktes.

Das ist eine absolut richtige Einschätzung, die hoffentlich zeitnah von anderen Politikern mitgetragen wird.

Kommunen ohne Strategie: In der Praxis regiert die Ohnmacht

Trotz dieser verqueren Rahmenbedingungen engagieren sich 23 Millionen Menschen im Alter von über 14 Jahren in Deutschland freiwillig, bürgerschaftlich und ehrenamtlich. Jährlich werden darüber hinaus Milliarden Euro für gute Zwecke zur Verfügung gestellt. Insbesondere Städte und Kommunen sind häufig auf die Unterstützung gemeinnütziger Organisationen angewiesen.

Aber wie gehen diese damit um, spendenwilligen Bürgern amtlicherseits keine Hilfe gewähren zu können oder zu dürfen? Manche machen es sich einfach. Oder ist es Hilflosigkeit? So rät zum Beispiel der Fachdienst Sicherheit und Ordnung der Stadt Oldenburg Passanten, die in der Innenstadt von Spendensammlern angesprochen werden, »zu besonderer Aufmerksamkeit«. Grundsätzlich solle nur dann gespendet werden, so heißt es auf der offiziellen Website der Stadtverwaltung weiter, wenn keine Zweifel an der Seriosität der Organisation bestünden. Zudem solle auf die genaue Bezeichnung von Vereinen und Organisationen geachtet werden; nur so könne eine Verwechslung mit ortsansässigen karitativen Einrichtungen oder Tierschutzorganisationen vermieden werden.

Auch vor Sammlern wird gewarnt, die eine Unterschrift auf einem vorbereiteten Formular haben wollen. Dies könne leicht zu einer ungewollten Mitgliedschaft in einem Verein führen – mit der Folge monatlicher Beitragsverpflichtungen, ohne dass die Beitragsverwendung auch nur annähernd zu überprüfen sei. Von Spendensammlern vorgezeigte Ausweise seien kein Indiz für Vertrauenswürdigkeit.

Deutlicher als in diesen hilflosen behördlichen Ratschlägen ist die Kapitulation vor dem inzwischen eigendynamischen Spendenwesen, das völlig aus dem Ruder läuft, wohl kaum zu formulieren. Und das gilt nicht nur für die Stadt Oldenburg, wo wenigstens noch explizit darauf hingewiesen wird.

Wie machtlos die Behörden sind, schilderte Celles Pressesprecherin Myriam Meißner in einem Interview: »Seit das sogenannte Sammlungsgesetz weggefallen ist, darf jeder auf öffentlichen Straßen und Plätzen sammeln, wir haben keine Handhabe mehr. Man muss solche Aktionen nicht einmal mehr anmelden.« Die Spendenorganisationen müssten auch keine Angaben zu den Erlösen mehr machen, heißt es dort weiter. Hinzu kommt der Ratschlag: »Schutz vor Missbrauch bieten also weder Ausweise, Spendensiegel, verplombte Spendendosen noch die gemeinnützige Anerkennung von Vereinen – es gibt praktisch keine Kontrollen mehr.«

Das sind zweifellos düstere Aussichten. Aber immerhin baut sich in der niedersächsischen Heidestadt interner Widerstand auf: »Wenn Sie künftig diese Spendensammler sehen«, so rät der Verfasser eines Artikels, »informieren Sie uns […] Soweit möglich stellen wir uns einfach daneben und klären Spendenwillige auf. Das können Sie auch selbst tun: Drucken Sie diesen Bericht einfach aus […] und warnen Sie die Mitbürger/innen. Verbreiten Sie den Bericht über Ihren Rundmailverteiler, Facebook, Xing & Co. Denn: Auch dafür brauchen Sie keine Genehmigung. Und das ist gut so – denn damit tun Sie garantiert etwas Gutes, und es kostet Sie sogar nichts.«

Lobenswerte Eigeninitiative, das ja. Aber wie lange wird dieses Engagement andauern? Und ohne gleich Begriffe wie Selbstschutzgruppe und Bürgerwehr ins Spiel zu bringen, könnten spontane Eigeninitiativen aufgebrachter Bürger zu unabsehbaren Folgen führen. Und das alles, weil die Politik den dringenden Handlungsbedarf in diesem Bereich nicht erkennt. Hier wird am falschen Ende gespart. Letztendlich wird es die Politik teuer zu stehen kommen. Zum einen sind da die betrogenen Bürger/Spender. Zum anderen gehen die eigentlichen Hauptbetroffenen leer aus, also meist hilfebedürftige Menschen oder Tiere. Aber auch was durch den Wildwuchs im Spendenwesen an Steuergeldern verloren geht, ist beträchtlich.

In Sachsen warnen Verbraucherschützer nach dem Wegfall von Spendengesetzen in den Bundesländern vor Betrügern. Die Sprecherin der Verbraucherzentrale Sachsen, Christina Wendt, sagte im Radiosender MDR Info, durch die Umsetzung der europäischen Dienstleistungsrichtlinie wachse die Gefahr, dass sich Betrüger unter die Spendensammler mischen. In Sachsen müssen Straßen- und Haussammlungen nicht mehr vom Ordnungsamt genehmigt werden, folglich kann sich jeder als Sammler einer gemeinnützigen Organisation ausgeben.

Die Entbürokratisierung im Innenministerium geht weiter voran, so wurde es im Wir-sparen-uns-gesund-Wahn von den politischen Bühnen der Bundesländer stolz verkündet. Seinerzeit waren diese Verlautbarungen zweifellos publikumswirksam.

Inzwischen hat sich längst Ernüchterung breitgemacht. Und jetzt? Ein Gesetz wieder einführen, das gerade eben abgeschafft wurde? Kein Politiker lechzt danach, sich eine solche Blöße zu geben. Die Dummen, in diesem Fall die Betrogenen, sind ein weiteres Mal die Bürger. Schlimmer noch: Es trifft ausgerechnet diejenigen, die ein gutes Herz haben und eine hilfreiche Hand für die Schwachen in unserer Gesellschaft.

Hat die Politik die Kontrolle verloren, wie der *Stern* in einem Artikel über Deutschlands »Hilfsindustrie« fragt? Oder schaut der Staat deshalb nicht so genau hin, weil es ihm ganz recht ist, wenn sich Vereine und private Organisationen um Aufgabenfelder kümmern, die eigentlich seine ureigenste Sache wären?

Eines ist sicher: So, wie das Thema bisher in Politik und Gesellschaft diskutiert wird, kann es zu keinen Änderungen führen. Verharmlosen, abschwächen, kleinreden – dafür ist das Problem zu massiv. Geradezu zynisch angesichts der Fülle der dokumentierten und teilweise gerichtlich geahndete Missbrauchsfälle stellt sich das Argument von den schwarzen Schafen dar. Weder handelt es sich um Einzelfälle, noch sind diese Schafe harmlos! Angesichts der Menge der Vereine und Stiftungen lässt sich bisher nicht mit Sicherheit bestimmen, ob es um zu viele schwarze Gruppen innerhalb der weißen Herde geht oder ob es sich vielleicht um eine schwarze Herde mit einer überschaubaren Anzahl weißer Exemplare handelt. Unter dem Deckmantel der Gemeinnützigkeit wuchert auf jeden Fall eine unkontrollierte Schattenwirtschaft.

Knallharte Geschäfte mit Tierimporten – und die Ämter schweigen

Die anzupackenden Probleme sind im gesamten Spendenbereich enorm – und vor allem sehr vielschichtig. Eine nachfolgend beispielhaft vorgestellte Facette zeigen die Geschäfte mit Tierimporten.

Ganze Karawanen von illegalen Tiertransporten wälzen sich über Deutschlands Straßen. An Bord das Euro-Vieh: herrenlose oder speziell für den »Vertrieb« gezüchtete Hunde aus Nachbarstaaten. Nicht etwa herangebracht von unbekannten Elementen – nein, die exekutierenden Organisationen tragen klingende Namen. Und sie ziehen den Spendern nicht nur Geld für ihre schmutzigen Geschäfte aus der Tasche – unter dem Deckmantel der Tierhilfe. Obwohl der Auslandstierschutz und die Einfuhr von Tieren durch Tierschutzorganisationen inzwischen einen erheblichen Umfang erreicht hat, obwohl in der Vergangenheit immer wieder gefährliche Seuchen ausgebrochen sind, wird in verschiedenen Bundesländern das geltende EU-Recht bisher einfach nicht angewendet.

Tierimporte durch Tierschutzorganisationen bewegen sich in einem Graubereich außerhalb jeder behördlichen Kontrolle.

Das ist nicht nur eine provokante Behauptung. Anfragen bei allen 16 Länderministerien bestätigen diese These. Dabei wurde nicht nur allgemein nach der praktischen Umsetzung von EU-Vorschriften gefragt, sondern jeweils ein konkreter Beispielfall von illegalen Tierimporten im jeweiligen Zuständigkeitsbereich angezeigt. Am ehrlichsten war das sächsische Staatsministerium. Es teilte unverblümt mit, die Rechtslage sei erst durch die Hinweise von CharityWatch.de klargeworden. Man hat sich sogar ausdrücklich dafür bedankt und die künftige Umsetzung der Vorschriften zugesichert. Das ist in dieser Offenheit eine Ausnahme. Andere Länderministerien suchten ihr Heil in Ausflüchten oder verwiesen an die untergeordneten Behörden.

Das saarländische Ministerium etwa argumentierte mit einer recht eigenwilligen Auslegung der Binnenmarkt-Tierseuchenschutzverordnung. Obwohl die seit April 2005 gültige Fassung eine Kontrolle für Tiere importierende Vereine vorsieht, stritten die Saarländer einen Handlungsbedarf schlichtweg ab. Ähnlich Hamburg und Baden-Württemberg: Dass jahrelang kein einziger Transport korrekt gemeldet wurde, schien die Beamten nicht zu wundern. Dabei hätte ein Blick auf die Internetseiten einiger Vereine genügt, um von den zahlreich durchgeführten Transporten Kenntnis zu erhalten.

Regelrecht beschämend ist das Verhalten von Niedersachsen. Obwohl gerade in diesem Bundesland Ende 2010 ein bundesweit für Aufsehen sorgender Tierschutzskandal mit teilweise illegal importierten Hunden passierte, hatten die Beamten angeblich keine Zahlen zu Importen vorliegen. Das kann aber nicht stimmen. Kontakte zu einzelnen Veterinärämtern bestätigten, dass genau dazu vom Ministerium Anfragen erfolgt waren.

Das Ergebnis der bundesweiten Anfrage ist kein Ruhmesblatt für den Verbraucherschutz, zu dem der Bereich Tierschutz gehört. Darüber täuscht dann auch nicht der Griff in die Trickkiste hinweg, wenn einzelne Ministerien wie zum Beispiel das von Nordrhein-Westfalen für die Presseanfrage auf die jeweiligen Veterinärämter verweisen. Allein in Nordrhein-Westfalen sind das 55!

Einzig der Freistaat Thüringen sticht mit seiner Stellungnahme auf die umfangreiche Presseanfrage deutlich heraus. Das Bundesland hebt sich schon allein deshalb von den anderen ab, weil das Problem als solches anerkannt wird: »Es ist seit längerem bekannt, dass durch manche Tierschutzorganisationen Tiere, insbesondere Hunde, unter Umgehung der tierseuchen- und tierschutzrechtlichen Vorschriften aus Mitgliedstaaten und Drittländern nach Deutschland verbracht bzw. eingeführt werden.« Als einziges Bundesland gibt Thüringen auch eine ministerielle Reaktion auf dieses Problem an: »Deshalb sind alle Veterinär- und Lebensmittelüberwachungsämter in Thüringen gehalten, den Import bzw. das Verbringen von Hunden aus dem Ausland durch Tierschutzorganisationen sehr kritisch zu prüfen und nur zuzustimmen, wenn sämtliche Voraussetzungen nach Tierseuchen- bzw. Tierschutzrecht vollständig erfüllt sind.« Zahlen allerdings hat auch Thüringen nicht vorliegen.

Es ist kein Zufall, dass die wässrigen und ausweichenden Stellungnahmen der anderen Ministerien schnell Schule machten. Denn auf einer Sitzung der Länderministerien im Rahmen der Länderarbeitsgemeinschaft Verbraucherschutz standen die Anfragen von CharityWatch.de auf der Tagesordnung.

Etwas Positives bewirkten die Fragen aber doch: Die laxe Praxis bei der Anwendung geltenden deutschen und EU-Rechts bei der Einfuhr von Tieren durch Tierschutzorganisationen ist Vergangenheit. Künftig werde verstärkt auf die Einhaltung der Vorschriften geachtet, so wird seitens der Verantwortlichen versichert. Besser ist das, denn ganz abgesehen vom Tierschutz geht es dabei auch um die Bedrohung durch Tierseuchen. Immerhin hat es schon durch Tierschutzimporte in die Bundesrepublik eingeschleppte Tollwutfälle gegeben. Und es stehen noch andere Zoonosen, also von Tier auf Mensch übertragbare Krankheiten, zur Diskussion.

Es ist höchste Zeit, wie konkrete Fälle aus der Praxis zeigen. So zum Beispiel der Verein Hundehilfe Hundeherzen e.V. aus Maintal. »Schutzgebühren« heißt das Zauberwort, mit dem viel Geld bewegt werden kann. Unkastrierte Hündinnen, die billigste Variante, gibt der Verein für 250 Euro ab. Danach werden Staffelpreise aufgerufen, sie reichen bis zu 350 Euro für eine kastrierte Hündin. Multipliziert man den Durchschnittspreis von 295 Euro mit der Anzahl der bis Mitte 2010 vermittelten Hunde – nach Angaben der Vorsitzenden Margit Oeltze sind das 2500 – ergibt das den stattlichen Betrag von 740 000 Euro.

Und nicht in jedem Fall haben die Tierschützer im Ausland zunächst nur Kosten. In Spanien etwa gibt es nicht wenige Tötungsstationen, die den Tierschützern die Hunde kostenlos inklusive Chip und Impfung überlassen.

Ein anderer Weg, um mit Tierimporten Geld zu machen, ist das Angebot von reinen Transportdienstleistungen für Tierschutzorganisationen. Auftraggeber müssen – je nach Anbieter und Größe des Hundes – pro transportiertem Hund zwischen 65 und 95 Euro bezahlen. Bei 32 Hunden und einem Durchschnittspreis von 80 Euro kommen 2560 Euro in die Kasse, abzüglich Benzinkosten. Wem das nicht reicht, der kann mit sogenannten Transportpatenschaften seinen Umsatz noch deutlich nach oben schrauben.

Was von diesen Geschäften konkret bei Hundehilfe Hundeherzen praktiziert wird, bleibt unbeantwortet. Die Verantwortlichen wollen keine Auskünfte geben. Ebenso blockierten sie die Frage, wie viele illegale Transporte der Verein bisher schon durchgeführt hat. Eine Behördenkontrolle am 16. Januar 2011 hatte ergeben, dass der Verein Tiere aus dem Ausland nach Deutschland einführt – an den tierseuchenrechtlichen Bestimmungen vorbei.

Extrem blockierte Auskunftsbereitschaft gibt es nicht nur am Main. Beispielsweise führt der Tierschutzverein Leipziger Land e.V. seit acht Jahren im großen Umfang Hunde aus dem Ausland nach Deutschland ein. Allein aus Rumänien werden nach Angaben von Vereinschefin Elvira Henkel jährlich 40 bis 50 Hunde importiert. Die Zusammenarbeit mit der früher schon stark in die Kritik geratenen Tierschützerin Ute Langenkamp (Tierhilfe Hoffnung e. V.) – sie betreibt in Rumänien das angeblich größte Tierheim der Welt, die »Smeura«, mit ständig rund 3600 Hunden – bleibt undurchsichtig. Dazu kommen nicht genehmigte, nicht gemeldete und nicht kontrollierte Hundeeinfuhren aus Spanien, Portugal, Griechenland, Kroatien und dem Kosovo. Wie eine Rückfrage beim zuständigen Veterinäramt des Landratsamts Landkreis Leipzig ergab, verfügt der Verein nicht über die nach EU- und deutschem Recht für solche Einfuhren vorgesehenen Genehmigungen. Die Tiertransporte werden auch nicht, wie vorgeschrieben, an das Traces-System gemeldet. Vollkommen rechtswidrig ist die Einfuhr viel zu junger, kranker und nicht geimpfter Welpen aus Spanien.

Der Import von Tieren aus dem Ausland ist ein heiß umstrittenes Thema. Abseits aller Pro- und Kontrastimmen in der Diskussion unter Tierschützern hat der Gesetzgeber auf Bundes- wie auf Europa-Ebene längst eindeutige Fakten geschaffen und gibt genaue Regelungen vor. Nur: In Deutschland wird dieses geltende Recht in den meisten Bundesländern nicht ernsthaft angewandt. Abseits aller behördlichen und seuchenrechtlichen Kontrollen führen Tierschutzorganisationen eine nicht bezifferbare Anzahl von Tieren, insbesondere Hunde, in die Bundesrepublik ein. Nahezu unbehelligt. Die zuständigen Behörden und Ministerien schauten tapfer weg. Wenn sich das nicht ändert, kann man auf den nächsten Skandal warten, denn in Rumänien zum Beispiel grassiert offenbar ein aktiver Tollwutvirus.

Aber warum sollte es im Bereich Tier- und Verbraucherschutz anders sein als in den übrigen Politikbereichen? Wach und aktiv werden die staatlichen Stellen immer erst dann, wenn schon mindestens ein Kind im Brunnen liegt und vernehmlich schreit! Die erst durch das Reaktorunglück im japanischen Fukushima ausgelöste Atomstromdebatte ist ein grausiger Beleg dafür.

Nicht genehmigt, nicht gemeldet und selten kontrolliert: Täglich laufen in Deutschland knallharte Geschäfte mit Tierimporten. Doch die Ämter schweigen. Bei Animals Hope e.V. griffen sie schließlich doch ein – nach einer jahrelangen »Vorlaufphase«. Im November 2010 wurden auf einem Hof in Dörrieloh bei Sulingen über hundert Hunde aller Altersstufen in einer Großaktion von Veterinäramt, Polizei und Tierschützern beschlagnahmt. Der »Gnadenhof« ist Kooperationspartner des Vereins Animals Hope in Wehrbleck. Schon die Vielzahl der Tiere bei Animals Hope wirft reichlich Fragen auf. Weitere Unregelmäßigkeiten und Widersprüche gibt es unter anderem bei den Hundeimporten.

Nicht dass dieses Problem etwa überraschend vom Himmel gefallen wäre. Die Betreiber sind keine unbeschriebenen Blätter. In den vergangenen Jahren wechselten sie mehrfach den Standort. Von den zurückgelassenen Immobilien gibt es erschütternde Bild-Dokumentationen im Internet, und 2002 dokumentiere SAT1 eine Rettungsaktion. Unglaublich, unter welchen Bedingungen dort Tiere gehalten wurden! Verantwortliche der als »Gnadenhof« firmierenden Tierhaltung ist Frau B., per Gericht schon mit einem längeren Tierhalteverbot belegt, das dann aber wieder aufgehoben wurde. Diese Aufhebung interpretierte die »Tierschützerin« als Aufforderung zum Weitermachen.

Erschütternd auch die Hartnäckigkeit der sich weiterhin als »Tierschützer« bezeichnenden Betreiber des Gnadenhofs: Obwohl in Dörrieloh erst im Herbst 2010 rund 100 Hunde beschlagnahmt worden waren, befanden sich schon im Frühjahr 2011 neuerlich 22 Hunde dort, darunter wieder einige etwa vier Monate alte Welpen. Auch vier Katzen wurden gerettet. »Denen geht es richtig schlecht«, zeigte sich Amtstierärztin Dr. Anja Eisenack negativ beeindruckt. Die Katzen, unter kaum zu beschreibenden Hygienebedingungen in einem Badezimmer gehalten, waren in solch schlechtem Zustand, dass sie in tierärztlicher Obhut verbleiben mussten. Sie litten an eitrigem Katzenschnupfen und blutigem Durchfall, waren stark abgemagert.

Dieses Mal durfte die Betreiberin die Hunde nicht behalten. Es besteht eine amtliche Anordnung, dass sie alle abgeben muss. »Wir streben jetzt ein allgemeines Tierhaltungsverbot an«, erklärt Dr. Eisenack. Auch das Verwaltungsgericht Hannover sei jetzt entschlossen, die öffentliche Hauptverhandlung in diesem spektakulären Fall möglichst rasch zu eröffnen.

Der bezeichnete »Gnadenhof« war Kooperationspartner des Vereins Animals Hope. Dort will man angeblich von den Missständen und deren Ausmaß bis zur ersten Beschlagnahmung im Herbst 2010 nichts gewusst haben.

Was haben die Verantwortlichen des Vereins aus dem Desaster bei ihrem Kooperationspartner gelernt? Nach einer Presseanfrage dazu wurde sofort mit einem Rechtsanwalt gedroht. Die Vereinsvorsitzende forderte, man solle sie endlich in Ruhe lassen. Die weiteren Aussagen der Tierschützerin sind nicht zitierfähig.

Ausfälligkeiten und – freundlich umschrieben – der komplette Ausstieg aus der Sachebene sind kein Einzelfall, wie zahlreiche Beispiele in diesem Buch belegen. Im Gegenteil sind Drohungen, Beleidigungen und Co. nachgerade Strukturmerkmal im Strategierepertoire unseriöser Vereinsfunktionäre, wenn es um kritische Fragen geht. Viele der Verantwortlichen reagieren unsachlich und zum Teil sogar derb beleidigend.

Übrigens sollten Tierfreunde sehr wach und mit einer gesunden Portion Skepsis Tierschutzorganisationen begegnen, die unter dem Etikett »Gnadenhof« auftreten. Gnadenhöfe nämlich genießen einen privilegierten Status im Vergleich mit »normalen« Tierheimen und tierheimähnlichen Einrichtungen. Sie sind von der Pflicht ausgenommen, entsprechende Sachkunde gegenüber der Fachbehörde nachzuweisen, die bei Tierheimen Voraussetzung für den Betrieb ist. Zudem haben die Fachbehörden zu Gnadenhöfen nicht das gleiche Zutritts- und Kontrollrecht wie bei Tierheimen und tierheimähnlichen Einrichtungen. Das übrigens machte auch das Vorgehen des Veterinäramtes im obigen Fall sehr kompliziert.

Resümee

Nur noch vier der 16 Bundesländer haben ein Sammlungsgesetz. Diese aus den siebziger Jahren stammenden Vorschriften sind veraltet und sollten den aktuellen Entwicklungen angepasst werden. Abschaffung ist keine Lösung.

Ergänzend dazu wäre eine gesetzlich vorgeschriebene Transparenzregelung sinnvoll. Wer fremdes Geld treuhänderisch mit einem bestimmten Auftrag verwaltet, der muss öffentlich darüber Auskunft geben. Diese Auskunftspflicht ergibt sich schon deshalb, weil die Allgemeinheit diese Hilfeleistungen über Steuerprivilegien zusätzlich subventioniert.

2 Glasklar wie Stahlbeton: Intransparenz als Normalfall

Entscheidungen sollten in einer offenen, modernen Gesellschaft für jedermann nachvollziehbar sein. Das gilt besonders für die Politik, schließlich finanziert sie der Steuerzahler. Also hat er auch das Recht zu erfahren, wie viel Geld der Staat ausgibt und vor allem, wofür. Doch Transparenz ist in anderen Bereichen mindestens ebenso wichtig – denken wir nur an die Lebensmittelskandale, Anlagebetrügereien oder die Intransparenz des Finanzmarktes. Missstände gedeihen hinter verschlossenen Türen besonders gut; Öffentlichkeit ist ein erster Schritt hin zum Schutz vor lichtscheuen Elementen und illegalen Manipulationen.

Für alle Bereiche gilt: Ist erst die Glaubwürdigkeit erschüttert, wankt bald die Legitimationsbasis. Warum also soll die Forderung nach Offenheit, Transparenz und Informationsfreiheit nicht auch für die Spendenwelt gelten? Hier steht viel Geld auf dem Spiel. Geld, das aus den Taschen barmherziger und wohlwollender, wenngleich oft selbst nicht besonders wohlhabender »Spendenbürger« kommt. Gerade im Charity-Bereich sollte klar, detailliert und für jedermann nachvollziehbar über die Verwendung der Geldmittel Rechenschaft abgelegt werden. Schließlich erhalten Organisationen durch die steuerlichen Privilegien aufgrund ihrer Gemeinnützigkeit massive Subventionen von allen Bundesbürgern.

So weit die Theorie. In der Praxis ist leider oft das Gegenteil der Fall. Dubioses Finanzgebaren, bewusst verschleierte Geldflüsse und der »kreative Umgang« mit üppigen Geldeinnahmen stellen in der Mildtätigkeitsindustrie keine Seltenheit dar. So undurchsichtig wie das Spendenwesen in Deutschland ist gegenwärtig höchstens noch eine Mauer aus Stahlbeton. Manche Vereine erdreisten sich sogar, mit fadenscheinigen Argumenten eine in

Wirklichkeit nicht vorhandene Transparenz zu suggerieren, Transparenz so glasklar wie unsichtbar.

Dabei sind es keineswegs immer halbseidene Figuren, die durch ihr Auskunftsembargo ins Zwielicht geraten. Wie nahe steht die Olympiasiegerin Katarina Witt der im Volksmund bekannten Spruchweisheit »Reden ist Silber, Schweigen ist Gold«? Die bekannte Eiskunstlauf-Queen konnte ihren sportlichen Ruhm erfolgreich in Geld ummünzen. Noch heute gilt sie als Medienstar mit hohem Glamour-Faktor. Für München ist sie als Galionsfigur des Komitees zur Olympiabewerbung gekürt worden. Zu ihrer Beliebtheit beigetragen hat sicher auch ihr soziales Engagement, das sie mit der Katarina-Witt-Stiftung krönte. Doch die Krone glänzt nicht so hell, wie sie strahlen könnte, wenn alles vorbildlich geregelt wäre. Wofür die Stiftung das Spendengeld im Detail verwendet, bleibt vollkommen unklar. Obwohl es sich um das Geld anderer Leute handelt, werden konkrete Angaben verweigert.

Mag sein, dass sich die ehemalige Medaillensammlerin nicht im Detail um die Geschäfte kümmert. Möglicherweise haben in der Stiftung andere die Fäden in der Hand. Zudem ist die von der Katarina-Witt-Stiftung praktizierte Auskunftsverweigerung kein Einzelfall, denn im Gegensatz zu anderen Ländern müssen in Deutschland weder Vereine noch Stiftungen offenlegen, was mit dem Geld der Spender und Mitglieder geschieht. Trotzdem fühlen sich seriöse Organisationen dazu verpflichtet – sozusagen als »moralische Kür«. Manche gehen sogar darüber hinaus. In der Initiative Transparente Zivilgesellschaft, bei der Transparency International die Federführung hatte, definierten führende Dachverbände des Sozialwesens eine Art Kodex. Darin werden in zehn Punkten diejenigen Informationen genannt, die »jede zivilgesellschaftliche Organisation der Öffentlichkeit zugänglich machen sollte«. Neben der Satzung und den Namen der wesentlichen Entscheidungsträger sind dies vor allem Angaben über Mittelherkunft, Mittelverwendung und Personalstruktur. Dieser Kodex skizziert einen groben Mindestrahmen. Er definiert eine Art

»Grundgesetz der Glaubwürdigkeit«. Im Detail lässt er jedem Einzelnen noch genügend Spielraum.

Den Orientierungswert definieren die Befürworter des Aktionsbündnisses in der Präambel ihrer Selbstverpflichtungserklärung für Zivilgesellschaften so: »Die Währung dieses Sektors heißt Vertrauen: Vertrauen von öffentlichen und privaten Geldgebern, Mitarbeitern, Ehrenamtlichen oder Begünstigten in die Handlungsfähigkeit und Rechtschaffenheit von Organisationen, die für das Gemeinwohl tätig werden.« Vertrauen und Rechtschaffenheit als Flügeltüren zur Glaubwürdigkeit. Der Schlüssel zu diesen Türen heißt Transparenz.

So selbstverständlich scheint dieser Kodex, dass er spontan die Gegenfrage aufwirft: Wie glaubwürdig ist jemand, der sich dieser Transparenz nicht verpflichtet? Und im Anschluss: Gibt es überhaupt Argumente, es nicht zu tun?

Ein illustratives Beispiel für die Argumente der Transparenzgegner ist das Deutsche Spendensiegel. Es wird auf Antrag vom DZI vergeben. Wer kein Siegel vorzeigen kann, verwendet gerne folgendes Standardargument: Das Siegel kostet Geld! Geld, das besser in den Projekten aufgehoben ist. Ein durchaus richtiges Argument, wenngleich es in den meisten Fällen nur vorgeschoben wird, um die Mittelverwendung unter Verschluss zu halten.

Den Beweis liefert die Initiative Transparente Zivilgesellschaft. Dort greift dieses Argument nicht. Es fallen keinerlei Kosten an. Die Hilfsorganisation braucht lediglich die Selbstverpflichtungserklärung zu unterzeichnen und an den Trägerkreis zu senden. Finden sich die geforderten Informationen, eine Art Selbstauskunft, auf der Homepage des Antragsstellers, wird er namentlich in eine Liste aufgenommen. Diese ist auf der Homepage von Transparency International veröffentlicht und enthält einen Link zur Internetseite des betreffenden Vereins. Damit bietet die Initiative Transparente Zivilgesellschaft einen kostenlosen Image-Support für auskunftswillige Organisationen. Zudem erleichtert es die Liste interessierten Spendern, geeignete Vereine auszuwählen.

Die Katarina-Witt-Stiftung findet sich nicht auf der oben genannten Liste. Über das DZI-Spendensiegel hat die smarte Ex-Eiskunstläuferin einmal abfällig verlauten lassen, dass dieses »gekauft werden muss«. Warum lässt sich die Stiftung dann nicht in die Liste von Transparency International aufnehmen? Stattdessen ließ Witt und/oder ihre Geschäftsführerin Elisabeth Gottmann ein eigenes Siegel kreieren. Inzwischen darf es die Stiftung allerdings nicht mehr verwenden.

Fragen zur Verwendung der Spendengelder hat die Katarina-Witt-Stiftung bis heute nicht beantwortet. Stattdessen meldete sich eine prominente und exklusive Rechtsanwaltskanzlei aus Berlin. Diese wetterte schon über eine »tendenzielle Berichterstattung«, bevor etwas veröffentlicht wurde. Zudem erkannten die Juristen keinen »irgendwie gearteten Berichterstattungsanlass« und bauten parallel dazu ihre Drohkulisse auf. Aus dieser heraus kündigten die Promianwälte presserechtliche Zurechtweisungen in Verbindung mit den daraus eventuell resultierenden Konsequenzen an. Sogar die Veröffentlichung von Passagen aus dem Anwaltsschreiben werde zu eigenständigen rechtlichen Schritten führen, verlautbarten die Juristen. Hier irritiert der Aufwand an Energie und Geld im Abgleich mit dem Anlass. Dieser Aufwand ist deshalb umso erstaunlicher, als beim Thema DZI-Spendensiegel noch mit der Vermeidung unnötiger Gebühren argumentiert wurde.

CharityWatch.de rät übrigens von Spenden an die Katarina-Witt-Stiftung ab. Und diese Empfehlung wurzelt nicht allein in der Transparenzverweigerung. Der zweite Grund ist eine Forderung, die Katarina Witt persönlich gegen die eigene Spendenorganisation hatte. Zum Jahresende 2008 schuldete die Stiftung ihr mehr als 180 000 Euro. Die spannende Frage ist natürlich, wie diese Verbindlichkeit zustande gekommen ist. Waren es unbezahlte Honorare, waren es Kredite? Auch das wollte die Stiftung nicht aufklären.

Und noch ein Fragezeichen: Warum war die Stiftung, die eigentlich eine gemeinnützige GmbH ist, zum Jahresende 2008 buchmäßig so überschuldet, dass der Gang zum Insolvenzgericht nur durch eine sogenannte Rangrücktrittserklärung von Katarina Witt persönlich verhindert werden konnte? Aktuell ist die Stiftung in dieser Hinsicht nicht mehr gefährdet. 2009 erzielte sie einen Gewinn von 194 000 Euro. Offenbar haben die Menschen tüchtig gespendet, und Schulden der Stiftung bei Katarina Witt konnten zurückbezahlt werden.

Good looks and good prosperity, so die Medienperformance des ehemaligen Eiskunstlauf-Stars. Weniger »good« bestellt ist es um ihre Stiftungsaktivitäten. Zumindest die Haltungsnoten in Sachen Transparenz lassen erheblich zu wünschen übrig. Wer jedoch fremdes Geld einsammelt, sollte gerade bei der Mittelverwendung keine Informationen zurückhalten. Das gelingt der Katarina-Witt-Stiftung gGmbH nicht. Und dieses Defizit sendet ein deutliches Warnsignal an die Spender. Seriöse Organisationen beantworten berechtigte Fragen und legen Rechenschaft ab über die Verwendung des ihnen anvertrauten Geldes.

Oft sind die Abendroben durchsichtiger als die Finanzen

Ein Schwenk von der Glitzerwelt des Eiskunstlaufs hin zum Glamour-Business Film: Jährlich findet in der Hauptstadt die Berlinale statt, zweifellos das wichtigste deutsche Film-Event. Hier treffen sich Stars aus der ganzen Welt. 2011 waren es Jeff Bridges, Madonna, Gerald Butler sowie die Deutschen Mario Adorf, Iris Berben, Benno Fürmann und Thomas Kretschmann, um nur einige zu nennen. Im Rahmen dieser Starparade findet – medial bestens inszeniert – die Charity-Gala Cinema for Peace statt. Jeder, der ausreichend zahlungskräftig ist und einmal im Glanz der Kino-Größen baden möchte, lässt sich dort sehen: edel gekleidet und finanziell großzügig. Denn die Cinema for Peace Foundation sammelt im grellen Scheinwerferlicht viel Geld für gute Zwecke. Was sie damit dann im Detail anstellt, bleibt allerdings im Schatten.

Woran liegt es, dass Besucher oft tiefer in die Ausschnitte anwe-
sender Damen blicken dürfen als in die Finanzen? Jaka Bizilj,
Boardmitglied der in Berlin ansässigen gemeinnützigen Stiftung,
gab sich auf entsprechende Nachfragen überraschend zugeknöpft.
Dabei wäre es doppelt wichtig, jeden Zweifel durch entsprechende
Transparenz auszuräumen. Zum einen aus Prinzip; zum anderen,
weil Jaka Bizilj außerdem als Geschäftsführer und Gesellschafter
der Star Entertainment Produktions-, Vermittlungs- und Veran-
staltungs GmbH auftaucht, die fundamental in die Organisation
der Charity-Gala involviert ist. Eine Saat, viel Ernte!

Superlative am laufenden Band produziert ebenfalls die wohl be-
kannteste Charity-Gala Deutschlands: 2011 feiert die am Jahresende stattfindende UNESCO-Gala ihr 20-jähriges Jubiläum. Wie
im Vorjahr ist wieder viel Prominenz angekündigt. Bei der
UNESCO-Gala 2010 waren internationale Stars wie Donatella
Versace, Armin Mueller-Stahl, Ornella Muti, Andrea Bocelli und
Nena unter den 1200 Gästen. Hollywood-Regisseur Oliver Stone
wollte Ute Ohoven am liebsten »einen Oscar für die beste Bene-
fiz-Gala« geben. Bildungsministerin Annette Schavan hielt eine
Laudatio für den mit einem Ehrenpreis ausgezeichneten Unternehmer Michael Otto. Reiner Calmund, Rudi Assauer und andere
bekannte Mitbürger unterstützten eine Tombola; zusätzlich sollte
eine Versteigerung Geld für Kinder in Not einbringen.

Was die prominenten Unterstützer vermutlich nicht wissen: Wie
viel der Einnahmen aus der Gala geht wirklich an arme Kinder in
Afrika? Die Antwort ist auch schon deshalb nicht so einfach, weil
mit dem Verein Hope for Children in Need e.V. und der Stiftung
UNESCO verwirrende Strukturen geschaffen wurden. Veranstalter der Gala selbst ist der Verein. Teure Lose für eine Tombola
verkaufen beide. Sponsoren suchen ebenfalls beide. Die Versteigerung von hochwertigen Reisen, Schmuck oder sonstigen Sachspenden führt die Stiftung durch.

Der Reihe nach: Die Eintrittsgelder von 250 Euro pro Person kassiert der Verein – zur Bestreitung von Kosten für die Gala. Eine

gleichzeitig erbetene Spende von 300 Euro pro Teilnehmer geht an die Stiftung. So weit, so gut. Doch was passiert mit den Einnahmen aus der Tombola, die Prominente auf der Gala an die Gäste verkaufen? Die Antwort auf diese Frage darf allerdings leider aus rechtlichen Gründen in diesem Buch nicht beschrieben werden. Die Stiftung gewährte einen Einblick in die Zahlen nur unter der Auflage, dass die Ergebnisse ausschließlich für den Internetauftritt von CharityWatch.de verwendet werden dürfen. Deshalb sind die Details nur auf der Homepage nachlesbar.

Und wie sah es mit der Versteigerung aus? 2009 wurden laut dem 300 Seiten dicken Galabüchlein ein Smaragdcollier, eine Traumreise nach Afrika, »6 Riesling-Legenden« von den besten Riesling-Winzern der Welt und vieles mehr versteigert. Die zahlungskräftigen Galateilnehmern wurden zum Zücken ihres Scheckbuches mit einem Versprechen gelockt: »Liebe Gäste, ersteigern Sie diese attraktiven Auktionsobjekte für einen guten Zweck – für die Kinder in Not.« Wie viel wirklich bei den Kindern in Not ankam, darf aus den erwähnten rechtlichen Auflagen ebenfalls nur auf CharityWatch.de veröffentlicht werden. Der moralische Rechenschieber liefert aber schon anhand der anderen Erkenntnisse ein klares Ergebnis: »Shame on you, Mrs. UNESCO-Botschafterin Dr. h. c. Ute-Henriette Ohoven«. Auch ihr Sohn Michael Ohoven, der als Vorstand des Vereins und als Vorstand der Stiftung eine nicht ganz unproblematische Doppelfunktion ausfüllt, sollte auf mehr Ehrlichkeit und Transparenz setzen. Zum Beispiel bei der Frage nach den Verwaltungskosten. Ohoven und sein Vorstandskollege Wilfried Krauss sind überhaupt nicht bereit, für den Verein einen Jahresbericht über Einnahmen und Ausgaben zur Verfügung zu stellen.

Bei der Stiftung UNESCO sind diese Zahlen hingegen nicht so geheim, wenn auch die bereits erwähnte Auflage Details an dieser Stelle nicht zulässt. Nur so viel vorweg: Die Zahlen zeigen etwas anderes, als die vollmundig beschriebene und irgendwie berechnete Verwaltungskostenquote 2005 in Höhe von 5,41 Prozent suggeriert. Sie haben richtig gelesen: Im Frühjahr 2011 wird noch mit einer Verwaltungskostenquote von 2005 geworben, obwohl längst bekannt ist, dass in den Jahren danach andere Beträge angefallen sind.

Zu diesem intensiv recherchierten Fall gäbe es viele weitere Details. Zum Beispiel, dass Ute-Henriette Ohoven bei Reisen nach Afrika auf Kosten der Stiftung Business-Class fliegt. Die Ausgaben werden als »Kosten für Projektvorbereitungen« verbucht. Auch dies zu Lasten der Gelder für Kinder in Not. Darüber sollten die prominenten Förderer, sicher im Glauben an eine gute Sache aktiv, einmal nachdenken.

Kritische Frager müssen sich sogar Beleidigungen gefallen lassen

Tarnen und Täuschen, das ist auch andernorts eine probate Kombination, wenn es etwas zu verbergen gilt. Das Christliche Kinderhilfswerk Deutschland e.V. (CHILD) beherrscht dieses Versteckspiel vorzüglich. Datenschutz und Vertrauensschutz werden gerne ins Feld geführt, wenn es um die Verweigerung von konkreten Angaben geht. Etwa über die Vereinsausgaben. Doch wessen Vertrauen soll eigentlich geschützt werden? Geht es nicht vor allem um den Schutz von Spendern, die an CHILD Geld überwiesen haben, festen Glaubens an eine ordnungsgemäße Verwendung? Doch Glauben und Gottvertrauen helfen in diesem Fall höchstens den Vorständen des christlich geprägten Vereins. Denn die wollen sich partout nicht in die irdischen Kassenbücher schauen lassen. Sie stellen gar in Abrede, dass zur Prüfung der Mittelverwendung »Berichte und Zahlenwerke« notwendig seien.

Offenbar wird ein besonderer Punkt der Vereinssatzung recht pragmatisch ausgelegt. Dieser Satzungsparagraph definiert, dass die Bibel in allem, was sie lehrt, als höchste und letzte Autorität anzusehen ist. Natürlich geht es auch viel um den Glauben. Der wiederum ist gegenüber den Vereinsvorständen weniger angebracht. Unter anderem, weil es fragwürdige Verflechtungen zur Velberter Mission gibt: CHILD-Geschäftsführer Wolfgang Petersen ist gleichzeitig Leiter der Missionsverwaltung. Pastor Siegfried Bongartz und Pastor Helmut Dengel waren jeweils in verantwortlicher Position bei beiden Organisationen. Für die bisherigen Spender wäre es deshalb wichtig zu wissen, ob finanzielle Zusammenhänge zwischen den Vereinen bestehen oder bestanden. Zukünftig dürfte diese Frage allerdings keine Rolle mehr spielen, da CHILD ankündigte, sich aufzulösen. Offenbar haben die Verantwortlichen zumindest einen Teil der Kritik aufgenommen und arbeiten nur noch unter dem Dach der Velberter Mission.

Eines hat sich jedoch nicht geändert: Wenn jemand der Velberter Mission unter Gesichtspunkten irdischer Transparenz hinter den heiligen Schein schauen will, wird ihm Ungläubigkeit unterstellt. Schon bei der ganz sachlichen Frage nach der Spendenverwendung wurde angemerkt, dass es bei Weitergabe der Finanzzahlen zu einem möglichen Missbrauch kommen könnte.

Kaum zu glauben, dass einfachen Fragen mit einer solchen Unterstellung begegnet wird. Doch wer sich darüber grämt, der hat noch nie bei der Shakti Nepalhilfe nach der Verwendung der Spendengelder gefragt. »Großmaul!«, so die Reaktion. Oder auch: »Ich glaube, Sie haben eine Meise.« Und das sind noch die jugendfreien Formulierungen, aus der verbalen Schmuddelkiste gezerrt von Schriftführer Rainer Greubel gegenüber einem wissbegierigen Spender. CharityWatch.de konnte das nicht recht glauben und fragte nach. Kein Dementi, im Gegenteil. Rainer Greubel bestätigte die Aussagen und setzte sogar noch eins drauf: »Der kann mir gestohlen bleiben!« Seine Ehefrau Ruth Kunkel, gleichzeitig als Vorstandsvorsitzende aktiv, drückte sich zwar etwas distinguierter aus, doch einen Nachweis der Ausgaben gegenüber »Externen« lehnte auch sie strikt ab.

Verbale Grobmotorik ist auch bei anderen Vereinen anzutreffen:

»Gossenhafter Sensationsjournalismus«, tobte ein Ex-Vorstand von Terra Mater Umwelt- und Tierhilfe e.V. bei der Frage nach der Mittelverwendung. Laut Alfred Spohr habe der 35 000-Mitglieder-Verein schon oft genug darunter leiden müssen. Man trage die Verantwortung für Tausende von Tieren, hieß es. Die Mittel dafür zu akquirieren sei schon schwer genug. Ob Spohr wohl etwas missverstanden hat? Wäre es nicht einfacher, neue Mitglieder zu finden, wenn der Verein nachvollziehbar offenlegt, wie viel Sinnvolles er mit den Spendengeldern erreicht? Solchen Überlegungen jedoch war der Mann nicht zugänglich. Im Gegenteil: Vergleiche zum »Judaslohn« fielen ihm ein, der angeblich mit »Enthüllungsberichten« verdient werde.

Enthüllungsberichte also. Gibt es denn tatsächlich etwas zu enthüllen? Vermutlich genug, worauf zahlreiche Leserhinweise zu diesem Verein schließen lassen. Ein Beispiel: Terra Mater betreibt die »erste und einzige Exotenstation (Reptilien) Deutschlands«. Sie gehört Monika Schlegel, die auf ihren Internetseiten schreibt: »Im Frühjahr 2001 bekam TERRA MATER von der Gemeinde Graben-Neudorf ein Holzhaus (13,5 Meter x 3,5 Meter) geschenkt [...]« Ein Geschenk an den Verein – das aber nun ihr gehört. Hängt das möglicherweise damit zusammen, dass Monika Schlegel selbst als Schatzmeisterin im Vorstand von Terra Mater sitzt und ihr Vater, Heinz Zimmermann, als weiteres Vorstandsmitglied vielleicht ein Auge zugedrückt hat?

Ex-Vorstand Spohr erklärte, Terra Mater finanziere den laufenden Betrieb. Gleichzeitig gibt er aber zu: »Hausrecht und Eigentum liegen bei Frau Schlegel.« Eine weitere Frage in diesem Dunkelfeld: Die laufenden Kosten zahlt der Verein. Doch wer kassiert das Geld, wenn Tiere mit sogenannten Schutzverträgen abgegeben werden? Diese Fragen wären nur durch einen Blick in den Jahresbericht zu beantworten.

Transparenz könnte den Mitgliedern auch die Augen öffnen, wenn es um die Gemeinnützigkeit des Vereins geht. Zu dem Thema ist allerdings auf der Homepage nichts Konkretes zu lesen. Nur das zuständige Finanzamt und die Steuernummer werden genannt. Damit niemand auf die Idee kommt, dem Verein könnte die Gemeinnützigkeit versagt worden sein? Macht sich jemand die Mühe, beim Finanzamt nachzufragen, ob Spenden an diesen Verein steuerlich absetzbar sind, wird er auf das Steuergeheimnis hingewiesen. Denn auch hier gilt für Vereine: Wer etwas verstecken will, der muss nichts befürchten. Die Steuerbehörde schützt sogar solche unseriösen Vereine, die nicht einmal die Hürde der Gemeinnützigkeit überspringen. Dabei wäre das so einfach. Unter dem Aspekt der Gemeinnützigkeit muss die Hälfte der Gelder in Satzungszwecke fließen. Ein Verein, der das nicht schafft, ändert die Satzung so, dass dieser Nachweis wieder gelingt. Selbst Organisationen, die nur 20 von 100 Euro Spendengeld für echte Hilfeleistungen ausgeben, schaffen die Gemeinnützigkeitshürde mit Buchhaltungstricks. Terra Mater schafft sie nicht. Sind hier wirklich »nur« Gutmenschen am Werk, ahnungslose Amateure oder doch dubiose Scharlatane, die das deutsche Spendensystem geschickt für ihre Zwecke ausnutzen?

Spenden landen ohne Umweg auf dem Privatkonto

Nicht nur die mitgliederstarken Vereine, auch lokal operierende Kleinorganisationen nutzen allzu gern das Schlupfloch der fehlenden Pflichtveröffentlichung. Der Kreistierschutzverein Tuttlingen, Spaichingen und Umgebung e.V. ist so ein Fall. Generelle Auskunftsersuchen werden verweigert, auf konkrete Fragen gibt es keine Antworten. Etwa warum 400 000 Euro des Vereinsvermögens in hoch spekulative Schiffscontainer investiert wurden? Wer erhielt die hohen Provisionen, die bei solchen Geschäften mitunter zehn Prozent und deutlich mehr betragen? Im Zusammenhang mit dem Kauf eines Einfamilienhauses (das der Verein zu keinem Zeitpunkt für die Unterbringung von Tieren nutzte) stellen sich die Fragen: Wieso wurde dieses Haus an den damaligen Tierpfleger verkauft? Erlitt der Verein dabei Verluste? Oder, noch dreister und trotzdem ungeklärt: Bei der Kassenprüfung 2010 fehlten 19 000 Euro. Wohin ist das Geld verschwunden? Ebenso nebulös: Warum wurde ein Zaun für das Tierheim in Tuttlingen bereits 2009 bezahlt, wenn Ende 2010 immer noch nichts real eingezäunt war? Immerhin ein Kostenfaktor von 10 000 Euro!

Und das ist noch längst nicht alles, was geklärt werden müsste. Die Liste mit Fragen und möglichen Verfehlungen wächst in epische Breite. Auf Kosten der Tiere, für die das Geld eigentlich bestimmt ist, wird verschleiert und getrickst, was das Zeug hält. Kein Wunder, dass in dem beschaulichen Städtchen am Rande des Schwarzwalds engagierte Bürger gegen den transparenzresistenten Tierschutzverein kämpfen. Übrigens schon seit vierzehn Jahren.

Eine sehr zweifelhafte Rolle spielt in dieser Angelegenheit der Dachverband Deutscher Tierschutzbund e.V. Er bezeichnet sich als Europas größte Tier- und Naturschutzorganisation. Ehrlichkeit und Offenheit im Umgang mit Spendengeldern sind angeblich gelebte Leitsprüche: »Transparenz ist für uns mehr als ein Lippenbekenntnis: Wir sind Gründungsmitglied im Deutschen Spendenrat und haben uns im Rahmen der Mitgliedschaft zur transparenten Mittelverwendung und Einhaltung ethischer Standards in der Spendenwerbung verpflichtet.« Darüber hinaus ist der Tierschutzbund Träger des DZI-Spendensiegels und hat sich dadurch unter anderem zu einer nachprüfbaren und sparsamen Mittelverwendung verpflichtet.

Als eines der 700 Mitglieder erkundigte sich der Tierschutzverein Tuttlingen bei seinem Dachverband, wie er sich auf Anfragen bezüglich der Mittelverwendung verhalten sollte. Angeblich riet die Rechtsabteilung des Tierschutzbundes daraufhin von einer Veröffentlichung ab. Auf Anfrage widersprach die Dachvereinigung der Vereinsauskunft nicht. Es würde ausreichen, wenn die Mitgliedsvereine zum Beispiel gegenüber dem Finanzamt Rechenschaft ablegen. Hat eine interessierte Öffentlichkeit denn keinen Anspruch auf Information? Wie kann das sein? Als Gründungsmitglied des

Spendenrats wird vom Deutschen Tierschutzbund seit vielen Jahren die Selbstverpflichtung für mehr Transparenz beim Spenden vertreten. Der Spendenrat ist außerdem Träger der Initiative Transparente Zivilgesellschaft. Offenbar wird den Mitgliedsvereinen des Dachverbandes Deutscher Tierschutzbund jedoch das Gegenteil empfohlen. Wenn das nicht scheinheilig klingt.

Auch das ist kein Einzelfall, wie der Bremer Tierschutzverein e. V. belegt. Wolfgang Apel ist Vorsitzender des Vorstandes. Zusätzlich fungiert er als Präsident des Deutschen Tierschutzbundes. Beim Bremer Tierschutzverein lebt er das Gegenteil von dem, was er als Vorsitzender des Tierschutzbundes offiziell verlautbart. So ist der Bremer Tierschutzverein, obwohl Mitglied im Tierschutzbund, gegenüber CharityWatch.de nicht zu Auskünften über die Verwendung der Spendengelder bereit. Bei Apel entzweien sich die schönen Reden und das tatsächliche Handeln in hohem Maße. Von welchen Motiven mag diese Weigerung zur Transparenz geleitet sein?

Es erstaunt auch, zu erfahren, dass es der Tierschutzbund war, der hinterrücks die Blockade eines Tierheimtests betrieb. Im Rahmen dieses Tests sollten 100 Tierheime in ganz Deutschland besucht und ausführlich befragt werden. Für die Tierheime wäre das kostenlos gewesen und für die guten unter ihnen eine hervorragende Werbung. Letztendlich ließ sich die Idee nicht umsetzen, weil eine Reihe von angefragten Tierheimen auf Anraten des Dachverbandes Deutscher Tierschutzbund die notwendige Besichtigung vor Ort sowie die Beantwortung der Fragen verweigerte. Was weiß der Tierschutzbund über seine angeschlossenen Tierheime, das eine solche Blockadehaltung erfordert?

Nichts mit dem Tierschutzbund zu tun hat der Gandhi-Tierschutz e. V., der eine besonders dreiste Spielart im kreativen Umgang mit Spenden pflegte. In Spendenaufrufen gab Vorstandsvorsitzende Natalia Lange-Sotgiu statt des Vereinskontos ihr Privatkonto an. Im Kontext mit solchen irregulären Geldflüssen erheben sich aus juristischer Perspektive verschiedene Fragen. Deshalb wurde die kontoführende Volksbank Ulm-Biberach dazu befragt. Erwartungsgemäß verweigerte der Geldwäschebeauftragte Thomas Nagel Auskünfte mit Hinweis auf Datenschutz und Bankgeheimnis. Immerhin änderte sich etwas: Jetzt laufen die Spenden über ein Konto des Vereins.

Solange die Politik beide Augen fest zudrückt, wird sich im Spendendschungel auf absehbare Zeit wohl nichts ändern. Die Vielfalt der zur Verfügung stehenden Methoden, Spenden nicht im Sinne der Geldgeber zu verwenden, ist immens. Die Akteure und Profiteure laufen kaum Gefahr, entdeckt zu werden. Ein erstes effizientes Instrument, solche Dunkelmänner zu enttarnen, wäre die öffentliche Kontrolle in Form von konkreten Transparenzvorschriften. Dass aber auch damit nicht jegliche Zweifel beseitigt sind, belegt erneut das Beispiel Gandhi-Tierschutz e.V. Ob Spender damit einverstanden wären, dass der Verein ein Detektivbüro beauftragte? Von diesem wurde für Ermittlungen im Februar und März 2011 ein Betrag in Höhe von fast 3000 Euro in Rechnung gestellt. 43 Stunden Arbeitsaufwand für Observation und anderes sind angefallen. Ein Teil davon sogar mit Mehraufwand für Wochenend- und Nachteinsatz. Wofür, ist der Rechnung leider nicht zu entnehmen. Auf Anfrage kam vom Vorstand nur die Aussage, man solle den Verein nicht mehr belästigen, sonst würde ein Rechtsanwalt tätig. Einen solchen könnte eigentlich auch Charity-Watch.de mandatieren, da der Verein auf seiner Homepage üble Nachrede betreibt: »Neue Warnung vor Warner!«, so die Überschrift eines Beitrags, der die kritische Berichterstattung von CharityWatch.de entkräften sollte. Der Inhalt ist allerdings eine Tüte voll Dampf – kein Wort zu den Vorwürfen. Angeblich befürwortet Lange-Sotgiu Transparenz bei spendensammelnden Organisationen. Wieso verweigert sie dann konkrete Angaben zu Gandhi-Tierschutz e.V.?

Natalia Lange-Sotgiu hält sich bisher erfolgreich hinter der dicken Betonmauer namens Intransparenz versteckt. Dort könnte der Gandhi-Tierschutz auf den Verein Menschen Tiere Werte e.V.

treffen. Gut bewacht würden sie von den Kampfhunden, für die sich Menschen Tiere Werte einsetzt. Auf der Website des Vereins wird als vorrangiges Ziel die Aufweichung der Rasselisten und der Landeshundeverordnung in Nordrhein-Westfalen angegeben. Und das, obwohl in der Satzung viel allgemeiner die Förderung des Tierschutzgedankens und eine »erhöhte Achtung der Tiere durch Menschen« als Vereinsziel definiert ist. Wofür Claudia Harting als Vorstandsvorsitzende die Vereinsgelder tatsächlich ausgibt, darf die Öffentlichkeit allerdings nicht erfahren. Bei einer telefonischen Nachfrage lautete die kurze Antwort: »Ach Gott, bitte verschonen Sie mich«, und der Hörer wurde ohne weitere Verabschiedung aufgelegt.

Da ist sie sich ganz einig mit Peter Ziebell vom Verein Tiere in Not e. V. Osterholz-Scharmbeck. Zwar ist der rührige Rentner nicht einmal Vorsitzender des Vereins, aber zusammen mit seiner Ehefrau Marlene Ziebell, die dort das Amt der Tierschutzbeauftragten versieht, scheint er die Fäden fest in der Hand zu haben. Das Ende dieser Fäden führt in kommunale Kassen, denn Tiere in Not e. V. kann sich einer nahezu spektakulären Alimentierung durch Steuergelder erfreuen. Die Stadt Osterholz-Scharmbeck unterstützt den kleinen Verein mit monatlich 700 Euro Fundtierpauschale – obwohl Insider sowohl Anzahl wie Herkunft der vom Verein behaupteten Fundtiere ernsthaft bezweifeln und obwohl es bis zum Frühjahr 2011 für das vereinseigene Tierheim keine Betriebserlaubnis gab. Darüber hinaus übernahm die Stadt auch noch den gesamten Schuldendienst an einem vom Verein 2008 aufgenommenen Darlehen für die Fertigstellung des Tierheimneubaus. Die Stadt bestätigte schriftlich: Jährlich erhält Tiere in Not e. V. über 26 000 Euro Steuergelder. Nachweise über die gesamte Mittelverwendung verweigert der Verein.

Die Information von Spendern über die Verwendung ihrer Gelder als Zeitverschwendung abzutun, ist eine sehr zweifelhafte Ansage. Hat sich von diesen Informationsverweigerern noch keiner überlegt, wie viel Mehraufwand für die Akquisition von Geld notwendig ist, wenn eine aussagekräftige Dokumentation fehlt? Wie viel Aufwand zur Rückgewinnung von Spendervertrauen eingesetzt werden muss, wenn es noch schlimmer kommt? Oder ist der typische Spender wirklich so naiv, dass er völlig blind und ohne Rückfrage sein Geld überweist?

Zumindest dann, wenn das DZI eine seiner seltenen Warnungen ausspricht, dürfte es Erklärungsbedarf geben. So geschehen Ende 2009 bei drei Vereinen. Die Verbraucherschutzorganisation warnte vor dem Verein für Menschen und Freiheit e.V. aus Troisdorf, dem Verein für Hoffnung der Zukunft e.V. aus Berlin und dem Menschenrechtsverein für Migranten e.V. aus Aachen. Begründung: Diese Vereine setzen bei Straßensammlungen oft stark emotionalisierende grausame Bilder von gefolterten und getöteten Menschen ein. Bei einem der Vereine führte die Auskunftsverweigerung zu einem offiziellen Sammlungsverbot. Ein solches sprach die ADD für Rheinland-Pfalz gegen den Verein für Hoffnung der Zukunft aus, weil dieser nicht bereit war, konkrete Zahlen über die Verwendung der Spendengelder offenzulegen. Anders ausgedrückt: Die Behörde kann nicht sicher sein, dass die Spendengelder ordnungsgemäß verwendet werden. Harte Worte, die leider ohne weitreichende Konsequenzen bleiben. Denn das Sammlungsverbot der ADD gilt nur für Rheinland-Pfalz, und das DZI warnt viel zu selten vor Organisationen, so dass viele Spender nicht automatisch dort nachfragen.

Zweifellos gibt es für den Schutz von Menschenrechten im Iran einen erheblichen Handlungsbedarf. Wie gut der Verein für Hoffnung der Zukunft der von ihm postulierten Aufgabe nachkommt oder ob es sich um einen Missbrauch der Belange von Missbrauchsopfern handelt, ist mangels konkreter Informationen kaum zu beurteilen. Ebenso wenig war zu erfahren, was es mit den Kosten für ein sehr umfangreiches Rechtsgutachten auf sich hat. Dieses Gutachten von Professor Dr. Winfried Hassemer, ehemaliger Vizepräsident des Bundesverfassungsgerichts, war auf der Vereinshomepage einzusehen – eine vertrauensbildende Maßnahme. Erstellt wurde das Gutachten für den Nationalen Widerstandsrat Iran – Vertretung in Deutschland, die Exil-Iranische Gesellschaft in Berlin, den Menschenrechtsverein für Migranten und den Verein für Hoffnung der Zukunft. Zu den Kosten schwieg Professor Hassemer. Der Vorstand des Vereins für Hoffnung der Zukunft teilte mit: »Die Kosten für dieses Rechtsgutachten waren unter Berücksichtigung der Ausführlichkeit des Gutachtens angemessen [...]« Bei aller Ernsthaftigkeit kann eine solche Auskunft nur als Floskel bezeichnet werden, die keinesfalls dem Anspruch der Spender auf Auskunft über die Verwendung ihrer Gelder angemessen ist.

Positiv formuliert gilt: Keine Antwort ist auch eine Antwort. Der Mangel an Sachargumenten zieht einen Mangel an Glaubwürdigkeit nach sich. Das betrifft verstärkt widersprüchliche Aussagen, wie sie sich auf der Homepage von A. C. E. Animal Compassion Europe – Tiere in Not e. V. fanden. Zu den Widersprüchen befragt, verpasste sich Vorstandsvorsitzender Albrecht Widmann offenbar selbst einen Maulkorb. Auch gab es keine klärende schriftliche Antwort. Dabei ging es doch um relevante Themen, an deren Aufarbeitung ein seriöser Verein großes Interesse haben sollte. Die Bitte um Zusendung von Unterlagen über die Verwendung der Spenden und Mitgliedsbeiträge konterte Widmann mit der Ankündigung, einen Rechtsbeistand einschalten zu wollen.

Offen ist nach wie vor, was bei A. C. E. mit dem Geld der Spender passiert. Auf der Webseite des Vereins war lange Zeit lediglich ein Tierheim in Ungarn genannt, das als Empfänger in Frage kommen könnte. Tatsächlich hatte es schon Jahre vorher die Zusammenarbeit mit A. C. E. gekündigt. Trotzdem bettelt der Widmann-Verein weiterhin ganz kühn um Spenden, ohne Angaben über ihre Verwendung zu machen.

Gleiches gilt für die gemeinnützige GmbH Nähret die Welt. Der in Großbritannien ansässige Geschäftsführer Arne Jörn Gero Wood gibt keine Auskunft darüber, was mit den Spendengeldern im Detail passiert. Das allgemein formulierte Ziel der mit

25 000 Euro Stammkapital ausgestatteten Organisation ist die weltweite Erbringung von Hilfsleistungen und die Unterstützung von Menschen, die Opfer von Hungersnöten, Armut, Kriegshandlungen oder Naturkatastrophen sind. Dies soll vor allem durch die Lieferung von Nahrung, Kleidung und medizinischen Bedarfsgütern geschehen. Aber auch die Durchführung von Informationskampagnen, die Veröffentlichung von Magazinen oder Büchern und die Organisation von Konferenzen stehen im sehr weit gefassten Programm. Für Spender wäre es deshalb wichtig zu wissen, in welchen Bereich genau denn nun welcher Betrag geflossen ist.

Wood gibt sich hölzern und mimt das Schweigen im Walde. Anfragen verirren sich im Dickicht der Vereinsorganisation, und die auf der Homepage hinterlegten, längst veralteten Berichte des Geschäftsführers sind vom Schwamm des Unkonkreten befallen. Dabei wäre es doch eine Erklärung wert, warum die Gesellschaft hohe Verlustvorträge vor sich herschiebt. Stolze 262 000 Euro betrugen sie zum Jahresende 2008, resultierend aus den Verbindlichkeiten von 287 000 Euro. Für einen Spender bedeutete das: Mit dem für arme und hungrige Menschen zuletzt überwiesenen Geld wurden auch Gläubiger befriedigt. Zu welchem Anteil? Wodurch entstanden die hohen Schulden? Das ist alles nicht bekannt, könnte aber mit den Bettelbriefen zusammenhängen, die regelmäßig verschickt werden. Solche Bettelbriefe entwickeln sich rasch zu einem immensen Kostenfaktor, wenn Profis sie erstellen und versenden – dazu später mehr. Trotz hoher Verschuldung finden sich in den Bettelbriefen von Nähret die Welt sogar »günstig in Asien eingekaufte« kleine Aufmerksamkeiten wie Kugelschreiber oder Kalender (ein Schelm, wer bei günstigen Produkten aus Asien gleich an Kinderarbeit oder unwürdige Arbeitsbedingungen denkt). Zudem werden die Adressenlisten mit anderen Wohltätigkeitsorganisationen und Drittagenturen ausgetauscht. Alles, um an mehr Geld zu kommen, über dessen Verwendung Organisationen wie Nähret die Welt dann keine Rechenschaft ablegen wollen.

Einladung zum Spendenmissbrauch – einschließlich Lizenz zum Lügen

Neben Tieren und kranken Menschen werden besonders gerne Kinder als Spendenköder für zwielichtige Organisationen benutzt. Offiziell haben sie sich der Wohltätigkeit verschrieben, aber hinter einer Mauer aus Schweigen und Desinformation verbergen sie häufig zweifelhafte Machenschaften. Dabei hört sich erst einmal alles gut und positiv an, wenn etwa die Weltweite Kinderhilfe e.V. für ihr Anliegen wirbt, nämlich: »Die Not armer, kranker und hungriger Kinder lindern und ihnen Liebe und Geborgenheit schenken.« Lobenswerte Ziele, die der Verein da postuliert. Und man möchte ihm so gerne glauben. Allerdings hakt es an der Umsetzung. Wofür das Geld der Spender genau gedacht ist, wie es wo eingesetzt werden soll, darüber verhängte der Vorstandsvorsitzende Günter Will offenbar ein internes Schweigegebot. Die Bilanzen des Vereins will er nur gegenüber staatlichen Behörden und Einrichtungen unter öffentlicher Aufsicht offenlegen. Gut gebrüllt, Herr Will! Vor allem weil es kein Geheimnis ist, dass eine staatliche Kontrolle im Spenderinteresse so gut wie nicht existiert.

Transparenz scheint die Weltweite Kinderhilfe, wie so viele andere Vereine, für etwas Unanständiges zu halten. Außerdem hindert eine Informationsverweigerung niemanden daran, massiv um Spenden zu werben. So will die Weltweite Kinderhilfe zum Beispiel den Bau eines Kinderfamilienhauses in Laudenbach über Spenden finanzieren. Die Höhe der Kosten für die Mittelakquisition beziehungsweise Mittelbeschaffung durch externe Profis verrät sie jedoch nicht. Dabei sind Fundraising-Agenturen ein Kostenfaktor, der oft herb in die Bücher schlägt. Die zentrale Frage ist, wie viel nach Abzug dieser Kosten für die Organisation übrig bleibt. Und genau sie bleibt offen. Da ist sie in trauriger Gesellschaft, etwa von der Frage, welche Summe eigentlich in den Bau des Heimes fließt.

Die Weltweite Kinderhilfe ist Mitglied im Paritätischen Wohlfahrtsverband – Landesverband Bayern e. V. Werner Hesse, Geschäftsführer des Deutschen Paritätischen Wohlfahrtsverbandes – Gesamtverband e. V., ist ein klarer Befürworter von Transparenz. In einem vierseitigen Schreiben an verschiedene Politiker warnte er vor einer Überregulierung, forderte aber gleichzeitig eine praktikable gesetzliche Regelung. Er spricht sich für eine Ausweitung der bestehenden Veröffentlichungspflicht für Kapitalgesellschaften auf Vereine und Stiftungen aus – zum Wohle der korrekt und verantwortungsbewusst handelnden Organisationen. Das ist lobenswert, doch leider nicht selbst gelebt. Denn als einer der großen Spitzenverbände der freien Wohlfahrtspflege steht Der Paritätische für über 10 000 angeschlossene eigenständige Organisationen, denen er eine entsprechende Transparenz vorschreiben könnte. Bisher tut er das nicht und ermöglicht so Mitgliedern wie der Weltweiten Kinderhilfe, die Verwendung der Spendengelder zu verschleiern.

Als oberstes Geschäftsgeheimnis betrachtet der Verein SOS Kinder direkt e. V. die Mittelverwendung. Offenbar soll nicht bekannt werden, was mit dem Geld ahnungsloser Unterstützer passiert. Auf Anfragen reagierte der Vorstandsvorsitzende Riccardo Schneider erst gar nicht. Dass berechtigte Zweifel an der ordnungsgemäßen Verwendung der Spenden angebracht sind, bestätigt die sogenannte sammlungsrechtliche Überprüfung durch die ADD in Trier. Die Behörde führte eine solche durch und untersagte dem Verein daraufhin, in Rheinland-Pfalz Spenden zu sammeln. Natürlich hält das die vorgeblichen Kinderschützer nicht davon ab, in anderen Bundesländern ihr zweifelhaftes SOS an ahnungslose Spender zu funken.

Dasselbe Verbot der ADD gilt für Heyva Sor a Kurdistane e. V., übersetzt »Kurdischer Roter Halbmond«, einer in mehreren europäischen Ländern mit Vertretungen aktiven Organisation. Die in vielen Ladengeschäften aufgestellten Spendendosen des in Niederkassel ansässigen Vereins wurden eingezogen. Nach einer umfassenden Überprüfung besteht laut ADD »keine genügende Gewähr für die zweckentsprechende einwandfreie Verwendung der Geldspenden sowie der Förderbeiträge«. Ein Großteil der Geldspenden würde nach Angaben der Trierer Behörde nicht für die als Vereinszweck genannte Kindernothilfe verwendet, sondern für andere Zwecke. Zudem unterstütze der Verein mit den Geldspenden Organisationen, die in verschiedenen Verfassungsschutzberichten negativ erwähnt sind.

Die Fülle der Vereinsbeispiele ist erschlagend, und überall zeigt sich dieselbe Struktur: Erklärungslücken mit reichlich Spielraum für Spekulationen. Wie haben es die Träger der Aktion Initiative Transparente Zivilgesellschaft so griffig formuliert: »Die Währung dieses Sektors heißt Vertrauen.« Sie sprechen vom Vertrauen in die Rechtschaffenheit von Organisationen, die für das Gemeinwohl tätig werden. Umgekehrt ist die Rechtschaffenheit in Frage zu stellen, wenn das wahre Vereinsziel Verdunkelung heißt – obwohl gemeinnützige und mildtätige Organisationen umfassende steuerliche Privilegien genießen. So ist zum Beispiel keine Einkommen- und Körperschaftsteuer zu entrichten. Außerdem können Geldgeber die Spenden vom Einkommen abziehen und sparen dadurch Steuern. Doch wenngleich die Allgemeinheit auf diese Art einen Teil der Zahlungen übernimmt, einen Informationsanspruch hat sie nur aus moralischer Sicht. Die fehlende gesetzliche Transparenzpflicht kann deshalb, auch wenn es provokant klingt, als Einladung zum Spendenmissbrauch gedeutet werden.

Genau diese Einladung zum Spendenmissbrauch könnte auch der International Children's Fund e.V. genutzt haben. Das vermutet zumindest die Staatsanwaltschaft, die entsprechende Verdachtsmomente prüft. Angeblich geht es um die Unterstützung von hilfsbedürftigen Kindern und Jugendlichen in der ganzen Welt. Transparenz ist unerwünscht, und die Methoden sind keinesfalls als unterstützungswürdig einzustufen. So beurteilte das DZI die aggressive Mitteleinwerbung als unangemessen gefühlsbetont und in hohem Maße bedrängend, weil dadurch Spender in ihrer unabhängigen, sachbezogenen Entscheidung behindert würden. Spendenwerbung mit der moralischen Keule – immer ein verlässliches Warnzeichen für unseriöses Vorgehen.

Zur Vorgeschichte: Dem in Frankfurt ansässigen International Children's Fund war vom zuständigen Finanzamt die Gemeinnützigkeit versagt worden. Vermutlich gründete der Vereinsvorstand Dr. David Bruenning aus Wisconsin/USA deshalb eine gemeinnützige GmbH mit gleichem Namen und Sitz in Berlin. Mit der Umsetzung bevollmächtigt wurden ausgewiesene »Branchenexperten«, die schon häufiger die Formalitäten für die Gründung von Spendenorganisationen übernommen haben. Eine Reihe von diesen Geldsammlern ist als besonders zweifelhaft einzustufen.

Aussagekräftige Zahlen über die Verwendung der Spendengelder? Fehlanzeige. In diesem Fall wurde allerdings mit einer recht originellen Begründung hantiert. In einer Zwischeninfo teilte die International Children's Fund gGmbH mit, im Rahmen von Ermittlungen der Staatsanwaltschaft Hannover seien die Büros mehrerer Firmen in Deutschland durchsucht und kistenweise Akten beschlagnahmt worden. Darunter auch die Akten eines Steuerberaterbüros aus Bad Pyrmont, das für International Children's Fund tätig ist. Solche Auskünfte – Staatsanwaltschaft ist schon tätig – führen natürlich zu intensivierten Recherchen. Und diese erbrachten: Neben dem betreffenden Rechtsanwalts- und Steuerbüro ist ein Fundraising-Unternehmen in Garbsen im Visier der staatlichen Ermittlungen. Beide tauchen häufiger in Zusammenhang mit dubiosen Spendenorganisationen auf. Meiner Meinung nach bilden sie eine Schnittstelle für all jene Organisationen, gegen die ermittelt wird.

Zum Hintergrund der Untersuchungen: Bei einer Reihe von Organisationen besteht der Verdacht einer zweckwidrigen Verwendung von Spendengeldern. Dieser Verdacht ist ziemlich naheliegend, denn laut Staatsanwaltschaft sollen bei den untersuchten Fällen 80 Prozent der Einnahmen nicht in echte Hilfsleistungen geflossen sein. Damit die Zahlen gegenüber dem Finanzamt nicht ganz so schlecht aussehen, wird gerne mit buchhalterischen Gummiposten gearbeitet, hinter denen sich alles Mögliche verbergen lässt. Oder es kommt zu einer künstlichen Schönrechnung der Finanzzahlen mit Hilfe durchlaufender Posten. Vermutlich geht es bei den Ermittlungen gegen die International Children's Fund gGmbH um die Verbuchung von Medikamentenspenden und die damit möglicherweise verbundene Schönung von Bilanzzahlen. Auf die Fragen, welche konkreten Anschuldigungen die Staatsanwaltschaft erhoben hat und was der International Children's Fund dazu sagt, gab es keine Antwort. Ausweichend wurde nur verlautbart, bei den Vorwürfen handle es sich »offensichtlich um ein Missverständnis, für das ohnehin die gesetzliche Unschuldsvermutung gilt«.

Das ist ziemlich kaltschnäuzig und bei Betrachtung einer irreführenden Aussage auf der Homepage inkongruent zu den Fakten: »Außer einer hohen Effizienz bemüht sich der ICF um die Erhaltung eines hohen Standards in Bezug auf die finanzielle Berichterstattung und Transparenz. Unsere Jahresberichte werden kritisch von unseren Steuerberatern […] geprüft.« Der Hinweis auf die Steuerkanzlei ist übrigens eine gängige Ausrede ohne Gehalt. Denn der Steuerberater verbucht im Auftraggeberinteresse die Einnahmen und Ausgaben unter Beachtung von Steuervorschriften. Mit einer Prüfung im Spenderinteresse hat das nichts, aber auch überhaupt nichts zu tun. Somit sind die verkündeten hohen Standards in Bezug auf Transparenz als gezielte Verschleierung zu bewerten.

Beim International Children's Fund steht die undurchsichtige Stahlbetonmauer bombenfest. Die einzigen Zahlen für die gemeinnützige GmbH stammen aus dem elektronischen Bundesanzeiger. Für 2008 ist ein Jahresüberschuss von 183 000 Euro und für 2009 von 109 000 Euro ausgewiesen. Beides lässt Spenden in Millionenhöhe vermuten. Die Organisation selbst bedankt sich bei Zehntausenden von großzügigen Spendern, die den International

Children's Fund seit vielen Jahren unterstützen. Das vermutlich unsaubere Geschäft mit hilfsbedürftigen Kindern und Jugendlichen – am besten bekommt es wohl den Konten der zwielichtigen Helfer hinter der Schweigemauer.

Der Lichtenberger Hilfe für Menschen e.V. ist ebenfalls nicht so aufgestellt, wie man es von einem unterstützenswerten Verein erwartet. Gegenüber seinen ehrenamtlichen Helfern gibt er sich ganz rigoros. »Entweder für uns oder für andere« heißt es. Bei dem Verein sind 40 bis 50 ehrenamtlich arbeitende Menschen tätig. Sie müssen sich exklusiv an den Verein binden und dürfen ihr ehrenamtliches Engagement nicht noch bei einem anderen Verein ausleben. Etwa 35 weitere Personen helfen mit, in Armut geratene Berliner durch private Lebensmittel- und Kleidungszuwendungen zu unterstützen. Die Arbeit dieser Helfer wird laut telefonischer Auskunft des stellvertretenden Vorstandsvorsitzenden Thomas Sankari bezuschusst von der Arbeitsagentur im Rahmen der Programme Mehraufwandsentschädigung und Regionalbeschäftigungsmaßnahmen.

Warum sich ehrenamtliche Mitarbeiter exklusiv an den Verein binden müssen, erklärte Sankari in Gutsherrenmanier am Telefon: »Entweder für uns oder für andere. Wir haben uns entschieden – basta, fertig!« Sein Kollege Peter Wöhler ergänzte in einem weiteren Telefonat, diese Entscheidung sei in Absprache mit verschiedenen Vereinen getroffen worden. Ähnlich burschikos die Reaktion auf die Bitte nach einem Jahresbericht: »Der Vorstand und die Revisionskommission haben beschlossen, keine internen Daten rauszugeben.« Also auch hier das übliche Verweigerungsprozedere. Wenn es um Finanzzahlen geht, wird sogar die Berliner Schnauze still.

Wer nicht nachfragt, wird mit dem oberflächliche Versprechen von Transparenz geködert: »Wir sind der Meinung in solch einer Großstadt wie Berlin ist es super, wenn es zwei ganz unterschiedliche Tafeln gibt, außerdem soll dem Spender die Wahl bekommen zu mehr transparenter Entscheidung bei wem Spende ›ich‹.«

Den in dem Statement verwendeten Begriff »Tafel« wollte der Verein durch eine Änderung des Namens auf Freie Lichtenberger Hilfe & Tafeln e. V. für sich beanspruchen. Das Landgericht Berlin untersagte im Frühjahr 2011 die Namensänderung. Peter Wöhler hat jetzt vor, darum zu streiten, obwohl er die vom Bundesverband der Tafeln festgelegten Voraussetzungen nicht erfüllt. Dass die Anwaltshonorare dann mit großer Wahrscheinlichkeit von den Spendeneinnahmen bezahlt werden, interessiert ihn offenbar nicht. Übrigens wäre dies nicht der einzige bekannte Fall, in dem ein Verein teure Anwaltshonorare für wenig zielführende Streitereien ausgibt.

Zurück bleibt bei mir der schale Geschmack, dass möglicherweise nicht alle der für verarmte Berliner Bürger gedachten Spenden ihrem Zweck zugeführt wurden – die Basta-Politik des Vorstands hat diesen Verdacht neu befeuert. Hinzu kommt die Tatsache, dass die Lichtenberger Hilfe für Menschen offenbar Gelder von der Arbeitsagentur beansprucht. Im Missbrauchsfall sähen sich Spender gleich doppelt hinters Licht geführt – einmal privat und in zweiter Instanz als Abgabenzahler.

Transparenz ist wie das Weihwasser für den Teufel

Diese Form der doppelten Zeche könnte ebenfalls beim Familienschutzwerk e. V. fällig werden. Dem Verein geht es um die Einrichtung einer Kinderküche, Hausaufgabenunterstützung und Hilfe für missbrauchte Kinder sowie Missbrauchsvorbeugung. Das sind bewährte Themen für Spendensammlungen auf der Straße. Es ist nicht viel zu erklären, und arme Kinder werden gerne unterstützt. Doch wie viel Geld wird auf diese Weise gesammelt? Welche Provisionen erhalten die Sammler? Wofür werden die Spenden genau ausgegeben? All diese Fragen möchte Vorstand Phil Schneider nicht beantworten. Stattdessen blendet er die Spender mit einem selbst gebastelten Spendensiegel. »Staatlich geprüft und anerkannt als gemeinnützig und besonders förderungswürdig« heißt es neben einem großen blauen Okay-Hakensymbol. Der Text dieses Siegels ist abgekupfert: Er stammt aus den Steuerunterlagen zur Gemeinnützigkeitsprüfung. Er hat aber abgrundtief wenig zu tun mit einer Prüfung der Mittelverwendung, wie sie das DZI bei der Vergabe seines Spendensiegels vornimmt. Solch ein schillerndes Siegel ist ein verlässliches Warnsignal. Es passt perfekt in die Rubrik »Tarnen und Täuschen«.

Ein Meister des »Prinzips T & T« ist auch Professor Dr. Thomas Schirrmacher. Der Direktor des Internationalen Instituts für Religionsfreiheit der Weltweiten Evangelischen Allianz gilt als weltweit bekannter Ethiker. Zudem ist Schirrmacher Verfasser und Herausgeber von über 50 Büchern und präsentiert sich als Verfechter der Gleichheit aller Menschen im Vorstand bei der Internationalen Gesellschaft für Menschenrechte. Beim Verein Hilfe Weltweit fungiert der Religionswissenschaftler ebenfalls als Vorstand. Ziel ist die Unterstützung hilfsbedürftiger Personen, die Bildung und Erziehung, insbesondere von Kindern und Jugendlichen in Armuts- und Entwicklungsländern. Hilfe Weltweit versteht sich als christliche Hilfsorganisation, die ihre Projektarbeit im Geist der Bibel durchführt.

Grenzwertig sind die Äußerungen von Schirrmacher zur Gemeinnützigkeit des Vereins. Dabei wird so getan, als wäre Hilfe Weltweit seit Gründung zur Ausstellung von Spendenquittungen berechtigt gewesen. Das ist nicht richtig, weil erst ein Rechtsstreit mit dem Finanzamt Köln die steuerliche Anerkennung brachte. Im Nachhinein wurde diese dann rückwirkend gewährt. Das ist im Grunde eine Formalie, die aber von einer entscheidenden Frage ablenkt: Warum hat das Finanzamt anfänglich die steuerliche Anerkennung verweigert? Dies passiert nur sehr selten. Es müssen schon triftige Gründe vorgelegen haben. Auf Bitte von Charity-Watch.de um Übermittlung der Finanzzahlen hieß es: »[…] sehe ich keinen Sinn darin, Ihnen – als Privatperson, die ohne gesetzlichen Prüfungsauftrag agiert – weitere Dokumente über das hinaus, was auf der Webseite von Hilfe Weltweit e. V. steht, zuzusenden.« Was verschweigt Schirrmacher, indem er keine Auskünfte über die Verwendung der Spendengelder gewährt? Auf der Homepage steht nichts Aussagekräftiges. Und die Ausrede mit der Privatperson – die schon deshalb auf wackeligen Beinen steht, weil Spender eben Privatpersonen sind – greift noch aus einem andern Grund nicht: Dem mit einem staatlichen Verbraucherschutzauftrag versehenen DZI wurden von Hilfe Weltweit ebenfalls keine Informationen zur Verfügung gestellt: »Unserem Wunsche ist nicht entsprochen worden.«

Um Ausreden ist der 2005 gegründete Verein nicht verlegen. Er bemüht ein Argument, das gerne von trotzigen Transparenzverweigerern vorgetragen wird: Eine Steuerberatungsgesellschaft erstelle den Jahresabschluss. Auf diese Weise sei es »unmöglich, dass Gelder in falsche Kanäle kommen könnten, ohne dass es sofort bemerkt werden würde«. Aus meiner Sicht ist das blanker Unsinn und wohlweislich vorgeschoben, um den Spender zu täuschen. Denn in der Realität verbucht ein Steuerberater alle Einnahmen und Ausgaben entsprechend den Vorschriften der Finanzbehörden – wertungsfrei! Er ist für die Erstellung von Buchführungen, Jahresabschlüssen sowie Steuererklärungen zuständig und zur Verschwiegenheit verpflichtet. Wenn Belege vorliegen, verbucht er ohne mit der Wimper zu zucken auch Luxusreisen, teure Autos oder Beraterverträge. Die moralischen Erwartungen eines Spenders haben ihn nicht zu interessieren.

Gleiches gilt übrigens für Wirtschaftsprüfer. Häufig wird zusätzlich das Augenwischer-Argument in Stellung gebracht, ein Wirtschaftsprüfer habe ein Testat erteilt. Doch wofür? Nur wer den gesamten Prüfbericht kennt, kann die Aussagekraft eines Wirtschaftsprüfertestats beurteilen. Wird die Herausgabe eines Finanzberichts mit Hinweis auf ein Testat verweigert, bedeutet das in der Regel Streusand in Spenderaugen und Wohlfühlantwort für unbedarfte Frager.

Beim Fundraising kommen die sprachlichen Strategien von Hilfe

Weltweit moralischen Daumenschrauben sehr nahe. Oder handelt es sich um eine moderne Form des Ablasshandels? Einmal abgesehen von den mutmaßlichen Gründen für den Einsatz einer solchen Strategie, entscheidend ist die Wirkung: Es wird nicht mit sachlichen Argumenten überzeugt, wie es seriöse Vereine tun. Emotionale und imperative Formulierungen setzen potenzielle Spender regelrecht unter Druck: »Hunger tut so weh! Bitte schauen Sie nicht weg!«, steht neben erschütternden Bildern, die eine emotionsfreie und sachliche Auseinandersetzung verhindern. Die Einstufung des DZI lautet deshalb: »Allerdings liegen dem DZI Werbeschreiben des Vereins vor, die nach Auffassung des DZI in ihrer Wort- und Bildwahl als überwiegend gefühlsbetont und in hohem Maße bedrängend zu bezeichnen sind. Die Briefwerbung ist nach Auffassung des DZI deshalb geeignet, den Spender in seiner unabhängigen, sachbezogenen Entscheidung zu behindern.« Solch penetrante Textstrategien sind kein Einzelfall bei dem Unternehmen, das für viel Geld bei Hilfe Weltweit die Spendenakquisition betreibt. Es ist die SAZ-Gruppe aus dem schweizerischen St. Gallen. Ein älterer Steuerbescheid vom Jugend- und Ausbildungshilfe Eine Welt e.V. aus Köln belegt, dass sich der Verein bei der Bezahlung der Schweizer Bedrängungsspezialisten außerordentlich großzügig gab: »In 2005 hat der Verein einen Vertrag zum Fundraising mit der SAZ Dialog AG Europe, St. Gallen abgeschlossen. Danach hat der Verein – zumindest im ersten Jahr – 90 % der eingegangenen Spenden an die SAZ für deren erbrachte Leistungen abzuführen.« 90 Prozent der Spendengelder an die Fundraiser? Eine solche prozentuale Mittelverwendung produziert ein Fragezeichen, wie es dicker kaum sein könnte. Es führt direkt zu der nächsten Frage. Wer würde denn noch spenden, wenn er das wüsste? Vermutlich niemand. Und eigentlich müsste in diesen Fällen der Staatsanwalt aktiv werden. Zum Stichwort Betrug sagt Paragraph 263 des Strafgesetzbuches: »Wer in der Absicht, sich oder einem Dritten einen rechtswidrigen Vermögensvorteil zu verschaffen, das Vermögen eines anderen dadurch beschädigt, dass er durch Vorspiegelung falscher oder durch Entstellung oder Unterdrückung wahrer Tatsachen einen Irrtum erregt oder unterhält, wird mit Freiheitsstrafe bis zu fünf Jahren oder mit Geldstrafe bestraft.«

Die Ehefrau von Professor Dr. Thomas Schirrmacher ist übrigens Professor Dr. Christine Schirrmacher, Geschäftsführerin von Gebende Hände Gesellschaft zur Hilfe für notleidende Menschen in aller Welt mbH. Thomas Schirrmacher wird als Vorsitzender des Kuratoriums genannt. Die Organisation bewegt Millionen und zeichnet sich aus durch – wie sollte es anders sein – Transparenztrotz. Angaben zur Verwendung der Spendengelder? Verweigert! Ob das damit zusammenhängt, dass die SAZ-Gruppe auch für Gebende Hände Bettelbriefe verschickte? Oder ist es einfach nur eine extrem ausgeprägte Aversion gegen Transparenz – so wie der Teufel das Weihwasser scheut?

Spendertäuschung mit falschen Kostenangaben

»ChildFund Deutschland setzt auf Ehrlichkeit und Fairness.« Das klingt vielversprechend. Der Verein bezeichnet sich selbst als »besonders seriöse gemeinnützige Organisation« und wirbt mit dem DZI-Spendensiegel. Geschäftsführer Jörn Ziegler und die Präsidentin Dr. Barbara Holzbaur beschreiben im Jahresbericht 2008 stolz, »dass 88,6 Prozent der Spendeneinnahmen für satzungsgemäße Zwecke des Vereins ausgegeben wurden«. Wer genauer hinter diese Hochglanzfassade blickt, stellt etwas ganz anderes fest. Denn die Berechnung dieser Quote ist dann doch geheime Verschlusssache.

Dabei hätte ChildFund als Mitglied des Verbandes Entwicklungspolitik Deutscher Nichtregierungsorganisationen e.V. (VENRO) eigentlich die Verpflichtung, »offen, wahrhaftig und umfassend über ihre Arbeit, Aktivitäten, Finanzen und Strukturen Rechenschaft abzulegen«. Bezüglich der Kommunikation, vor allem im

Hinblick auf die Verwendung der Spendengelder wird vorgegeben, dass diese »eindeutig und konsistent« sein muss. Ausdrücklich verboten ist es, Spenderinnen und Spender arglistig zu täuschen. Zum Finanzbericht ist vorgegeben, dass die Angaben zu Projektausgaben, Werbe- und Verwaltungskosten und anderen Finanzzahlen gemäß DZI-Richtlinien erfolgen sollen.

Und was ist die Praxis? Entgegen der VENRO-Vorgabe wird im Bericht 2008 von 6,4 Prozent Verwaltungskosten und 4,3 Prozent Akquisitionsaufwand berichtet. Laut DZI-Richtlinien liegt der korrekte Wert allerdings zwischen 20 und 35 Prozent und damit beim Doppelten bis Dreifachen! Wie hoch genau, kann der Spender nicht nachvollziehen. Das DZI behandelt genauere Daten vertraulich und verweist auf die Organisation selbst. Antje Becker von ChildFund wiederum verweigerte genauere Angaben.

Dieses Beispiel zeigt sehr deutlich, dass die wichtige und grundsätzlich gute Arbeit des DZI in einigen Punkten noch verbesserungsbedürftig ist. Über 260 Organisationen tragen das gleiche Spendensiegel – obwohl sie sich in ihrer Qualität gewaltig unterscheiden. Das betrifft die Höhe der Verwaltungskosten ebenso wie die Ehrlichkeit bei der Spendenwerbung. Die vergleichbare Verbraucherorganisation Stiftung Warentest erlaubt zum Beispiel den geprüften Produktherstellern eine Werbung mit der Auszeichnung nur unter Hinweis auf vorgenommene Qualitätsabstufungen. Von der Transparenz im Hinblick auf die Prüfergebnisse ganz zu schweigen. Hängt es mit der unterschiedlichen Finanzierung zusammen? Die Stiftung Warentest wird nicht vom Hersteller für die Prüfung bezahlt. Die Prüfer würden eine Verbrauchertäuschung deshalb vermutlich stärker in das Prüfergebnis einfließen lassen.

Arme Hunde – Spendengelder verjubelt für mallorquinisches Luxusleben

Die Experten unter den Tarnern & Täuschern haben stets Eimerchen und Schaufel zur Hand, um Spendern Sand in die Augen zu streuen. Die sollten lieber einen Schritt zurückgehen und mit einer gesunden Portion Skepsis den Blick für das Wesentliche bewahren. Das gilt beispielsweise bei dem eingetragenen Verein Charity für Tiere. Dort geraten, um im Bild zu bleiben, mögliche Unterstützer sogleich in einen regelrechten Sandsturm. Vor zwei Jahren verhängte die ADD ein Sammlungsverbot gegen den Verein. Auslöser war die illegale Werbung von Fördermitgliedern an Infoständen. Sie führte sogar zu einer vorläufigen Festnahme eines Mitarbeiters. Zudem verweigerte Charity für Tiere gegenüber der Behörde einen Nachweis über die Verwendung der Spenden. Diese Fakten begründen die deutliche Aussage der Behörde: Es bestehen »Zweifel an einer satzungsgemäßen Verwendung der Spendengelder«.

Dabei hat der Verein einen ausgewiesenen Spezialisten für Öffentlichkeitsarbeit in seinen Reihen: Folko Niebelschütz. Er ist kein unbeschriebenes Blatt. Seine Spezialität: Kontakte zur Presse herstellen und bestimmte Themen in die Öffentlichkeit bringen. Diese Themen werden so aufbereitet, dass möglichst viel Licht auf die herausragend guten Absichten seiner jeweiligen Einkommensquelle fällt. So wird zum Beispiel die – selbstverständlich unakzeptable – »Misshandlung« eines Blindenhundes hochgejazzt in die Kategorie »Probleme im Gesundheitswesen«. Das bringt die Öffentlichkeit in Wallung, hievt den Verein ins Rampenlicht. Das Kalkül geht auf: Wer sich sogar mit den Behörden anlegt, um die Belange der Tiere zu vertreten, findet Beifall in der Bevölkerung – und erschließt sich neue Spender.

Niebelschütz beweihräuchert sich selbst als klugen Strategen und gewieften Taktiker. Als Medienmanager und Meinungsmacher beansprucht er einen Platz auf dem Siegerpodest. Nach eigenem

Bekunden plaziert er Botschaften von Marken, Unternehmen und Institutionen dort, wo sie »tagesaktuell« hingehören. Ganz im Interesse derer, deren Gelder er gerade kassiert.

Bei dem Verein Arche2000 Welt-Tierhilfe war Nebelwerferspezialist Niebelschütz als Pressesprecher tätig. Der Verantwortliche G. musste sich wegen Betrugs in fast 170 000 Fällen vor Gericht verantworten. Als führender »Tierschützer« des Vereins gestand er, unberechtigterweise Mitgliedsbeiträge in Höhe von knapp zehn Millionen Euro eingezogen zu haben. Davon wurde ein Millionenbetrag für private Zwecke abgezweigt. Dem Finanzamt fehlten Steuern in Millionenhöhe. Und das alles im Ermittlungszeitraum 2003/2004. Im Prozess argumentierte die Staatsanwaltschaft, in den Vorjahren seien vermutlich weitere Millionenbeträge veruntreut worden.

Interessant ist dieser 2006 abgeschlossene Fall auch deshalb, weil er sehr deutlich zeigt, was im Spendenbereich möglich ist und oft nur durch Zufälle auffliegt. G. hatte sich nach eigener Aussage von Spendengeldern unter anderem einen noblen 600er Mercedes zugelegt (Wert: rund 130 000 Euro). In den Büchern lief das Coupé (!) ganz frech als Tiertransporter. Zudem waren erhebliche Gelder des Vereins in ein Motocross-Team des Arche-Frontmanns geflossen. Und wer sich einen eigenen PS-Rennstall leistet, der feiert gern hochkarätige Partys. 30 000 Euro soll deren eine verschlungen haben, berichteten die Medien. Und weil sich G. wegen eines älteren Insolvenzverfahrens kein eigenes Gehalt auszahlte, machte er die Not zur Tugend und benutzte einfach das Arche-Konto für seine privaten Ausgaben. Fahrzeuge der Luxusklasse, Urlaubsreisen in Traumhotels und fast sämtlicher »persönliche Bedarf« wurde mit dem Geld getäuschter Spender finanziert.

Über fehlende Handlanger brauchte sich G. nicht zu beklagen. Er umgab sich mit Spießgesellen, die ebenso wenig Skrupel hatten wie ihr Anführer. Dabei flossen, wie sich vor Gericht herausstellte, reichlich Spendengelder in Amigo-Taschen. Damit aber nicht genug. Mit gefälschten Quittungen und unechten Reisekostenabrechnungen gönnten sich drei Mitangeklagte »bombige Gehälter von bis zu 10 000 Euro monatlich«.

Nach und nach kamen immer mehr Details zum Luxusleben des G. ans Tageslicht. In seinem Motocross-Rennstall mit dem protzigen Namen »Millennium« schmiss er rauschende Biker-Partys. Dort fehlte es an nichts, was des Partylöwen Herz begehrt, schon gar nicht an Bikini-Models. Mittendrin im Showprogramm gute alte Bekannte aus dem Party-Musikbusiness, unter ihnen »Mallorca-König« Jürgen Drews und Stimmungsbolzen-Kollege Mickey Krause. Da summiert sich eine Geburtstagsfete schon mal auf 60 000 Euro. Aber Geld spielte keine Rolle – es wurde ja sowieso alles aus der Vereinskasse bezahlt. Ebenso übrigens wie die Millionenbeträge, die in die Finca von G. in Spanien flossen. Sie wurden getarnt als Umbaumaßnahmen für einen Pferdehof!

Solche Fälle hören sich an wie das Drehbuch für eine Gaunerklamotte und sind doch keine Seltenheit. Die wichtigste Voraussetzung für eine Beteiligung ist die Fähigkeit, glaubwürdig als Gutmensch aufzutreten und jegliches Unrechtsbewusstsein abzulegen. G. bezeichnet sich selbst als »Musterschüler«. In seiner Autobiographie, die er im Gefängnis vollendete, ist wenig Einsicht zu finden. Viele weitere – umgangssprachlich als kriminell zu bezeichnende – Taten werden sehr launig beschrieben. Seine Nachkommen sollen das Buch einmal lesen und sagen: »Lies mal, was dein Uropa für ein verrückter Kerl war.« Verrückt oder gewissenlos? Reue gegenüber den Spendern? Nicht erkennbar! Schließlich wurde mit den Spendengeldern ja auch Hilfe geleistet, die eine oder andere. Und für dieses Engagement darf man sich als Verantwortlicher ja wohl angemessen entschädigen, nicht wahr? Dieses fehlende Bewusstsein für das rechte Maß ist gerade im Spendenbereich häufig zu beobachten. Vielleicht liegt darin die Erklärung für die oft ebenso feudale wie emotionale Reaktion von Vereinsfürsten auf jede Form der Kritik.

Ein weiterer Grund, warum solche Akteure mit einer unglaublichen Dreistigkeit agieren: Sie haben wenig zu befürchten. In den meisten deutschen Bundesländern darf jeder sammeln, wann er will und für was er will. Dazu braucht er weder eine Anmeldung noch eine Genehmigung. Diese Liberalität ist recht praktisch für Leute, denen das Wort Skrupel so fremd ist wie dem Pinguin der Regenwald. Wenig verwunderlich, dass sich unter dem Deckmantel der Gemeinnützigkeit inzwischen eine unkontrollierte Schattenwirtschaft entwickelt hat, eine Schattenwirtschaft mit mafiaähnlichen Zügen.

Containerweise Schweigen – Nachrichtensperre im Altkleiderkrieg

Mafiaähnliche Züge und knallharte Revierkämpfe kennzeichnen das Geschäftsumfeld der Altkleidersammlungen, denn der Krieg um geschenkte Kleidungsstücke ist hoch lukrativ. Dass die Textilindustrie in den Entwicklungsländern durch zu Dumpingpreisen angebotene Altkleidung aus den Industrieländern zugrunde geht, ist ebenso unbedeutend wie die Ausbeutung der häufig als Subunternehmer tätigen Immigranten, die meist für einen Hungerlohn Altkleider an den Haustüren abholen.

Völlig skrupellos sind viele Altkleidersammler in Bezug auf Anreize für Kleiderspender. Gerne wird behauptet, die Sammlung sei für einen guten Zweck. Meist prangt der Name eines wohlklingenden Vereins in dicken Lettern auf den Informationszetteln in den Waschkörben. Gezielt wird der Eindruck erweckt, die getragene Kleidung von Leuten, die im Überfluss leben, komme denjenigen zugute, die sich nicht auf der Sonnenseite des Lebens befinden. Weit gefehlt. Selbst mit den Brosamen für die Ärmsten der Armen werden noch dunkle Geschäfte gemacht. Selbstverständlich hinter dem Rücken wohlmeinender Spender.

»Wir sammeln für den vom Finanzamt Verden als mildtätig anerkannten Verein Hilfe für Weißrussland«. So verheißungsvoll künden die ersten Worte auf einem Infoblatt in den Plastikkörben, die im Rahmen einer Sammelaktion allenthalben vor privaten Hauseingängen plaziert wurden. Der Name des Vereins, gedruckt in goliathgroßen Buchstaben, lenkt vor allem von einem ab: Der Verein Hilfe für Weißrussland führt die Sammlung gar nicht selbst durch. Im Kleingedruckten steht: »Verantwortlich für die Durchführung und Organisation dieser gewerblichen Sammlung ist das vom Organisationsbüro H. Schulz [...] vertretende lokale gewerbliche Sammelunternehmen.«

Welches Sammelunternehmen? Und wo befindet sich dessen Büro? Die Adresse des Organisationsbüros ist identisch mit der des Hotels Schulz in Achim, Niedersachsen. Eine telefonische Nachfrage bei dem Hotel bestätigt den Verdacht, dass die Büroräumlichkeiten nicht unter dieser Adresse zu finden sind. Auch ungewöhnlich: Bei einer Domain-Abfrage der Website des Organisationsbüros Schulz wird als Domain-Inhaber die Inprocon GmbH & Co. KG angegeben. Dieses Unternehmen, geleitet von Lüder Schulz, hat sich auf Textil- und Schuhrecycling spezialisiert, »vermarktet Alttextilien [...] national und international und partizipiert prozentual an dem erzielten Erlös«.

Diese Verwicklungen klingen wenig vertrauenerweckend. Versucht die Inprocon GmbH & Co. KG durch einen Umweg über das Organisationsbüro Schulz und unter der Deckadresse eines ortsansässigen Hotels gleichen Namens die kommerzielle Altkleidersammlung im Namen von Hilfe für Weißrussland in einem gemeinnützigen Licht erscheinen zu lassen? Getarnt wird das ganze Konstrukt mit einem Verein, der vorgibt, hilfsbedürftigen Kindern und älteren Bürgern »vorwiegend innerhalb der ROTEN ZONE der Tschernobyl-Region zu helfen«. Die russische Reaktorkatastrophe, die seit den Ereignissen im japanischen Fukushima eine neue Bedeutung erhalten hat, wird hier offenbar gezielt instrumentalisiert: »Dieses Unglück aus dem Jahre 1986 ist unsere Motivation für unsere HUMANITÄRE HILFE in der Tschernobyl-Region.«

Eine Presseanfrage an den Vorstand von Hilfe für Weißrussland,

Reinhard Wallatis, konnte die Bedenken nicht zerstreuen. Die meisten Fragen bezüglich der Vereinbarung mit dem Organisationsbüro Schulz wurden nicht beantwortet, Lediglich eine monatliche Zuwendung des Partners Schulz in Höhe von 750 Euro plus Mehrwertsteuer gibt der Vorstand an. Näheres will Wallatis nicht sagen. Zudem benötige er keine Fragen von »selbsternannten Besserwissern« und mahnt schließlich: »Ich darf Sie bitten, mich in Zukunft nicht mehr durch unnötige Anfragen in meiner Vereinsarbeit zu stören.«

Die Reaktion ist Grund genug zu der Annahme, dass der Verein an einer Aufklärung über die Verwendung der Kleiderspenden nicht interessiert ist. Die Verstrickung mit dem Organisationsbüro Schulz und der Inprocon GmbH & Co. KG lässt allerdings eine Vermutung zu, die dem karitativen Anstrich diametral gegenübersteht: Wahrscheinlich landet der Löwenanteil der Kleidung, gesammelt im Namen der Wohltätigkeitsorganisation, in recycelter Form auf dem Weltmarkt. Er würde dann nicht, wie mitleidheischend suggeriert wird, Krankenhäuser und Schulen in Weißrussland erreichen.

Das ist aber noch nicht alles. Damit die Sammelergebnisse höher ausfallen, verschickte die Unternehmensgruppe Schulz mehrere Abmahnungen an einen Mitbewerber. Offenbar standen die Aktivitäten des Vereins Helfenswert im Wege. Sowohl der abgemahnte Verein und die mit ihm in Verbindung stehende OptimaLogistic Service GmbH mussten erhebliche Kosten tragen. Irgendwann musste Helfenswert Insolvenz anmelden. Auf Anfrage teilte der Verein frustriert mit: »Inzwischen hat es die Sch…-Mafia geschafft, den Verein durch weitere Klagen und einstweilige Verfügungen in die Insolvenz zu zwingen.« Es lässt sich nicht beurteilen, wie viele der Kleiderspenden bei dem Verein Helfenswert gemeinnützigen Zwecken zugeführt wurden. Er selbst zählte sich zu den Guten. Den Vorgang insgesamt bewertet er wie folgt: »Kaum zu glauben und eigentlich ein Wahnsinn, dass es möglich ist, einen gemeinnützigen Verein nur aus Profitsucht oder Freude in eine solche Lage zu bringen. Ganz zu schweigen von den bisherigen etwa 8000 Euro, die der Verein für diese ganzen Klagen bezahlen musste. Dieses Geld wäre sicherlich besser und sinnvoller in weiteren Hilfsprojekten angelegt gewesen.« Wohl wahr!

Ein Beispiel zweifelhafter Kleidersammlung für Afrika verbirgt sich hinter dem Konzept von Humana People to People Deutschland e. V. Das von diesem Verein propagierte Modell klingt einfach und verspricht eine plausible Umsetzung: Gebrauchte, aber gut erhaltene Kleidungsstücke werden in Containern gesammelt. Besonders gute Stücke gehen an Second-Hand-Läden zum Verkauf vor Ort. Ein Teil der Kleidung geht nach Afrika, zusammen mit dem Geld aus dem Verkauf von Gebrauchtkleidung.

In der praktischen Umsetzung erleidet die Theorie von Humana People to People allerdings einen Logik-Knacks. So macht das Betriebsergebnis der beteiligten Unternehmen hellhörig und misstrauisch zugleich. Wie kann es sein, dass die beiden mit der Sammlung und dem Verkauf beauftragten Firmen in 2009 weit mehr Gewinn erzielten, als der Verein insgesamt an Spendenaufkommen hatte?

Fakt ist, Humana hat bundesweit über tausend Sammelcontainer für gebrauchte Kleidung aufgestellt. Neben dem gemeinnützig anerkannten Verein gibt es die Humana Kleidersammlung GmbH und die Humana Second-Hand-Kleidung GmbH – die größte Second-Hand-Modekette Deutschlands und Hauptabnehmer der Textilien im Inland. Der Verein kooperiert also mit zwei kommerziellen Unternehmen. Vielen kaufenden und spendenden Kunden dürften diese Zusammenhänge nicht bewusst sein. Geschickt wird kaschiert, wem das Geld für die gekaufte Second-Hand-Ware zukommt.

Humana People to People Deutschland e. V., wirbt an den Seitenwänden der Kleidercontainer für die gute Sache. In den Shops der Humana Second-Hand-Kleidung GmbH finden sich plakativ Informationen des Vereins über seine Entwicklungshilfe-Projekte. Die Dekoration kann bei Kleiderspendern und Käufern von Second-Hand-Textilien den Eindruck erwecken, er unterstütze mit seiner Handlung die gemeinnützige Arbeit des Vereins. Das unterstreicht zusätzlich der gemeinsame Name Humana, der in seiner Bedeutung den Anspruch von Menschlichkeit trägt. Doch wie viel Menschlichkeit von Tausenden Kleiderspendern den Bedürftigen in Afrika zugute kommt, ist angesichts des hartnäckigen Beschweigens konkreter Fragen nicht herauszubekommen.

Dabei gaben sich die Verantwortlichen anfangs durchaus auskunftswillig – wenn auch sehr allgemein und zum Teil ausweichend. Eine Auskunft enttarnte Humana dann aber. Es ging um das Missverhältnis zwischen den hohen Umsätzen der kommerziellen Firmen und den geringen Spendeneinnahmen des Vereins. Leider gäbe es keine Regelung, einen bestimmten Anteil von Umsatz oder Gewinn zu spenden. Das sagt alles und erklärt, warum auf eine weitere Nachfrage überhaupt keine Resonanz mehr kam. Humana sollte die Gewinne, Umsätze und Spenden mehrerer Jahre nennen. Selbst ohne Verteilungsschlüssel wäre die Relation doch aussagekräftig. Es blieb beim Schweigen. Die Humana Kleidersammlung GmbH konnte nach einem Gewinn von 306 000 Euro 2008 den Gewinnvortrag auf 606 000 Euro ausbauen und hat 2009 mit einem Gewinn von 189 000 Euro abgeschlossen. Der Verein dümpelte hingegen mit Gesamteinnahmen von 85 000 Euro für 2008 und 45 000 Euro im Jahr 2009 vor sich hin.

Ähnlich hält es der Verein Quo Vadis Vereinte Jugend- und Altenhilfe, dem die ADD Kleidersammlungen und den Abschluss von Fördermitgliedschaften für ganz Rheinland-Pfalz verboten hat. Satzungsgemäßer Zweck des Vereins: die Förderung der Altersabsicherung in Deutschland lebender älterer beziehungsweise alter Menschen. Auf sich aufmerksam gemacht hat die Organisation, im Übrigen als gemeinnützig anerkannt, vorwiegend durch dubiose Kleidersammlungen.

Schon der Internetauftritt ist undurchsichtig, was weniger an der grafischen Darstellung liegt. Dort findet sich nicht nur der Verein, sondern auch die QV Dienstleistungs GmbH. Verantwortlich für den Inhalt der Webseite zeichnet der Vereinsvorsitzende Klaus Böse. Laut Satzung ist der Mann von den Beschränkungen des Paragraphen 181 BGB (Insichgeschäft) befreit. Damit kann er quasi auf der einen Seite eines Vertrags für den Verein und auf der anderen Seite als Zeichnungsberechtigter einer Firma unterschreiben. Zu diesen sogenannten Insichgeschäften schreibt zum Beispiel Wikipedia: »Es liegt auf der Hand, dass mit derartigen Insichgeschäften eine große Gefahr des Missbrauchs einhergeht.« Höchst bemerkenswert! Und weil Marianne Böse Geschäftsführerin der QV Dienstleistungs GmbH ist, kommen weitere Zweifel auf. Welche Geschäfte im Interesse des gemeinnützigen Vereins getätigt werden – es soll ja um das Wohl älterer beziehungsweise alter Menschen gehen – und welche eher der kommerziellen QV Dienstleistungs-GmbH nutzen, und ob dieses irgendwo dokumentiert wird – diese Trennung dürfte Außenstehenden kaum gelingen.

Die Zweifel verstärken sich nach einem Blick in die Vereinssatzung. Dort sind der Vorstandsvorsitzende Klaus Böse und sein Stellvertreter Gerold Haller namentlich erwähnt. Deren Amtszeit, so ist zu lesen, verlängere sich automatisch um zwei Jahre, sofern dies nicht von der Mitgliederversammlung widerrufen werde. Der Widerruf müsse sich aber auf einen »wichtigen Grund« beschränken. Zudem regelten die Herren in der Satzung »für ihre Tätigkeit eine vertraglich zu vereinbarende Vergütung« zu erhalten.

Wem das noch nicht dubios genug ist: Die ungewöhnlichen Rechte des Vorstandsvorsitzenden gelten ebenso für seinen Stellvertreter Gerold Haller. Auch er ist vom Insichgeschäfte-Verbot befreit. Spielraum für solche Geschäfte bietet sich reichlich, denn Haller ist Geschäftsführer der Firmen Gotthold Haller Spedition GmbH, Haller Messe- und Eventlogistik GmbH und HL Logistik GmbH. Der Vorstand, nahezu unkündbar, darf mit sich selbst Geschäfte machen und für seine Vorstandstätigkeit auch noch eine Vergütung kassieren. Die Risiken eines solch ungewöhnlichen Konstrukts ließen sich nur mit einem Blick in die Finanzzahlen des

Vereins abschätzen. Die Bitte um Übersendung eines Jahresberichts lief ins Leere, mit der – auf den ersten Blick fast schon philosophisch klingenden – Begründung, es habe »keinen Sinn«.

Kleiderspenden, ein anderes Fazit lässt sich nicht ziehen, sollten besser in einem lokalen Second-Hand-Laden abgegeben werden. Dann lässt sich der Verkaufserlös einer Organisation spenden, die den Begriff Transparenz nicht in der Kategorie »unmoralisches Angebot« einmottet.

Wie verbreitet der Missbrauch bei den »gemeinnützigen« Sammlern ist, zeigt das Beispiel des Vereins RIFF Kinder-Leukämie-Hilfe in Solingen. Obwohl das Amtsgericht Wuppertal das Insolvenzverfahren schon eröffnet hatte, wurde weiter um Kleiderspenden und sogar Geldspenden geworben. Auch hier war ein kommerzielles Unternehmen im Spiel. Ein »Abholdienst Daum« aus Köln verteilte die Werbeprospekte und sammelte die Kleiderspenden ein. Heidemarie Daum erklärte am Telefon, sie wisse nichts von einer Insolvenz, obwohl ihr Ehemann Peter Daum monatlich mit dem Verein telefoniere. Was mit den Kleiderspenden passiere, könne sie nicht sagen, da dafür der Verein zuständig sei.

Es folgte der übliche Eiertanz um konkrete Informationen. Keine Antwort auf die schriftliche Anfrage, wie hoch denn die Vergütung für das Sammeln sei. Die grundsätzlich bei solchen Schweigegelübden angesagte Vorsicht bestätigte schließlich der Insolvenzverwalter. Laut dem hier zuständigen Rechtsanwalt Fliegner sah die Vereinbarung zwischen dem Verein RIFF und dem kommerziellen Abholer Daum anders aus, als die meisten Kleiderspender annehmen dürften. Demnach hat der Verein mit den Kleiderspenden-Einsammlern direkt nichts zu tun. Es gab mit dem Abholdienst Daum nur eine Art Lizenzvereinbarung für die Nutzung des Vereinslogos. Das Interesse, dieses Vereinslogo nutzen zu dürfen, ist verständlich, denn schon der Name Kinder-Leukämiehilfe verspricht höhere Sammlungsergebnisse. Die kommerzielle Verwertung der Kleiderspenden, man ahnt es schon, oblag laut Fliegner der Firma Daum.

Diese enge Verflechtung von kommerziellen Interessen mit wohltätigen Zielen ist häufig anzutreffen. Etwa bei dem eingetragenen Verein Hand in Hand – Förderkreis sozialtherapeutische Lebensgemeinschaft Siegerland. Gebrauchte Schuhe und Kleider sollten angeblich Kindern und jungen Menschen mit Behinderungen helfen. Es wurde ausdrücklich darum gebeten, nur brauchbare und wieder verwendbare Sachen in die Körbe zu legen. Doch unterlief den angeblich so uneigennützigen Vereinsmachern bei ihren Sammlungsaktivitäten ein Patzer: Sie sammelten in Rheinland-Pfalz, wo die ADD, zum Bespiel bei Beschwerden, die Ordnungsmäßigkeit sammelnder Organisationen überprüft. Das Ergebnis war eindeutig: »Im Rahmen einer sammlungsrechtlichen Überprüfung waren die Vorlagen des Vereins nicht geeignet, eine zweckentsprechende Verwendung der Sammlungserträge nachzuweisen und insbesondere eine klare Trennung zwischen ›Wohltätigkeit‹ und ›Gewerbeausübung‹ vorzunehmen.« Die Folge für den Verein: In Rheinland-Pfalz darf er nicht mehr aktiv werden. Doch im Rest der Republik akquiriert er quietschvergnügt weiterhin gutgläubige Spender. Dies tut er übrigens mit einem Seriositätsgewinn durch die Mitgliedschaft im Dachverband Der Paritätische, Kreisgruppe Siegen-Wittgenstein-Olpe.

Ähnlichen Ärger mit der Trierer Behörde handelte sich die Kinder-Kranken-Hilfe – Die vergessenen Kinder eines Krieges e.V. mit der Vorsitzenden Melani Hardt ein. Der Verein stellt seinen Namen zur Verfügung, damit ein gewerblicher Sammler namens Omar Omari erfolgreicher arbeiten kann. Auf Nachfrage gab Omari zu, er verwende die gesammelten Gegenstände kommerziell. Aber er spende pauschal an den Verein, egal wie viel in den Körben lande. Erschütternde 200 Euro pro Monat!

Allein die aufgeführten Fälle sind viel zu viele Beispiele für den Missbrauch gemeinnütziger Absichten. In Wirklichkeit werden kommerzielle Interessen verfolgt. Spender sollten es deshalb grundsätzlich so handhaben, wie es die ADD tut: Wenn die Verwendung der Spenden- und Mitgliedsgelder nicht ausreichend offengelegt wird, dann sind Zweifel am ordnungsgemäßen Einsatz angebracht.

Resümee

Kein Verein und keine Stiftung ist in Deutschland dazu verpflichtet, einem Spender Auskunft zu geben, was mit seinem Geld passiert. Seriöse Organisationen fühlen sich dazu moralisch verpflichtet. Sie erhalten von der Allgemeinheit verschiedene Steuerprivilegien und damit eine indirekte Subvention. Sie sind von Einkommen-/Körperschaftsteuerzahlungen befreit, und die Überweisungen von Mitgliedern/Spendern sind steuermindernd absetzbar. Stichhaltige Gründe, die Öffentlichkeit über Einnahmen und Ausgaben transparent zu informieren.

Mitglieder des Verbandes Entwicklungspolitik Deutscher Nichtregierungsorganisationen (VENRO) haben sich, ähnlich denen des Deutschen Spendenrates, zu Transparenz verpflichtet. Auch die Träger des DZI-Spendensiegels müssen künftig über die Verwendung ihrer Gelder informieren. Nicht zu vergessen die jüngste Initiative Transparente Zivilgesellschaft, durch die Transparenz zum Branchenstandard erklärt wurde.

Keine Ausrede – wie etwa der Hinweis auf die Prüfung durch das Finanzamt oder Wirtschaftsprüfer – darf die moralische Pflicht ersetzen, eine detaillierte Aufstellung über die Einnahmen und Ausgaben sowie die Organisationsstruktur zu liefern. Wer sich weigert, hat das Geld der Spender und Mitglieder nicht verdient!

3 Gefährliche Galionsfiguren:
Der völlig überschätzte Promifaktor

Stars und Sternchen, Prinzessinnen, Politiker, Unternehmer und Manager – immer mehr Prominente scheinen ihr Herz für die Not der Welt zu entdecken. Warb einst Audrey Hepburn noch auf einsamem Posten für UNICEF, so kämpft heute Bill Gates gegen Aids, George Clooney gegen den Völkermord in Darfur und Leonardo DiCaprio wirft sich gegen den Klimawandel in die Bresche. Die Liste ist ellenlang. Sie reicht von Angelina Jolie über Mia Farrow bis hin zu Robbie Williams, um nur einige prominente Unterstützer und Spender zu nennen.

Dass sie nicht nur ihren Namen vertrauensvoll für die gute Sache zur Verfügung stellen, sondern auch selbst mit beiden Händen Gutes geben, zeigt die amerikanische Moderatorin Oprah Winfrey. Sie liegt im Ranking spendenfreudiger Berühmtheiten weit vorn und ist laut einer Studie eine der spendabelsten Prominenten der USA. Die moderierende Milliardärin hat im Jahr 2006 umgerechnet etwa 35 Millionen Euro gespendet. Der Musiker Herb Alpert lässt sich sein Engagement für die gute Sache rund neun Millionen Euro kosten, und Barbra Streisand rangiert mit Spenden in Höhe von 7,7 Millionen Euro weit vorne auf der Spenderliste. Nicht vergessen werden dürfen die beiden größten Spender aller Zeiten: Warren Buffet und Bill Gates. Die beiden Milliardäre machten die Bill & Melinda Gates Foundation mit Milliardenbeträgen zur vermögendsten Stiftung der Welt. Außerdem traten Buffet und Gates eine Debatte über Reichtum los. Sie führte dazu, dass bis jetzt über 40 Milliardäre das Versprechen abgaben, mehr als die Hälfte ihres Vermögens zu Lebzeiten oder nach dem Tod sozialen Zwecken zuzuführen. Buffet selbst hat zugesagt, von seinem auf rund 50 Milliarden US-Dollar geschätzten Vermögen ganze 99 Prozent zu spenden.

So weit müssen Prominente aber nicht gehen, um sich für eine gute Sache einzusetzen. Eine große Hilfe ist oft schon die mediale Unterstützung durch den eigenen Namen. Auch in Deutschland zeigen Prominente die zunehmende Bereitschaft, sich für eine gute Sache zu engagieren: Sabine Christiansen, Hans-Joachim Fuchsberger, Claudia Schiffer, Nina Ruge, Katja Riemann, Anni Friesinger, Dirk Bach und Cosma Shiva Hagen – einige prominente Galionsfiguren, beispielhaft genannt für viele andere aus deutschen Landen, die Gutes tun. Für den einen oder die andere ist dies zudem eine ausgezeichnete Möglichkeit, den Status aufzupolieren und in das Licht der Öffentlichkeit einzutauchen. Bei einigen könnte der PR-Berater die Hand im Spiel gehabt haben. Sinkt nämlich der Aufmerksamkeitswert des Stars, den er zu vermarkten hat, ist das nicht gut fürs Geschäft. Wenn er sich allerdings im Scheinwerferlicht von Spendengalas und Wohltätigkeitsveranstaltungen tummelt, steigert es sein Promi-Ranking, und das ist logischerweise verknüpft mit besseren Honoraren.

Der geklaute Name:
Mutter Teresa Kinderhilfswerk e. V.

Dieser Wirkzusammenhang ist für beide Seiten ein Geschäft, gegen das so lange nichts einzuwenden ist, wie es seriös und transparent abläuft. Dient es aber Mitfahrern aus dem Tross des Prominenten als Steilvorlage für dubiose Nebengeschäfte, wird das mildtätige Promi-Engagement schnell zum Doppelbetrug. Der Spender wird gleich zweimal über den Tisch gezogen – moralisch und finanziell. Dabei war Wohltätigkeit einmal die Domäne von Menschen, die völlig geradlinig dachten und handelten. Im Mittelpunkt stand das Bedürfnis, zu helfen. Man erinnere sich an Sankt Martin, Albert Schweitzer oder Mutter Teresa.
Seit einigen Jahren dient die berühmte Ordensschwester jedoch als moralisches Aushängeschild einer Organisation, die sich Mut-

ter Teresa Kinderhilfswerk e.V. (MTK) nennt. Um an Spenden-gelder zu kommen wirbt der Verein mit einem Namen, der Mild-tätigkeit, »Fürsorge und Nächstenliebe im Dienste der Armen« verspricht. Aufgehübscht wird die Strahlkraft dieses Etiketts dann auch noch mit dem päpstlichen Segen.

Die Wirklichkeit hinter dem hehren Anspruch sieht ganz anders aus. Eine Verbindung zu den gemeinnützigen Missionen in Kal-kutta, in denen Mutter Teresa zu Lebzeiten wirkte, hat der Verein nicht. Dafür verfügt er mit seinem Vorsitzenden Dr. Sajan George Kavinkalath über einen pfiffigen Illusionskünstler. Seine zentrale Motivation für die Gründung des Kinderhilfswerks begründet er mit einem Gebet und einem Traum.

So etwas hört man im Vatikan gern, und es gab eine Audienz bei Benedikt XVI., »um den Segen des Papstes für die Arbeit der MTK im Dienste hilfsbedürftiger und notleidender Kinder zu erhalten«. Seither wirbt der Verein offensiv mit einem Foto von der Überga-be eines Mutter-Teresa-Posters durch Dr. Kavinkalath an den Stellvertreter Jesu Christi auf Erden. Als lebendes Spiegelbild von Mutter Teresa präsentiert der Verein Schwester Myrna Velasco. Auf der Homepage ist über sie beispielsweise zu lesen: »Durch ihr mitfühlendes Herz und ihren selbstlosen Dienst hat sie an der Verbreitung des Mutter Teresa Kinderhilfswerks e.V. beigetragen, um so den leidenden Kindern rund um die Welt entgegen zu kom-men [...] Ihre Hingabe und Engagement ist allen bekannt, die mit ihr jemals in Kontakt getreten sind.«

Solch geschwollene Verklärungen beflügeln das Geschäft mit der Wohltätigkeit. In die Tat umgesetzt haben das gesegnete Unter-nehmen allerdings irdische Anwälte. Für vermutlich weit mehr als die in der Bibel überlieferten dreißig Silberlinge, die Judas der Verrat Christi einbrachte, initiierten sie einen deutschen Ableger der in einigen Ländern aktiven Mother Teresa Children's Founda-tion. Im Sommer 2007 beauftragten die drei MTK-Vorstände – aus San Francisco, nicht aus Indien – eine exklusive Sozietät mit der Vereinsgründung in Deutschland. Zufällig war die Vereinsadresse zeitweise identisch mit der Anschrift der Berliner Kanzlei – die noble Friedrichstraße. Welche Kosten sind in diesem Zusammenhang entstanden? Diese Frage stellt sich übrigens auch bei der lebenden Doublette von Mutter Teresa. Wie es scheint, ist Schwester Myrna Velasco weit weniger selbstlos tätig als ihr Namensvorbild. Offiziell tritt sie als Beraterin des Mutter Teresa Kinderhilfswerks auf.

Selbst ein Warnhinweis im Spendenatlas kann die dreiste Bettelei nicht stoppen

Das Finanzamt Berlin hat den Verein nicht von der Körperschaft- und Gewerbesteuer befreit. Auf den Internetseiten von MTK heißt es: »Wir sind ein gemeinnütziger eingetragener Verein nach deutschem Recht […]« Leicht entsteht der Eindruck, die Organisation sei als gemeinnützig anerkannt, auch wenn auf derselben Seite darauf hingewiesen wird, dass etwaige Zuwendungen steuerlich nicht abzugsfähig sind. Soll der Spender getäuscht werden? Die Vereinsgründung erfolgte 2007 im sonnigen Kalifornien. Die Gründer sind neben Kalvinkalath der stellvertretende Vorsitzende Nathan Barnes und Erica Barnes sowie die Schatzmeisterin Crystal Chen mit Helen Chen und Ping Jong Chen. Hinzu kommt Tzong Ting Wu, der zusammen mit Crystal Chen auch bei der ebenfalls dubiosen WC Weltpflegehilfe gGmbH auftaucht. Das DZI warnt vor dem Verein mit dem klingenden Namen der berühmten Ordensschwester. Es wirft dem Mutter Teresa Kinderhilfswerk vor, mit Briefen zu werben, die aufgrund ihrer gefühlsbetonten Text- und Bildgestaltung unseriös seien. Außerdem hat das Kinderhilfswerk dem DZI trotz mehrfacher Bitten keine Unterlagen übersandt, wie sie zwecks Auskunftserteilung üblicherweise erfragt werden (unter anderem Satzung, Gemeinnützigkeitsbestätigung und Finanzbericht). Mit all dem hat die Postbank Köln, die das Spendenkonto des Vereins führt, offenbar kein Problem. Sie schaut dem Spendensammeln munter zu – trotz fehlender Gemeinnützigkeit.

Leider agieren Partnervereine auch außerhalb Deutschlands. Mehrere internationale Organisationen sammeln als Mother Teresa Children's Foundation in diversen Ländern Geld, obwohl es keinerlei Verbindungen mit den gemeinnützigen Missionen der Mutter Teresa in Kalkutta gibt. Viele Spender unterstützen den Verein aber eben wegen der Assoziation, die der Name Mutter Teresas hervorruft. Und auf den Internetseiten des Vereins finden sich Fotos, die zeigen, mit welch Herzlichkeit Papst Benedikt XVI. im Oktober 2005 das Gründungsmitglied Kavinkalath im Vatikan empfing. Wer wagt da noch zu zweifeln?

Beschmutzte Familienehre – der missratene Enkel von Mahatma Gandhi

Auch der prominente Name Mahatma Gandhi wird erfolgsteigernd zur Spendenakquisition genutzt. Dass dies ausgerechnet sein eigener Enkel, Arun Gandhi, tut, macht die Sache weder seriöser noch besser. Arun Gandhi gründete 2008 den Verein Gandhi Welthungerhilfswerk, aus rechtlichen Gründen bald in Gandhi Hunger Fonds e.V. umbenannt. »Gandhi« und »Hunger«, diese Kombination ist geeignet, Mitleid zu erregen. Das Wirkprinzip funktioniert wie bei »Mutter Teresa« und »notleidende Kinder«.

Es war nicht allzu schwer herauszufinden, dass beide Vereine nicht unabhängig voneinander das Licht der Spendenwelt erblickten. Auffällig synchron zeigt sich schon die Machart der beiden Vereinslogos, offenbar bewusst ärmlich gestaltet, im Mittelpunkt jeweils das Konterfei der historischen Gutmenschen. Übereinstimmungen ergeben sich auch hinsichtlich der lebenden Akteure: Erica Barnes taucht beim Gandhi Hunger Fonds sowie beim umstrittenen Mutter Teresa Kinderhilfswerk als Gründungsmitglied auf. Der selbe Rechtsanwalt erscheint hier wie dort als Vertreter der geburtshelfenden Kanzlei. Es ist auch nicht wirklich überraschend, dass die Gruppe um den Gandhi-Enkel trotz mehrfacher Bitten nicht einmal dem DZI irgendwelche Auskünfte erteilt. Und für unangemessen gefühlsbetonte Werbung rügt das DZI auch diesen Verein.

Inzwischen liegen CharityWatch.de Zahlen vor: Im Jahr 2009 wurden 337 000 Euro gespendet. Kein einziger Euro(!) floss in den Kauf von Nahrungsmitteln. Stattdessen gab es eine groß angelegte Offensive, um neue Geldgeber zu werben. »Ködern« wäre allerdings treffender ausgedrückt. Für die Spendenakquisition wurde reichlich Geld locker gemacht: Für fast 400 000 Bettelbriefe, 35 000 Postwurfsendungen und 30 000 Einleger für Zeitschriften investierte der Verein 588 000 Euro. Für hungernde Kinder blieb kein Geld mehr übrig. Eine Ende 2010 für 2010 und 2011 erstellte Planung sieht so gut wie keine Hilfe für Kinder vor, weil der Verlust von gut einer viertel Million Euro aus 2009 durch Spenden ausgeglichen werden muss. Das beschämende Ergebnis laut dieser Planung für die Jahre 2010 und 2011 soll eine Spende von 1000 Euro an das Gandhi Worldwide Education Institute sein, um den Bau einer neuen Internatsschule in Indien zu unterstützen. Wohlgemerkt, bei Spendeneinnahmen von vermutlich über einer Million Euro innerhalb von drei Jahren!

Der unritterliche Sohn von Sir Peter Ustinov

Dass ein bekannter und wohlklingender Name längst kein Beweis für Authentizität und Aufrichtigkeit ist, beweist die Sir Peter Ustinov Stiftung. Der Ablauf ist »branchenbewährt«. Mit dem guten Namen des beliebten, im Jahre 2004 verstorbenen Schauspielers Sir Peter Ustinov wird massiv um Spenden geworben – vorwiegend durch Bettelbriefe, verschickt in hoher Auflage von professionellen Spendeneintreibern. Das wäre vielleicht noch in Ordnung, wenn die Kosten in einem angemessenen Verhältnis zu den Ge samteinnahmen stünden. Ganz konkret bedeutet »angemessen«: Von 100 Euro Spende sollte der Großteil dem Stiftungszweck zugeführt werden. Bei der Sir Peter Ustinov Stiftung sieht die Sache leider nicht so aus, auch wenn der Zweck ein hehrer ist: »Als Sir Peter Ustinov im Jahre 1999 diese Stiftung ins Leben rief, hatte er eine ganz besondere Mission im Sinn: direkt da zu helfen, wo Hilfe am nötigsten gebraucht wird. In erster Linie geht es dabei um die Kinder und Jugendlichen, die sich selbst nicht helfen können. Gemeinsam mit unseren Partnern vor Ort helfen wir, die Not zu lindern und ihnen die Chance zu verschaffen, ein Leben in Würde und mit Perspektive zu führen.«

Das klingt klar und seriös und verfehlt seine Wirkung auf potenzielle Spender nicht. Im Rahmen der Bettelbriefe werden die allgemeinen Ausführungen zwecks Nachvollziehbarkeit mit Einzelschicksalen angereichert. Doch was nützen selbst größtes Mitleid erregende Geschichten ohne bildhafte Umsetzung? Spätestens die Fotos, zum Beispiel von einer Hungersnot in Niger, öffnen die Geldbeutel. Bedrängend liest sich auch der Text. So schreibt Igor Ustinov, Sohn von Sir Peter und Vorsitzender des Stiftungsrates, in einer Briefaktion: »Ich bitte Sie eindringlich: Helfen Sie uns noch heute mit Ihrer Spende, bevor es für viele vielleicht zu spät ist. Jeder Betrag, seien es 15, 35 oder 70 Euro, kann Kinderleben retten!« Auf der Rückseite des Briefes wird die Effizienz auch kleiner Spenden mit Beispielen illustriert. So könne die Stiftung mit 15 Euro den Impfstoff für zehn Kinder finanzieren, und mit 25 Euro ließe sich ein stark unterernährtes Kind mindestens zwölf Tage lang mit der Aufbaunahrung »Plumpy nut« versorgen.

Was dachten wohl die Empfänger der Schreiben, als sie die eindrücklichen Bilder sahen und den aufrüttelnden Text lasen? Was denken Sie, wenn Sie solche Ausführungen lesen? Von einer 25-Euro-Spende kommt fast alles bei den Hilfsbedürftigen an, sei es in Form einer Impfung oder von dringend benötigter Aufbaunahrung. Die Wirklichkeit sieht anders aus. 2007 flossen von knapp zwei Millionen Euro Gesamtausgaben magere 964 000 Euro in Projektausgaben. Das sind 49 Prozent, weniger als die Hälfte. 2008 betrugen die Projektzahlungen 1,3 Millionen Euro von 2,77 Millionen Euro Gesamtausgaben – bescheidene 47 Prozent. Und der erst sehr spät im Frühjahr 2011 veröffentlichte Jahresbericht 2009 weist mit 1,15 Millionen Euro Projektaufwand eine Quote von 51 Prozent der Gesamtausgaben aus.

Natürlich wird dem Spender das nicht in dieser Deutlichkeit gesagt. Stattdessen argumentiert die Stiftung mit einem »return on invest (ROI)« bei Direct-Mail-Aktionen von 1 zu 3,64 Euro. Rechnerisch ist dieser Durchschnittswert für fünf Jahre durchaus richtig, aber nur durch einen weit verbreiteten Buchhaltungstrick. Denn nicht die Gesamtausgaben, die der Fundraiser für den Briefversand kassiert, werden als Werbekosten verbucht. Ein Teil wird einfach als Satzungsausgabe deklariert, etwa als Öffentlichkeitsarbeit oder Information, um die Zahlen zu schönen und damit den Spender über die Verwendung seines Geldes zu täuschen.

Das alles ist schon schlimm genug, im Falle der Ustinov Stiftung aber immer noch nicht die volle Wahrheit. Denn als sogenannte Förderstiftung führt sie nur wenige Projekte selbst durch. Die erwähnte Sammlung gegen den Hunger in Niger lief zum Beispiel über die Hilfsaktion Noma aus Regensburg, deren zweifelhaftes Gebaren an anderer Stelle in diesem Buch noch beschrieben wird. Nur so viel vorweg: Dort fallen zusätzlich erhebliche Kosten an, die nichts mit Projektausgaben zu tun haben. Die Gelder für die Kinder in Niger wurden also ein zweites Mal erheblich reduziert. Für die Aufbaunahrung und andere dringend benötigte Hilfsmaßnahmen blieb viel zu wenig übrig.

Mutter Teresa, Mahatma Gandhi und Sir Peter Ustinov können sich gegen den Missbrauch ihrer Namen nicht mehr wehren. Wie aber steht es um die zeitgenössischen Galionsfiguren am Bug der großen Spenden-Traumschiffe? Traurigerweise ist der Prominentenstatus, ob Politiker, Wirtschaftsgröße oder Entertainment-Juwel, kein Garant für eine zweckmäßige Verwendung der Spende. Oft genug versickert ein Großteil anderswo, unter welcher Pseudo-Begründung oder mit welcher bilanztechnischen Trickserei auch immer. Es fragt sich, wie viele der mitwirkenden Prominenten wohl eine Vorstellung davon haben, was mit dem Spendengeld tatsächlich geschieht, für das sie die Werbetrommel und die Herzen der Menschen rühren.

Wollen sie es überhaupt wissen? Fragen sie nach? Wenn sie es nicht tun, warum nicht? Wie glaubwürdig ist ihr Auf- und Eintreten für die gute Sache? Schließlich haben solche Engagements den positiven Nebeneffekt, Aufmerksamkeit von Seiten der Medien zu erhalten. Jede Spendengala bringt Publicity, und es folgen – solange das Thema en vogue ist – Interviews samt rührenden Berichten. Schicke Fotos porträtieren mitfühlende Prominente, auf dem Schoß am besten vor dem Verhungern bewahrte Kinder oder gerettete Vierbeiner.

Schale Idylle oder gelebtes Engagement? Warum werden für die gute Sache eingespannte Prominente so selten misstrauisch? Offensichtlich scheint sich niemand mehr für die Kinder, Kranken und Hungernden zu interessieren, sobald die Scheinwerfer erloschen sind und die Magazine mit der kostenlosen Publicity im Altpapier liegen. Ist es nicht empörend, dass bei im Rampenlicht stattfindenden Spendenveranstaltungen oft ein Großteil der gesammelten Gelder irgendwo im nicht für die Öffentlichkeit zugänglichen VIP-Bereich versickert? In seltenen Fällen mag Dilettantismus am Werk gewesen sein – schlimm genug. Weitaus häufiger dürfte es sich jedoch um schamlose Verschwendung, wenn nicht gar um moralische Veruntreuung der Spendengelder handeln – ermöglicht durch das blinde Vertrauen von Prominenten, die sich mit einem Heiligenschein umgeben wollen, ohne ihrer Verantwortung als öffentliches Vorbild gerecht zu werden.

Professorentitel-Renommee bei
der Kinderkrebsvorsorge

In Werbeschreiben von Anwaltskanzleien sieht man so etwas häufig: Auf dem repräsentativen Briefbogen finden sich, am Rand dicht untereinander in 4-Punkt-Schrift gereiht, gewichtige Namen mit allerlei dekorativen Titeln. In derselben Optik kommt ein Brief der Kinderkrebsvorsorge e. V. daher. Auf dem rechten Seitenrand wimmelt es von Professoren, die alle angeblich im Kuratorium des Vereins sitzen. Um das gewichtige Gepränge der Seriosität noch zu verstärken, leuchtet neben der Unterschrift der Vorstandsvorsitzenden Natalia Mironenko ein amtlich wirkender Siegelstempel.

Schon ist das Misstrauen geweckt. Also wurden einige der 40 hochrangigen Personen des Kuratoriums angesprochen, was sie denn über die Arbeit des Vereins aussagen könnten. Professor Heinrich Schüssler, Anfang 2010 noch als Pressesprecher aufgeführt, wies geradezu pikiert darauf hin, er habe sein Amt bereits Ende 2009 niedergelegt. Professor Dr. Hubert Bardenheuer gab an, schon lange nichts mehr von dem Verein gehört zu haben, so dass er der Auffassung gewesen sei, den gäbe es nicht mehr. Höhepunkt der Kühnheit: Kurator Professor Dr. Dietrich von Schweinitz, ebenfalls in dem Schreiben aufgeführt, kannte den Verein überhaupt nicht!

Die Liste der »Karteileichen«, als die der Briefbogen des Vereins bezeichnet werden muss, ließe sich leicht um weitere Namen ergänzen. Wer glaubt, das fragwürdige und dreiste Vorgehen habe damit seinen Zenit erreicht, wird eines Besseren belehrt. Tatsächlich bedankt sich die Kinderkrebsvorsorge auf ihrer Homepage bei großen Unternehmen und listet sogar die zugehörigen Logos. Auf Nachfragen zeigten sich die Angesprochenen teilweise erstaunt oder peinlich berührt. So zum Beispiel der Nahrungsmittel- und Babykosthersteller Hipp. Er ließ erklären: »Hipp hat den Verein nie unterstützt und auch nicht genehmigt, unser Logo zu verwenden.« Das auf der Homepage von Kinderkrebsvorsorge ebenfalls aufgeführte Unternehmen Opfermann Arzneimittel, zu dem Madaus gehört, berichtet von einer einmaligen Spende über 500 Euro im Jahr 2005. Darüber hinaus habe es keine Kontakte gegeben. Sina Hempel vom Getränke- und Lebensmittelkonzern Danone, der mit seinen Marken Volvic und Evian in der Sponsorenliste auftaucht: »Wir hatten dem Verein Kinderkrebsvorsorge e.V. zweimal Kleinstmengen von Sachspenden für ein Kindertennisturnier zukommen lassen.« Für den Computerhersteller Dell antwortete Kommunikationschef Michael Rufer, ihm sei nichts von einer Unterstützung bekannt, obwohl er bei Sponsoring-Aktionen immer involviert sei. Eine Genehmigung zur Verwendung des Logos sei seines Wissens nicht erteilt worden.

Wie immer die Einzelfälle im Detail gelagert sein mögen, es ist erstaunlich, wie leichtfertig Unternehmen im Charity-Bereich Unterstützung gewähren und wegen einer werbewirksamen Veröffentlichung sogar einen Imageschaden riskieren. Dabei stehen Prominenten wie Unternehmen einfache Mittel zur Verfügung, mit denen sie rasch die Spreu vom Weizen trennen könnten. Beim Beispiel der Kinderkrebsvorsorge sowie bei ähnlich gelagerten Fällen reicht schon die Frage nach dem letzten Jahresbericht inklusive Finanzzahlen. Die Reaktion auf diese Frage oder der Blick in die Zahlen ermöglicht es rasch, sich ein Bild von der Seriosität der sammelnden Organisation zu machen. Ist der Verein oder die Stiftung nicht auskunftsbereit, gibt es etwas zu verbergen. Dann findet sich sicher ein seriöserer Adressat für die milde Gabe.

Die grundsätzlich notwendige Skepsis bestätigt im Fall Kinderkrebsvorsorge das inzwischen verhängte Sammlungsverbot der ADD. Sie äußert – insbesondere durch die hohen Kosten für Werbung und Verwaltung sowie für Internetdienstleistungen – Zweifel »an einer angemessenen Verwendung der Geldspenden für unmittelbare Projektzuwendungen«. Spender sollten sich nicht von großen Namen, gewichtigen Titeln, monströsen akademischen Graden, von imposanten Siegelstempeln und anderem

Blendwerk beeindrucken lassen. Papier ist geduldig, und Grafiker sind kreativ. Aussagekräftig sind einzig und allein konkrete Zahlen und detaillierte Informationen über die Verwendung der Spenden.

Die Stiftung der verarmten Milliardärin Madeleine Schickedanz

Einst zählte die Quelle-Erbin Madeleine Schickedanz zu den reichsten Menschen dieser Welt. Durch den Zusammenbruch der Arcandor AG, in der ihre wichtigsten Unternehmensbeteiligungen zusammengefasst waren, verlor sie den Großteil ihres Vermögens.

Die krebskranken Kinder, denen durch die Madeleine Schickedanz Kinderkrebs-Stiftung geholfen werden soll, wird das kaum treffen. Sie profitierten schon vorher wenig von der Namensgeberin. Im Gegenteil: Das jährliche Spendenaufkommen wurde nur zu unwesentlichen Teilen für Krebsforschung oder direkte Hilfe verwendet. Sagenhafte 71 Prozent der Spendeneinnahmen gingen im Jahre 2006 überwiegend für Bettelbriefe weg. Auch 2007 und 2008 lag die Projektquote nur bei einem Drittel der Spendeneinnahmen von jeweils rund 1,3 Millionen Euro, während die »Aktionen zur Einnahmeerzielung« jeweils mehr als eine halbe Million Euro verschlangen. Etwas besser fielen die Zahlen 2009 aus. Mit 284 000 Euro Satzungsausgaben lag der Wert seit Jahren einmal wieder über den 239 000 Euro für Werbung und Verwaltung.

Administrationskosten von 45,7 Prozent stellen allerdings immer noch eine schallende Ohrfeige dar für all jene, die nach Empfang der Briefe von Madeleine Schickedanz gespendet hatten. In diesen Schreiben wurden sie sehr eindringlich und bedrängend von der seinerzeit noch Superreichen aufgefordert, die Bemühungen im Kampf gegen Kinderkrebs zu unterstützen. »Muss Zoe Frida sterben oder wird das kleine Mädchen gesund?«, so fragte sie, um dann, in Zusammenhang mit den eigenen schlimmen Erfahrungen einer krebskranken Tochter, hinzuzufügen: »All diese Ängste und Sorgen habe auch ich erlebt.« Am Ende der Appell: »[...] darf ich auch Sie zu den Menschen zählen, die uns mit Ihrer Spende unterstützen?«

Ihr Aufruf hatte Erfolg. Wie meist, wenn prominente Menschen im Spendenbereich agieren. Doch wer damals auf den großen Namen vertraute, musste inzwischen erfahren, was wirklich mit seinem Geld passierte: Der klangvolle Name Schickedanz konnte nicht verhindern, dass ein großer Teil im Sumpf der Spendenindustrie versank!

Die Verwirrspiele mit dem Sonnenhof

Mit dem Verein SOS Projects für Mensch und Tier sind ebenfalls prominente und zum Teil steinreiche Mitbürger verbunden. Der 2002 gegründete und von Renate Thyssen-Henne geführte Verein hat sich das Motto »Menschen helfen Tieren, Tiere helfen Menschen« auserkoren. Hauptprojekt ist der »Sonnenhof« in Oberbayern, wo nach Vereinsangaben zeitweise etwa 45 Hunde leben. Die Tiere würden auch zu Therapiezwecken eingesetzt, um langzeitkranken und traumatisierten Kindern sowie älteren und einsamen Menschen zu helfen. »Prominente unterstützen SOS« ist werbend auf der Homepage zu lesen: »Ob Fernsehstar Carolin Reiber, Rockstar Peter Maffay, Volksmusikstar Hansi Hinterseer oder Michael Aufhauser – Tierschützer und Gründer des bekannten ›Gut Aiderbichl‹ –, sie und viele andere sind unsere prominenten Helfer, Begleiter und liebe Unterstützer.« In der Liste der Vereinspromoter fehlt auch nicht die Tochter der Vereinsvorsitzenden Renate Thyssen-Henne, Dr. Gabriele Inaara Begum Aga Khan. Im Vereinsbeirat sind zum Beispiel Ernst Theodor Henne und der Opernsänger Thomas Hampson vertreten.

Die klingenden Namen kommen geballt daher. Geht es hingegen

um die konkrete Verwendung der Spenden, gibt sich der Verein auskunftsknapp. Trotzdem werden leichtgläubige Tierfreunde geködert: »Jeder Euro zählt«. Wichtige Projekte müssten weiterentwickelt werden, dazu gehöre vor allem der Ausbau der Begegnungsstätte Sonnenhof für Mensch und Tier. Insbesondere ginge es um Besuche förderungswürdiger Kinder und traumatisierter Jugendlicher – Opfer von sexueller und häuslicher Gewalt.

Das hört sich edelmütig an. Doch was bedeutet das für den Spender? Wie viel Geld kommt dem Tierschutz zugute? Was kosten die Resozialisierungsprojekte? Welche Beträge fließen in den Aus- und Umbau des Sonnenhofs? Wichtig wäre zudem zu erfahren, wem der Sonnenhof eigentlich gehört, der da mit Spendengeldern ausgebaut wurde. Laut einer Vereinsbroschüre wurde das Anwesen 2002 von SOS Projects erworben. Doch in der Bilanz des Vereins, das trug ein Insider CharityWatch.de zu, taucht die Immobilie nicht auf.

Auf Nachfrage ließ der Verein über eine Hamburger Promikanzlei mitteilen, der Sonnenhof sei von einem Animal Protection Irrevocable Trust gekauft worden, der diesen wiederum über eine zu hundert Prozent gehaltene US-amerikanische Shelter LLC erwarb. »Sinnvolle Diskretion« und die Trennung der Immobilie vom Vermögen der Vereinsgründer seien Ursache für dieses komplizierte Konstrukt. Diskretion, wo doch Renate Thyssen-Henne und ihre Tochter Dr. Gabriele Inaara Begum Aga Khan mit dem Sonnenhof permanent in der Presse auftreten? Und um die Immobilie sauber vom Vermögen der Vereinsgründer zu trennen, wäre es am einfachsten gewesen, sie direkt auf den Verein zu übertragen.

All das ist schwer zu verstehen, aber mittlerweile angeblich kein Problem mehr. Denn ein weiterer Rechtsanwalt teilte Ende 2009 mit: »Aufgrund einer zwischenzeitlich erfolgten 100-prozentigen Übertragung des Eigentums an der Shelter LLC auf den Verein ist dieser heute, wie seit längerer Zeit beabsichtigt, wirtschaftlicher Eigentümer der Immobilie, auf der der Sonnenhof betrieben wird.« Im Klartext: Die Aussage, dass das Anwesen 2002 vom Verein erworben wurde, war falsch. Und selbst nach der Übertragung gehörte dem Verein eine amerikanische Gesellschaft und nicht die Immobilie direkt. Ob damit auch Kredite übertragen wurden und was vorher auf der Ebene dieser internationalen Konstruktion passierte, wollten die Vereinsanwälte nicht mitteilen.

Nachdem die Hamburger Promikanzlei keine Erfolge verbuchen konnte, wurde von den Vereinsverantwortlichen Anfang 2011 eine weitere Kapazität in Sachen Presserecht hinzugezogen. Der Universitätsprofessor schuf noch weitere Verwirrung durch die Aussage, der Sonnenhof gehöre nun der Stiftung Gut Aiderbichl Deutschland, mit der SOS Projects seit Ende 2009 kooperiert.

Diskussionsstoff liefern zudem Werbeaussagen des Vereins in einer Broschüre: »Alle Spenden sind steuerlich voll abzugsfähig und kommen – ohne Abzug für Verwaltungskosten oder Spesen – ausschließlich den bedürftigen Menschen und Tieren zugute.« Ein Insider bestätigte allerdings, es würden sehr wohl Ausgaben für die Verwaltung anfallen. Ein klärender Blick in die Jahresabschlüsse wurde von SOS Projects verwehrt. Stattdessen teilte der erste von Renate Thyssen-Henne beauftragte Rechtsanwalt mit, Fragen an ihn zu richten »und keine Dritten damit zu behelligen«. Mit den Dritten waren wohl die Vereinsverantwortlichen gemeint, die später besagten Universitätsprofessor mandatierten. Der erste Anwalt entkräftete den Vorwurf der Verwaltungs- und Werbekosten mit dem Hinweis, sie wären durch Spenden der Gründerfamilie in Höhe von 520 000 Euro in den Jahren 2008 bis 2010 getragen worden. Wenn das stimmt, warum wird dann eine Einsicht in die Einnahmen und Ausgaben des Vereins verweigert? Stattdessen kommt es zur Mandatierung exklusiver Anwälte, die seitenweise Drohungen aussprechen und sich nicht scheuten, einen für jeden unabhängigen Journalisten an eine Beleidigung grenzenden Vorschlag zu machen: »Wir sind bereit, Ihren Text zu lesen und – soweit möglich – zu bestätigen, dass unser Mandant keine Einwände erhebt.« Texte zur Freigabe verschicken – wo bleibt denn da das Recht auf Meinungsfreiheit?

Ein sündhaft teures Foto-Shooting

Manchmal sind es Einzelposten, die eine Recherche in Gang setzen. So die Kosten für ein Foto-Shooting, das die Deutsche Krebshilfe bei einem Starfotograf in Auftrag gab. Bemerkenswerte 168 000 Euro wurden ausgegeben. Ein Betrag, der selbst der sagenhaften Freigiebigkeit des lydischen Königs Krösus alle Ehre macht. Anlass war das fünfunddreißigjährige Bestehen der Krebshilfeorganisation. Für das Foto-Shooting wurde Piet Trulahr verpflichtet, einer der bekanntesten Fotografen Deutschlands. Er bekam laut Vorstandsvorsitzendem Hans-Peter Krämer »lediglich 25 000 Euro«. Das ist sicher ein Freundschaftspreis. Der aber zieht eine wichtige Frage nach sich: Wo sind die übrigen 143 000 Euro geblieben? Zusatzfragen: Wie lange dauerte das Foto-Shooting? Wo fand es statt? Wie setzen sich die Gesamtkosten zusammen? Wofür werden die Fotos im Wesentlichen verwendet? Erhellende Angaben verweigerte Hauptgeschäftsführer Gerd Nettekoven. Schade, hat sich der gemeinnützige und ansonsten zweifellos vorbildliche Verein doch per Selbstverpflichtung beim Einsatz der Spendenmittel der »Wirtschaftlichkeit und Sparsamkeit« verschrieben. Mehr als die Anzahl der geschossenen Fotos – 8000 Stück – war allerdings nicht herauszufinden.

Eines sei ausdrücklich betont: Trotz der Kritik an den extrem hohen Ausgaben für das Foto-Shooting wird die Arbeit der Deutschen Krebshilfe nicht in Frage gestellt. Es lässt sich jedoch nicht verhindern, dass ein derart verschwenderisch anmutendes Verhalten die Frage nach sich zieht, wie kostenbewusst bei dem Verein in anderen Bereichen gearbeitet wird. In Telefonaten wurde zwar stets die hohe Transparenzbereitschaft betont, in der Praxis war davon allerdings kaum etwas zu erkennen.

Spender sowie die zahlreichen Prominenten, die in den verschiedenen Gremien des Vereins arbeiten, sollten hierzu weitere Aufklärung einfordern. Und sei es nur wegen des bitteren Beigeschmacks.

Bock statt Gärtner beim gemeinnützigen Frauenhilfsverein

Ohne die Reaktion der prominenten Krebshilfefürsprecher vorwegzunehmen: Die wenigsten werden eine Stellungnahme anfordern, geschweige denn Konsequenzen ziehen. Wie so häufig: Die Kritik verhallt, und die prominenten Fürsprecher haben wieder einmal nichts gehört.

Eine rühmliche Ausnahme von dieser Gruppe reaktionsloser Prominenter ist die Frauenrechtlerin Alice Schwarzer. Sehr konsequent widerrief sie im Fall Hatun & Can ihre Unterstützung – auch öffentlich. Sie zeigte Herrn D. – alias Herr B., Chef des angeblich wohltätigen Frauenhilfsvereins – bei der Berliner Staatsanwaltschaft an. D. hatte den Verein gegründet, nachdem die Deutsch-Türkin Hatun Sürücü auf offener Straße mit drei Kopfschüssen getötet worden war, weil sie ihrer Familie »zu westlich« lebte. Satzungsziel von Hatun & Can: Hilfe und Schutz von Frauen verschiedener Nationalitäten, die sich in Zwangsehen befinden oder davon bedroht sind.

Die Bluttat rüttelte auf, das Spendengeld floss. Doch nur mit einem Bruchteil davon sollte den Opfern geholfen werden. Das meiste – so heißt es – verpraßte D. für Wein, Weib und Reisen. Angeblich gab es auch mal frische Schnitzel für seine Hunde. Und dann kam der Quantensprung in der zweifelhaften Karriere des D.: Die *EMMA*-Chefredakteurin gewann bei Günther Jauchs RTL-Show *Wer wird Millionär?* eine halbe Million Euro – und ließ alles dem gemeinnützigen Verein Hatun & Can zukommen. Von nun an schmiss D. offenbar noch häufiger Lokalrunden, hing im Bordell ab und tat sich wichtig, statt mit dem Geldsegen verfolgte Frauen zu retten. Dumm nur, dass Alice Schwarzer Ergebnisse sehen wollte. Es dauerte nicht lang, da kam sie dahinter, dass innerhalb von fünf Wochen knapp 100 000 Euro von den Vereinskonten verschwunden waren.

Die Anklage warf D. nicht nur Betrug vor. Nachdem er aufgeflogen war, beging er laut Staatsanwaltschaft auch noch Urkunden-fälschungen; angeblich um nachträglich die Ausgaben zu rechfer-tigen. Dabei soll der Verein nicht einmal den Nachweis erbringen können, dass er mildtätigen Zwecken dient.

Wären die Prominenten in Deutschland so konsequent wie Alice Schwarzer, gäbe es weit weniger Schatten im Charity-Bereich. Doch diese Form von Zivilcourage besitzen die wenigsten. Alice Schwarzer schreibt in ihrem Blog, wie Kolleginnen und Kollegen versuchten, sie zu bremsen. Auch von Einschüchterungsversu-chen berichtet die *EMMA*-Chefredakteurin: »Stil: ›Wie stehen Sie denn dann da, Frau Schwarzer!‹ oder ›Sie ruinieren ja mit Ihrem Vorgehen den Verein!‹ – Ich antwortete: Hoffentlich!« Schwarzer hat leidvoll erfahren und erkannt, wie üblicherweise mit Kritikern von Gutmenschen umgegangen wird. Deshalb schreibt sie weiter: »Ganz offensichtlich wollten viele lieber weiter glauben anstatt endlich zu wissen. Und es interessierte sie wenig, was mit den Spenden geschah. Zum Glück hielt ich durch – und behielt leider recht.«

Als Ergebnis ihrer irritierenden Erfahrungen formulierte die kämpferische Journalistin zwei zentrale Fragen. Erstens: »Was ei-gentlich ist ein Vereinsrecht wert, nach dem jeder sich selbst als ›gemeinnützig‹ deklarierende Verein mit Spenden schalten und walten kann, wie ihm gutdünkt – ohne von irgendjemandem kon-trolliert zu werden?« Und zweitens: »Welche Rolle spielen wir Medien eigentlich bei dem Missbrauch von Spenden? Können wir es überhaupt verantworten, zu Spenden an Vereine und Organisa-tionen aufzurufen, bei denen wir uns nicht höchstpersönlich über-zeugt haben – und weiter kontrollieren –, was mit den Geldern geschieht?«

Damit hat Alice Schwarzer voll ins Schwarze getroffen. Die Fra-gen und Forderungen müssten aber erweitert werden auf die Rol-le der prominenten Fürsprecher von Hilfsorganisationen. Viel zu oft sehen in der Öffentlichkeit stehende Menschen bewusst weg. Wie viele haben Verdachtsmomente und lassen sie tatenlos verstreichen? Wie viele werden von den Organisatoren getäuscht, besänftigt oder um den Finger gewickelt, weil sie die Konfrontation scheuen? Beliebt ist zur Gewissensberuhigung auch das scheinheilige Standardargument, auf ein oder zwei Prozent käme es nicht an, solange wenigstens irgendein Betrag die Empfänger erreicht. Etwas ist schließlich immer noch besser als nichts.

Natürlich finden sich auch andere Beispiele – Prominente, die genau wissen, für wen und für was sie sich einsetzen, die ein Auge darauf haben, dass Spendengelder an die richtige Stelle gelangen. Doch nur weil bekannte Gesichter ihre Namen für eine im Prinzip gute Sache zur Verfügung stellen, bietet das keine Gewähr für eine korrekte Spendenverwendung. Es bleibt willigen Spendern nicht erspart, sich selbst ein Bild von in Frage kommenden Organisationen zu machen.

Viele Prominente wie Spender wissen nicht, dass in Deutschland eine übergeordnete Kontrollbehörde fehlt, die im Spenderinteresse die Geldverwendung prüft. Gleiches gilt für die Vereinsfinanzen. Weil es keine Pflicht zur Gewährung von Einsicht in die Finanzzahlen gibt, wird diese fehlende Legitimationsgrundlage, oft zusammen mit dem Datenschutz, gerne als Verweigerungsargument genutzt.

Für seriöse Organisationen ist das alles kein Thema. Sie geben Auskunft, legen ihre Jahresberichte offen und haben keine Berührungsängste, wenn sie mit kritischen Fragen konfrontiert werden. Für sie ist es selbstverständlich, über die Verwendung der ihnen anvertrauten Gelder zu berichten. Sie haben nichts zu verstecken und verdienen es deshalb, finanziell unterstützt zu werden. Wie wunderbar wäre es, könnten die jährlich gespendeten Milliardenbeträge von den unseriösen zu den unterstützungswerten Vereinen und Stiftungen fließen. Selbst ohne eine Erhöhung des Spendenvolumens ließe sich viel mehr Hilfe realisieren. Dafür sollten sich Prominente einsetzen und dann zu Recht einen verdienten Imagegewinn für den eigenen Namen verbuchen.

Ein Parlament ohne Opposition und Kompetenz

Das Deutsche Spendenparlament ist eine an und für sich sinnvolle Einrichtung mit einer ganz besonders gewichtigen, wenngleich immens ahnungslosen Fürsprecherin: Bundeskanzlerin Angela Merkel.

Das Konzept überzeugte das Bundeskanzleramt: Ab einer Spende von 1000 Euro aufwärts erhält ein Spender für das laufende Kalenderjahr Sitz und Stimme im Deutschen Spendenparlament. Über die Verwendung des Geldes für ein konkretes Projekt entscheidet dieses Spendergremium kollektiv auf seiner jährlichen Parlamentssitzung. Es kann aber auch ein bestimmter Zweckbereich vorgeben werden, zum Beispiel Umwelt- oder Tierschutz.

Dahinter steckt, marketingtechnisch hervorragend herausgearbeitet, der demokratisch orientierte Gedanke, die Spender selbst über die Verwendung ihrer Gelder abstimmen zu lassen – zumindest ab einer Summe von 1000 Euro. Das jedoch ließe sich kostengünstiger ohne den Umweg über ein Spendenparlament bewerkstelligen. 2008 und 2009 verschlangen Verwaltung, Geschäftsführung und Mittelerwerb im Durchschnitt stolze 30 Prozent der Gesamtausgaben – keine vorbildliche Kostenquote. Trotzdem lobt die Bundeskanzlerin das »Kompetenzgremium für gute Taten«. Bei den zu begünstigenden Vereinen wird jedoch lediglich die Gemeinnützigkeit geprüft, obwohl nur ein geschulter Blick in die Zusammensetzung der Ausgaben Klarheit hinsichtlich der Spendenverwendung bringt. Dieses und vieles mehr prüft das »Kompetenzgremium für gute Taten« nicht. Übertragen auf einen Autokäufer würde das bedeuten, er würde sich vor dem Kauf vom Vorhandensein der vier Räder überzeugen, aber nicht davon, ob das Auto über Motor, Bremse und ein Lenkrad verfügt.

Angela Merkels Lob für das Spendenparlament ist unbegründet und nicht nachvollziehbar. Allerdings lassen sich gerade an diesem Beispiel bestimmte Merkmale herausarbeiten. Zum einen ist da eine Seriosität heischende Nomenklatur. Dann tauchen Begriffe wie »Parlament«, »Gremium«, »Mitbestimmung« auf. Zum anderen geht es um die Erhöhung des Selbstwertgefühls: Wenn sich X und Y hier engagieren, wenn sogar die Bundeskanzlerin ihren Segen gibt, dann muss es etwas Besonderes sein, dazuzugehören. Vielleicht verspricht sich ein Spender mit Sitz und Stimme im demokratischen Parlament, der Kanzlerin zu begegnen. Oder er hofft auf Anerkennung für sein Engagement in einem Verein, dem sogar die Kanzlerin ihren Segen erteilte.

Der kritische Blick auf Vereinsstrukturen und in die Zahlenwerke ist aber offensichtlich kein Bestandteil der Reaktion Prominenter auf den Umgang mit gemeinnützigen Organisationen. Prominenter Segen muss nicht fundiert sein. Leider.

Ähnlich seriös und politiknah wie Deutsches Spendenparlament klingt Deutscher Spendenrat e.V. Zweifellos trägt der Name den positiv besetzten Bedeutungsumfang von »Demokratie«. Der Verein stellt sich vor als »ein Dachverband spendensammelnder gemeinnütziger Organisationen. Mitglieder sind private und kirchliche Träger, die sich für Humanitäre Hilfe, Tier-, Arten- und Naturschutz engagieren.« Des Weiteren heißt es auf der Website des Deutschen Spendenrats: »Zur Erreichung größerer Transparenz und damit zur Gewährleistung einer erhöhten Sicherheit beim Spenden verpflichten sich die Mitglieder zur Einhaltung des geltenden Rechts und darüber hinaus zur Beachtung der in der Selbstverpflichtung des Deutschen Spendenrates e.V. benannten Regeln.« Dazu zählen unter anderem die Vermeidung von Werbung, die gegen die guten Sitten verstößt, und der Verkauf von Spenderadressen. Ferner ist festgelegt, in welcher Form und bis wann ein Jahresbericht vorzulegen ist. Bei Verstößen gegen die Selbstverpflichtungserklärung wird ein Schiedsausschuss tätig. All das, so betonen die Ratsmitglieder ihre Intention, soll mehr Vertrauen ins Spendenwesen bringen.

So weit die Theorie. Die Praxis beginnt mit der Frage, wer denn die Einhaltung der Selbstverpflichtung kontrolliert und was der Schiedsausschuss konkret bei Verstößen gegen den jeweiligen

Selbstverpflichtungssünder unternimmt. Die Frage nach der Kontrolle ist einfach zu beantworten: Offenbar kontrolliert niemand. Erst bei Beschwerden wird der Spendenrat aktiv und spricht laut Eigendarstellung in begründeten Fällen Missbilligungen und Rügen aus. Dass solche Soft-Sanktionen nicht vor dem Missbrauch des wohlklingenden Namens schützen, zeigt das Beispiel Deutsche Lebensbrücke e. V. Dort agieren Eduard Prinz von Anhalt als Präsident und der bekannte Finanzguru Dr. Jens Ehrhardt als Vorstand. Der Prinz führt einen großen Namen ins Spendenschlachtfeld. Wikipedia listet die Titel des Adligen wie folgt: »Seine Hoheit Eduard Julius Ernst August Erdmann Herzog von Anhalt, Herzog zu Sachsen, Engern und Westfalen, Graf zu Askanien, Herr auf Zerbst, Bernburg und Gröbzig.« Darüber hinaus ist der Lebensbrücke-Leader ein Cousin von Prinz Charles, dem britischen Thronanwärter.

Wieder sind es imposante Namen, hier sogar aus adligen Sphären, die Spendervertrauen erwecken sollen. Von dem im Volksmund bekannten »noblesse oblige«, also Adel verpflichtet, bleibt bei dem Lebensbrücke-Präsidenten allerdings nicht viel übrig. Stattdessen das vertraute Phänomen: fehlende Offenheit zum Umgang mit Spendengeldern. Welch Paradox! Ist die Lebensbrücke nicht Mitglied im Spendenrat? Und wird nicht gerade Offenheit ausdrücklich als Kernkompetenz des Deutschen Spenderats herausgestellt. Hier brechen Image und Logik. Deshalb hat CharityWatch.de eine offizielle Beschwerde beim Spendenrat eingereicht. Anlass war das sich über Monate erstreckende Hinhaltespiel des Vereins Lebensbrücke, der sich übrigens zum Zeitpunkt des Redaktionsschlusses dieses Buchs immer noch weigerte, grundlegende Fragen zur Mittelverwendung zu beantworten.

Der Deutsche Spendenrat überprüfte die Beschwerde von CharityWatch.de und sprach eine Disziplinarmaßnahme aus: »Die Beschwerde ist begründet. Die Deutsche Lebensbrücke e. V. hat gegen Ziffer 5 und die Ziffer 6 der Selbstverpflichtungserklärung verstoßen.« Das ist eine klare Ansage. Die Folgen für den gerügten

Verein: keine! Einen Ausschluss wie bei der Deutschen Kinderhilfe Direkt e.V. wegen vergleichbarer Vergehen gab es nicht. Dabei
sind die Verstöße der Lebensbrücke alles andere als sekundäre formale Mängel.

Bei UNICEF führten schon geringere Vergehen zu einem Verlust
des DZI-Spendensiegels. Dieser Vergleich gibt einen deutlichen
Hinweis auf die »Qualität« einer angeblich angestrebten »freiwilligen Selbstkontrolle« durch den Deutschen Spendenrat.

Welches Selbstverständnis dort intern herrscht, verdeutlicht eine
Aussage von Geschäftsführerin Daniela Felser: »Wir sind keine
Verbraucherschutzeinrichtung!« Dabei steht doch in der Präambel zu den Grundsätzen des Spendenrats: »Der Verein dient dadurch auch dem Verbraucherschutz und hat zum Ziel, Spender
und spendensammelnde Organisationen vor unlauterer Spendenwerbung zu schützen.«

Wie glaubwürdig sind solche Aussagen, wenn man die wachsähn-
lichen Sanktionsmechanismen betrachtet? Das Lebensbrücke-
Team motivierte die ausgesprochene Kritik nur zum »business as
usual«. Im darauffolgenden Jahr ignorierten sie die Verpflichtung
zur Veröffentlichung von aussagekräftigen Angaben über die Verwendung der Spendengelder erneut. Um künftig gar nicht mehr
daran gebunden zu sein, erklärte der Aufsichtsrat Senator Dr. h.c.
Reinhard Mayer, die Lebensbrücke sei »aus wichtigem Grund«
aus dem Spendenrat ausgetreten. Seine kernig-arrogante Kampf-
ansage: »Wir brauchen keinen Spendenrat!« Offenbar wollte der
Verein unbedingt verhindern, dass bestimmte Dinge an die Öffentlichkeit kommen. Oder wie ist dieser Sinneswandel sonst zu
verstehen? Er erhält ganz besondere Dynamik im Vergleich zu
den früheren Bewertungen einer Mitgliedschaft im Deutschen
Spendenrat. Denn einst kategorisierte der Verein Lebensbrücke
das DZI-Spendensiegel als »sinnlos«. Die alternative Gütesiegel-
Wahl wurde wie folgt begründet: »Die Deutsche Lebensbrücke hat
sich zur Mitgliedschaft im Deutschen Spendenrat entschlossen.
Denn ganz ohne Gütesiegel hat ein gemeinnütziger Verein keine

Chance auf Aufmerksamkeit, weder von Journalisten noch von Spendern.«

Die Reaktion des Spendenrats auf diesen Austritt ist schlaff und enttäuschend. Er zeigte kein ernsthaftes Interesse mehr daran, den Verein wenigstens noch zu einer Veröffentlichung der Informationen für die Zeit aufzufordern, in der mit dem angeblichen Qualitätssiegel »Spendenrat« geworben worden war. Das dokumentierte Fallbeispiel spricht ein vernichtendes Urteil über die »Selbstkontrolle« und die Wirksamkeit von Sanktionen im Deutschen Spendenrat.

Geht es beim Verein Lebensbrücke nur um Formalitäten? Oder stellen noch andere Hinweise die Seriosität des Vereins in Frage? Die vorliegenden rudimentären und nicht dem Transparenzgrad der Selbstverpflichtungserklärung entsprechenden Informationen für das Jahr 2007 zeigen, dass nur 403 000 Euro oder 34,3 Prozent der Einnahmen als Ausgaben für die einzelnen Projektländer verwendet wurden. Eine solch geringe Projektquote ist skandalös und sicher nicht im Spenderinteresse. Gut eine halbe Million Euro floss hingegen in »sonstige Aktionen, Aufklärung und Öffentlichkeitsarbeit«. Zu Einzelheiten über diesen voluminösen Posten weigerte sich der Verein nähere Angaben zu machen. Dabei wären sie wichtig, um die Kreativität der Vereinsbuchhaltung beurteilen zu können. Zum Beispiel werden in der Aufstellung Personalausgaben von 11 000 Euro ausgewiesen, obwohl die Deutsche Lebensbrücke zu dieser Zeit gemäß eigenen Angaben sieben Mitarbeiter hatte. Laut Aufsichtsrat Mayer erklärt sich das durch eine Auslagerung der Mitgliederverwaltung und -werbung an eine externe Agentur, was er als satzungsgemäßen Aufwand betrachtet. Eine sehr eigenwillige Begriffsdefinition, sind Werbung und Verwaltung doch etwas anderes als konkrete Hilfe für notleidende Menschen.

Den Mitgliedern und Spendern wird berichtet, konkrete Hilfe in Form von beispielsweise Unterstützung für krebskranke Kinder in St. Petersburg geleistet zu haben. Es fehlt die Ergänzung, dass von einer 100-Euro-Spende nur 34 Euro in die Projektländer überwiesen wurden.

Neben der Deutschen Lebensbrücke gibt es die Lebensbrücke International. Zu diesem Pendant geben die bei beiden Organisationen Aktiven, Petra Windisch und Rainhard Mayer, noch weniger Auskünfte als zur deutschen Variante. Für ein Urteil über die Seriosität wäre es jedoch entscheidend, zu wissen, wie die Geldflüsse zwischen den beiden Organisationen aussehen und wie sie zusammenarbeiten. Fallen dort eventuell weitere Kosten an? Werden die echten Hilfeleistungen noch mehr geschmälert? Das ist zu befürchten, da Rainhard Mayer nicht gerade Kostenbewusstsein und Sparsamkeit dokumentiert. So antwortet er auf die Frage, wie viele Autos hinter den Fahrzeugkosten 2007 stehen: »Eins!« Ein Audi A8 müsse es schon sein, denn »in einen Golf steigt dir ja keiner ein«. Mit »keiner« meinte Mayer wohl die zahlreichen prominenten Unterstützer, die der Verein auf seiner Homepage aufführt. Und die Liste ist wirklich lang und prominent besetzt. Von Michael Douglas, Thomas Gottschalk, Dieter Thomas Heck, Heino, Rita Süßmuth, Frank Zander und vielen mehr ist dort zu lesen. Der Schauspieler Michael Lesch wird seit 2003 sogar als Botschafter der Deutschen Lebensbrücke geführt.

Die Ausführungen zeigen nicht nur, wie wenig unterstützenswert der Verein Deutsche Lebensbrücke ist. Sie offenbaren darüber hinaus, was der Deutsche Spendenrat als »Gütesiegel« wirklich wert ist. Er kann nicht als irgendein Siegel, als irgendeine Garantie zur Qualität der Mitgliedsvereine betrachtet werden. Qualitätskriterien sind ohnehin keine Voraussetzung zur Erlangung der Spendenrats-Mitgliedschaft. Die Standards werden von vornherein schon niedriger angesetzt. Allenfalls wird eine gewisse Transparenzbereitschaft – wie bewiesen recht lax – eingefordert. Welchen weiteren Einschränkungen diese Mindestforderung ausgesetzt ist, belegt der nächste Beispielfall.

Wieder ein vielversprechender Name: Bundesverband Tierschutz e.V. Wieder ein Mitglied des Spendenrats, das seinen Transparenzpflichten gemäß Selbstverpflichtungserklärung zumindest anfänglich nicht nachgekommen ist. Der Einblick in die Finanzzahlen des Vereins wurde verweigert, obwohl jedes Mitglied des Spendenrats verpflichtet ist, solche an »jedermann« zu versenden. Erst nach einer Beschwerde beim Spendenrat tröpfelten ein paar Angaben durch. Sie waren völlig undurchsichtig und nicht zu verwerten. Bei der weiteren Recherche stellte sich geradezu Haarsträubendes heraus: Der Vorstand des Bundesverbandes wusste nicht einmal genau, wozu er sich verpflichtet hatte! Nach längerem Hin und Her wurden dann weitere Unterlagen herausgegeben. Allerdings sind diese zum Posten Werbung und Verwaltung geschönt. Angeblich lagen die Aufwendungen für diesen Bereich im Jahr 2009 bei günstigen 10,22 Prozent. Um auf diese Quote zu kommen, meisterten die Verantwortlichen aber schon sehr viel Zahlenakrobatik. Beispielsweise telefonierte die Geschäftsführung angeblich nicht in Verwaltungs- und Werbeangelegenheiten. Das bedeutet: Telefonkosten werden als Satzungsausgabe geführt. »Bürokosten«, »Werbungskosten« und vieles mehr finden sich unter den satzungsgemäßen Ausgaben. Mit solchen Methoden kann sich natürlich jeder das Verhältnis zwischen den konkreten Projektausgaben und Verwaltungs- und Werbungskosten schönrechnen. Von Transparenz im Sinne des Spendenratsgedankens sind solche Techniken weit entfernt.

Und was sagt der Spendenrat dazu? Eher wenig. Antworten werden verschleppt, Fragen wird ausgewichen oder sie werden komplett ignoriert. Selbst die Ergebnisse einer Sitzung im Dezember 2010, deren Thema auch die Beschwerde über den Bundesverband Tierschutz war, wurden über viele Monate nicht bekanntgegeben. Bis Redaktionsschluss war nicht klar, ob gegen den Verein irgendwelche Sanktionsmechanismen beschlossen wurden. Ähnliches gilt für zahlreiche weitere Fälle, die dem Spendenrat von Charity-Watch.de vorgetragen wurden. Offenbar ist es ihm zu viel Arbeit, den zahlreichen Verstößen gegen die Selbstverpflichtungserklärung nachzugehen. Oder warum hat er bis zum Redaktionsschluss dieses Buchs zu vierzehn vorgetragenen Fällen trotz fast zwei Monaten Bearbeitungszeit noch nicht einmal den Eingang bestätigt?

Ahnungslose Edelpromis: Ex-Bundespräsident und Ex-Tagesschausprecherin

Mit einem prominenten Namen und der Benennung einer klangvollen Organisation versucht auch der Bundesverband Rettungshunde e. V. Spender anzuziehen. Der prominente Fürsprecher ist in diesem Fall kein Geringerer als der ehemalige Bundespräsident Richard von Weizsäcker. Weiß er oder weiß er nicht: Nur jeder siebte Spenden-Euro floss 2007 bei dem von ihm empfohlenen Verein in die Ausbildung und den Unterhalt der Hunde. Den Großteil des Geldes kassierte ein mit der Spendenakquisition beauftragtes Unternehmen aus der Schweiz – unglaubliche 86 Prozent! 2008 hat sich diese Quote zwar etwas verbessert, aber immer noch gingen zwei Drittel der Einnahmen an den Versender der Bettelbrieflawine. Dem Alt-Bundespräsidenten und allen Unterstützern dieses Vereins zur Kenntnisnahme: Hier ist ein PR-Unternehmen der Hauptprofiteur! Dabei überwiesen die Spender ihr Geld für die Ausbildung und Unterhaltung von Rettungshundestaffeln! Vereinspräsident Professor Dr. Helmut Haller wirbt damit, dass es um Menschenleben gehe. Und Richard von Weizsäcker wird gerne mit den Worten zitiert: »Der ehrenamtliche Einsatz des Rettungsteams aus Mensch und Hund verdient unsere Hochachtung und volle Unterstützung. Bitte helfen Sie, dass auch weiterhin Hunde für die Suche und Rettung ausgebildet werden können!«

Dem Einwand, es sei Weizsäckers Privatangelegenheit, was er mit seinem Geld macht, muss widersprochen werden. Als benannter Fürsprecher des Vereins und in seiner ganz besonders herausragenden Position als ehemaliger Repräsentant unseres Landes hat er eine Vorbildfunktion sogar über das Maß von anderen Prominenten hinaus. Der Durchschnitts- und Kleinspender vertraut mit gutem Recht darauf, dass eine Organisation, die von einem Mann mit solcher Reputation unterstützt wird, sauber und ordentlich arbeitet. Dass Prominente ihren Namen ohne ausreichende Prüfung für eine zweifelhafte Organisation zur Verfügung stellen, ist jedoch nicht die Ausnahme, es ist leider die Regel.

Ein Strukturmerkmal findet sich insbesondere bei Vereinen, die laut lärmend prominente Fürsprecher herausstellen: Einzelne, durchaus positive Aspekte werden hervorgehoben und ins Rampenlicht gestellt, der entscheidende Blick für das Ganze gerät ins Hintertreffen. Besonders wirksam ist hierbei natürlich die Darstellung von einem Einzelschicksal, für dessen Unterstützung sich der prominente Fürsprecher einsetzt. Doch wie hoch war der Anteil einer 100-Euro-Spende, der letztendlich für diesen Fall verwendet wurde?

Natürlich soll die Hilfe in einem solchen Einzelfall nicht abgewertet werden. Aber aus Spendersicht ist es viel entscheidender, wie viel von meinem Geld in die gewünschte Hilfe und wie viel daran vorbeifließt. Als etwas überspitzten Vergleich für dieses Vorgehen könnte man die besondere Betonung des hohen Ehrenkodex der Mafia nennen, weil diese ja beispielsweise die Witwen getöteter Mitglieder unterstützt. Das Herausstellen der guten Taten lässt schwere Defizite oder sogar Kollateralschäden in den Hintergrund treten. Solche Ablenkungsstrategien sind auch bei Spendenorganisationen häufig vorzufinden.

Warum lassen sich Prominente immer wieder so blauäugig für karitative Belange einspannen? Die Liste ganz besonders prominenter Versager im Hinblick auf die dringend notwendige Skepsis und den zweiten Blick ist lang: Dagmar Berghoff, ehemalige Miss Tagesschau, äußert sich mit Foto in den Werbebriefen der Aktion Kindertraum gGmbH: »Ich finde die Arbeit von Aktion Kindertraum besonders wichtig, denn es geht um die Wünsche und Hoffnungen schwer kranker Kinder!« Wirklich? Weiß es die ehemalige News-Lady nicht besser oder will sie es nicht wissen? Fakt ist:

2008 verbuchte die gemeinnützige GmbH 1,62 Millionen Euro Spendeneinnahmen. Magere 474 000 Euro, das sind 29,2 Prozent, flossen in Projekte und damit in Richtung der Herzenswünsche von Kindern. Weit mehr als das Doppelte gab die Geschäftsführerin Ute Friese für Mittelbeschaffung und Öffentlichkeitsarbeit aus. Es ist das immer selbe Spiel: reichlich Euro-Futter für findige Fundraiser. Ob das die Spender wissen? Ob es ihnen recht wäre, wenn sie es wüssten? Ob das Dagmar Berghoff bekannt ist?

Frau Berghoff ist längst nicht die Einzige im Lager der angeblich Unwissenden. Auf einer Liste mit Unterstützern präsentiert Aktion Kindertraum weit über hundert Personen und Unternehmen, die Kinderwünsche erfüllen möchten. Sie alle sprechen bewusst oder unbewusst dafür, dass ein Verein zwei Drittel der Spendengelder für Mittelbeschaffung und Öffentlichkeitsarbeit ausgibt – das Bundespräsidialamt ist dort ebenso vertreten wie die Großunternehmen Deutsche Bank, E.ON, EnBW, Reemtsma, REWE und Ricoh. Der Fußballverein Werder Bremen, die Sparkasse Hannover, der Rotary Club Bad Pyrmont und die Managementberatung Kienbaum aus Hannover.

Stichprobenartig wurden Unternehmen aus dieser Liste angefragt. Zum Beispiel das Internetkaufhaus Yatego und die Stiftung von Fußballnationalspieler Per Mertesacker. Beide wollten sich zu der beschämenden Projektquote von Aktion Kindertraum nicht äußern. Um eine Ausrede nicht verlegen war die AWD-Stiftung Kinderhilfe. Angeblich sind die Unterstützungen in der Vergangenheit direkt an die behandelnden Kliniken ausgezahlt worden. Dann aber, folgt man der Logik dieses Arguments, wäre die Stiftung eigentlich kein Förderer von Aktion Kindertraum.

Tennisprofi Nicolas Kiefer, ebenfalls prominenter Förderer von Aktion Kindertraum, brachte auf Anfrage das Grundproblem zur Sprache: Er hat noch nie einen Jahresbericht der gemeinnützigen GmbH gesehen. Das aber wolle sein Medienbetreuer gleich nachholen. Über ein Jahr später ist Nicoals Kiefer immer noch prominenter Förderer. Ist es ihm egal, wenn nur ein Drittel der Spenden

»Wünsche erfüllen – Not lindern – Hoffnung geben«? Schade. Dabei wäre es doch schön für die Kinder, würde künftig mehr Geld für Projekte ausgegeben. So wie es sich gegenwärtig darstellt, bleiben wohl viele – zu viele – Träume unerfüllt.

Kampagnen-Theater mit entblößter Prominenz

Zweifelhafte Ziele leiten eine andere Organisation. Ganz traditionell hat dieses Spendenschiff reichlich prominente Galionsfiguren an Bord. Schauspieler, Sänger, Fotomodelle, Journalisten und Politiker bekennen sich in großen Illustrierten offensiv in meist entblößter Form zur Tierrechtsorganisation PETA Deutschland e. V. (People for the Ethical Treatment of Animals).

Nun ist das Engagement für mehr Tierschutz zweifellos ein ehrenhaftes Anliegen. Gerade in der deutschen Landwirtschaft herrschen viel zu oft Tierhaltungsmethoden, die jeder Moral und jedem Mitgefühl Hohn sprechen. Es kann gar nicht so schnell reformiert werden, wie es nötig wäre, um nur die schlimmsten Tierquälereien aus der Welt zu schaffen. Wer sich öffentlich zu einer Tierrechtsorganisation bekennt, sollte jedoch nicht nur über das Anliegen nachdenken, sondern sich zuvor genau über den Initiator informieren. Schließlich verhelfen prominente Unterstützer nicht nur zu Publicity, sondern auch zu vermehrter Anerkennung. Publikumswirksame Aktionen und Projekte müssen deswegen immer im Gesamtzusammenhang gesehen werden.

Sind Prominente, die sich für spektakuläre »Kampfaktionen« hergeben, alle nur »nützliche Idioten«, wie es der Journalist Michael Mirsch einmal formulierte? Es ist davon auszugehen, dass die Chefredakteure namhafter Zeitschriften oder der Bundestagsabgeordnete Cem Özdemir den mitunter menschenfeindlichen Fanatismus von PETA nicht teilen. Es darf ihnen zudem unterstellt werden, dass sie Tierschutz für eine gute Sache halten. Die gute Sache mit Eigenwerbung zu verbinden, ist per se nicht verwerflich. Sich über die wahren Ziele der Organisation nicht ausreichend zu informieren, schon. Vom Nachrichtenmagazin *Focus* für einen Artikel darauf angesprochen, bekannte Schauspielerin Cosma Shiva Hagen ganz offen: »Das habe ich nicht gewusst«, gestand sie, »aber ich kann auch nicht über alles Bescheid wissen, den Anspruch habe ich nicht.«

Dabei ist es so einfach: Die mit zwei Millionen Mitgliedern weltweit größte Tierrechtsorganisation wäre, wenn man es denn wollte, schon mit wenigen Fragen zu enttarnen. Und es ist nicht fair gegenüber den angesprochenen potenziellen Spendern und Unterstützern in der breiten Masse, faktenblind seinen Namen zur Verfügung zu stellen, und sich hinterher auf Unwissenheit zu berufen. Nicht wenige der prominenten Unterstützer ziehen sich für PETA auch aus und zeigen für werbeträchtige Kampagnenfotos viel nackte Haut. Pamela Anderson wird leicht bekleidet auf einem Poster zitiert: »Alle Tiere haben die gleichen Teile.« Ihr Körper ist dabei mit Strichlinien in einzelne Stücke unterteilt wie das Rind oder Schwein auf Abbildungen über der Fleischtheke eines Supermarktes. Die Botschaft ist Aufmerksamkeit heischend: Auch der Mensch ist ein Tier.

Viel wichtiger als die Thematisierung des Hintergrunds einzelner Aktionen ist die Kernfrage, wie die Ziele von PETA konkret lauten. Ein Blick auf die Ansichten der Vereinsvertreter offenbart zum Teil Extremmeinungen. Laut PETA ist es falsch, Produkte tierischer Herkunft zu essen oder als Kleidung zu tragen. Bei der propagierten strikt veganen Lebensführung sind Leder und Wolle ebenso verpönt wie Eier oder Milch. »Leder bedeutet echtes Leiden« ist ebenso ein PETA-Motto wie »Milch macht krank«. Extreme Ansichten, die vermutlich die wenigsten Tierschützer teilen. Sie würden sich wohl lieber für eine artgerechte Haltung einsetzen. Für PETA stellt jedoch schon die Haltung selbst ein Problem dar, ganz zu schweigen vom Verzehr der Tiere. So war denn der im Herbst 2010 erschienene *Focus*-Artikel zu PETA auch mit »al-Qaida für die Tiere« überschrieben. Eine nicht von der Hand zu weisende Formulierung, wie der Bericht zeigt, in dem die mitunter sektenartig anmutenden Ziele der weltweit tätigen Organisation zusammengefasst sind.

Wer sich näher mit PETA befasst, wird feststellen, dass zwischen Aktionen und Werbeplakaten, zwischen Anspruch und Wirklichkeit eine tiefe Wunde zu klaffen scheint. Dirk Bach, Kakerlakenschreck und schriller Zeremonienmeister des Dschungelcamps, zeigt sich auf Plakaten mit blutverschmiertem T-Shirt und dem Aufruf: »Rettet die Robben!« Nach den Zahlen des Virginia Department of Agriculture and Consumer Services könnte er auch dazu aufrufen: »Rettet die Hunde und Katzen aus dem PETA-Hauptquartier in den USA!« 2008 wurden von mehr als 2000 nicht kastrierten Tieren, die bei PETA landeten, über 95 Prozent getötet. Damit soll nicht die Notwendigkeit in Abrede gestellt sein, das grausame Robbentöten zu beenden. Doch eine Organisation, die selbst Tiere tötet, büßt jede Glaubwürdigkeit für Aktionen wie etwa gegen das Robbenabschlachten ein. Ob Spender sich der schizophren klingenden Argumentation der Vereinsverantwortlichen anschließen können, bei den PETA-Tötungen handele es sich um eine »mitfühlende Option«, darf stark bezweifelt werden.

Und wie bringen die vielen Prominenten das PETA-Katzen-und-Hunde-Töten mit ihrem Einsatz in Einklang? Hella von Sinnen wirbt für ein Ende von Wildtierhaltung im Zirkus. Mirja und Sky du Mont setzen sich auf PETA-Plakaten für ein Ende der Tierversuche in der Kosmetikindustrie ein. Für den Slogan »Liebe braucht keine Ketten« haben sich Natascha und Uwe Ochsenknecht ablichten lassen, Corinna Schumacher verkündet: »Pferde sind unsere Freunde – Bitte helfen Sie Tieren in Not«, und auch Boxweltmeisterin Susi Kentikian fightet für Tierrechte.

Doch was ist mit den Rechten der PETA-Mitglieder? Die 30 000 Mitglieder in Deutschland haben zum Beispiel überhaupt keine Rechte. Sie dürfen nicht zur jährlichen Mitgliederversammlung, um über die Belange der Organisation abzustimmen. Regelrecht diktatorisch entscheiden darüber seit Jahren ganze acht Personen, die bei den entscheidenden Sitzungen nicht einmal vollzählig anwesend sind. So leitet Harald Ullmann fast immer die Versammlungen, weil die Vorsitzende Ingrid Newkirk durch Abwesenheit glänzt. Anthony Lawrence, Schriftführer von PETA Deutschland, lässt sich ebenfalls regelmäßig von Harald Ullmann vertreten. Letztendlich führt dieser dann immer wieder ein nicht satzungsgemäßes Protokoll, das über die Jahre hinweg fast identisch ausfällt. Beispielsweise ist trotz Satzungsvorgabe nicht daraus ersichtlich, wer für was abgestimmt hat.

PETA hat laut Stephan Kramer, Generalsekretär des Zentralrats der Juden, auch keine Skrupel, »das Leiden der unter dem Nationalsozialismus Verfolgten für seine Zwecke zu instrumentalisieren«. Wegen der Werbekampagne unter dem Titel »Der Holocaust auf ihrem Teller« zog er deshalb vor Gericht. Der erstinstanzliche Strafbefehl wegen Volksverhetzung für PETA-Vorstand Ullmann wurde allerdings im Berufungsverfahren gegen Zahlung einer Geldauflage von 10 000 Euro eingestellt. Für Ullmann ist das ein Freispruch durch die Hintertür: »Der Zentralrat ist mit dem Versuch, mich zu kriminalisieren, kläglichst gescheitert.«

Doch darum ging es dem Zentralrat der Juden nicht. Der Strafantrag umfasst mehr als nur die unzulässige Instrumentalisierung der vom Nationalsozialismus Verfolgten. Es geht dabei auch um die Beachtung rechtsstaatlicher Grundsätze. Welchen Umgang PETA mit diesen pflegt, dokumentiert das Buch von PETA-Mitarbeiter und Berater Dr. Edmund Haferbeck mit dem Titel »Ein Plädoyer für radikale Tierrechtsaktionen«. Darin werden strafrechtlich relevante Aktionen von autonomen Tierrechtsaktivisten gelobt.

Es gäbe noch eine ganze Reihe weiterer Fakten, die erkennen lassen, dass die Tierrechtsorganisation vor zweifelhaften Methoden nicht zurückschreckt. Doch wie glaubwürdig ist jemand, der sich auf der einen Seite für mehr Tierrechte einsetzt, andererseits aber demokratische Grundrechte mit Füßen tritt? Die radikalen Ziele der Organisation werden nicht ausreichend kommuniziert. Über die Verwendung der Spendengelder gibt es keine aussagekräftigen Informationen. In der Summe ergibt das ein klares No-go, das den prominenten Unterstützern zum Nachdenken angeboten sei, bevor sie sich – mehr oder weniger bekleidet – als Kampagnen-zugpferde zur Verfügung stellen.

Das Dilemma der Galionsfiguren liegt in ihrer Vorbildfunktion. Zugegeben, im Dickicht der zahlreichen Charity-Organisationen ist die Orientierung nicht gerade einfach. Deshalb entscheiden sich viele Spender für Vereine mit einem bekannten Namen. Gerade aus diesem Grund sollten Prominente genauer hinsehen und darauf drängen, dass ein möglichst hoher Anteil vom Spendengeld wirklich den Projekten zugute kommt.

Prinzipiell zweifelt niemand daran, dass viele der von Prominenten unterstützten Organisationen Gutes tun. Wie viel mehr könnten sie allerdings tun, würden sie dubiose Ausgaben streichen und Nebenkosten straffen; angefangen bei den Ausgaben fürs Personal (etwa Gehälter, Reisekosten, teure »Dienstwagen«) bis hin zu den sogenannten kleinen Geschenken, die Bittbriefen beigelegt sind.

Die Handhabung dieser Aufgaben ist nicht nur eine Frage der Moral. Schlichtes kaufmännisches Rechnen genügt, um festzustellen, wie viel Geld den Projekten tatsächlich zugeführt wird. Und der Blick auf die Hauptausgabenposten einer wohltätigen Organisation ist auch Gesangsstars, Schauspielern und TV-Sternen zuzumuten. Von Politikern und Wirtschaftsprominenten sollte er eigentlich als Voraussetzung für die Erlaubnis zur Verwendung ihres Namens verlangt werden. Ein Mindestmaß an Sorgfalt und Verantwortung liegt im Image-Interesse der Fürsprecher – sofern es ihnen nicht gleichgültig ist, wenn ihr Name auf den Fahnen von Rattenfängern prangt.

Resümee

Bekannte Namen sind kein Garant für Seriosität. Und guter Wille allein, so lobenswert er auch immer sein mag, genügt nicht. Häufig durchleuchten prominente Fürsprecher zu wenig, was genau sich hinter der von ihnen unterstützten Organisation verbirgt, wie sorgsam und sparsam die Gelder verwendet werden. Mitunter stellen sie den eigenen Namen sogar zur Verfügung, um sich ein positives Image zu geben und wieder einmal in der Öffentlichkeit zu stehen.

Und dann gibt es noch die Fälle, in denen Prominente ein Teil des Systems sind und selber abkassieren. Für die Hilfsbedürftigen ist das Ergebnis das gleiche: Bei ihnen kommt viel zu wenig von dem Geld an, das gutgläubige Spender zur Verfügung gestellt haben.

Deshalb gilt: Prominente Namen sind nicht automatisch ein Gütesiegel für die von ihnen vertretene Spendenorganisation. Wer wissen will, wie gut diese wirklich arbeitet, wer will, dass sein Geld bei den Hilfsbedürftigen ankommt, muss sich selbst ein Bild davon machen.

4 Drückerkolonnen, Infostände, Bettelbriefe: Die Arbeitsmethoden der Spendenmafia

Wenn wir nicht genug gesammelt hatten, dann habe ich auf dem Rückweg schon immer vor Angst gezittert. Wegen der Schläge!« Das ist ein Zitat einer Aussteigerin aus einer Drückerkolonne, die für Spendenorganisationen um Mitgliedschaften warb. Ein schlimmer Ausnahmefall oder eher die Regel? Um das herauszufinden, schleuste der WDR bei einer Charity-Söldnertruppe einen Mitarbeiter ein. Undercover unterwegs im Abzockermilieu. Der Einstieg gelang problemlos. In den Zeitungen wimmelt es nur so von Anzeigen. Gesucht wird meist nach jungen Menschen, möglichst ungebunden und mit der Vision, viel Geld verdienen zu wollen. Notwendige Vorkenntnisse: keine!

Andre Fahnemann ging das Risiko ein, marschierte mit versteckter Kamera bei dem Drückerboss an. Zusammen mit anderen Mitarbeitern lebte er für kurze Zeit in einem kleinen Häuschen, quasi eingesperrt und unter unzumutbaren Bedingungen. Sein Fazit, wie es in der Sendung *Kriminal-Report* vom WDR ausgestrahlt wurde: modernes Leibeigentum, ausgebildet zum Betrügen.

Ebenso spannend die Erfahrungen einer Frau, die jahrelang Teil eines Drückersystems war. Ein bundesweit von der ARD gesendetes Radio-Feature zeichnete diesen Lebensabschnitt 50 Minuten lang nach. Die Frau bezeichnet sich als »die Ex-Freundin von einem der größten Drückerbosse in Deutschland«. Szenisch nachgestellt wurde immer wieder demonstriert, wie gut vorbereitet die Mitarbeiter an den Ständen agieren. Auf jeden Einwand haben sie die richtige Antwort parat, noch im Schlaf beherrschen sie alle rhetorischen Finten und Fallen. Für die angesprochenen Passanten bleibt letztendlich meist nur ein Ausweg: die Vertragsunterschrift.

Der Autor des Features hat genau erfahren, worum es in der Branche geht. Vor 25 Jahren schrieb er das Drehbuch für den preisgekrönten Fernsehfilm *Der Drücker*. Seither hat sich der Globus unzählige Male gedreht, für Dr. Bernhard Pfletschinger aber wiederholten sich die Ereignisse. Sein historischer Vergleich brachte ein ernüchterndes Fazit. Es sei schon erstaunlich, dass sich während all dieser Jahre im Prinzip nichts verändert hat. Heute wie damals rekrutieren die Drückerbosse ganz gezielt labile, perspektivlose und in mancherlei Weise eingeschränkte junge Leute. Sie werden gut geschult, um nicht zu sagen abgerichtet, und massiv unterdrückt, damit auch ja genügend Scheine (Drückersprache für Dauerspenden oder Mitgliedschaften) zusammenkommen. Das funktioniert über Zeitschriftenabonnements oder ähnliche Dienstleistungen – am leichtesten aber mit vorgeblich gemeinnützigen Zwecken.

Die genauere Betrachtung beider Recherchen zeigt eine auffällige Gemeinsamkeit. Der »gemeinnützige Zweck« waren hilfsbedürftige Tiere. In diesem Fall sollte die Hilfe vom Verein Bund deutscher Tierfreunde (BdT) stammen. Mit 2,5 Millionen Euro Einnahmen 2008 ist er einer der großen Tierschutzorganisationen in Deutschland. Groß gemacht hat den BdT vor allem eine Person: Harry Lermer, er kannte und beherrschte das Drückergeschäft besonders gut. Lange Zeit sammelte er Geld für das Deutsche Tierhilfswerk DTHW und das Europäische Tierhilfswerk ETHW. »Ohne mich hätten die Vereine gar nicht existiert!«, soll er damals gerne geprahlt haben.

Heute ist der Spendenwerbespezialist nicht mehr in diesem Geschäft aktiv – zumindest behauptet er das. Gegenwärtig leitet seine Ehefrau Erika die Dialog Direkt Marketing GmbH (DDM), die für den Verein die Mitgliedschaften akquiriert. Den Vorstandsposten beim Bund deutscher Tierfreunde hat Harry Lermer abgegeben.

Rund 40 000 Mitglieder kann der Verein vorweisen – alle ohne Stimmrecht. Soll niemand auf die Idee kommen, die Arbeit der

Vorstände in Zweifel zu ziehen? Stolze 2,5 Millionen Euro Einnahmen kamen 2008 zusammen. Die Gelder werden vom Vorstand munter verteilt. Leider geht dabei viel zu wenig an in Not geratene Tiere. Stattdessen kassiert die Dialog Direkt Marketing – früher HL Werbeagentur – einen erheblichen Teil der Einnahmen. Zurück zum Geschäftsgebaren des Vereins: Zwar gibt er selbst nur unzureichend über die Verwendung der Mitgliedsbeiträge Auskunft, Licht in die Dunkelgeschäfte brachte jedoch ein Gerichtsurteil: Die ADD in Trier untersagte dem BdT klipp und klar das Sammeln in Rheinland-Pfalz. Die Vereinsvorstände zogen dagegen vor Gericht, doch die Richter gaben der Behörde recht: »Aus Sicht des Spenders […] ist beanstandenswert, […] dass mehr als ein Drittel der im Jahr 2007 eingenommenen Spenden an die Firma D*** GmbH (DDM) geflossen sind […]« Bezüglich der Vereinsversion, wie viel Geld in satzungsgemäße Ausgaben ging, stellte das Gericht nüchtern fest: »Die derzeitige Konstruktion ermöglicht es förmlich, willkürlich zweckwidrige oder gar missbräuchliche Verschiebungen zwischen den in Rede stehenden Ausgabenpositionen vorzunehmen und hierdurch in umgekehrter Richtung die Zweckerfüllungsquote des Klägers [Anmerkung: BdT] in durchaus erheblichem Umfang zu bestimmen und damit zu manipulieren.« Damit bringen die Richter recht deutlich zum Ausdruck, dass der vom Verein veröffentlichte rudimentäre Jahresbericht wenig aussagekräftig ist.

Der Spender steht all dem ziemlich hilflos gegenüber. Einen Finanzbericht richtig zu lesen oder ihn gar kritisch zu hinterfragen, ist nicht einfach. Eine Orientierungsmarke gibt es dennoch: Unkonkrete Formulierungen, schwammige Floskeln und übertriebene Beweihräucherung sind immer Signale, bei denen man hellhörig und misstrauisch werden sollte. Das ist beispielsweise der Fall, wenn sich eine Organisation auf eine Stufe mit Greenpeace oder Amnesty International stellt, oder wenn sie sich rühmt, mit keiner Organisation zusammenzuarbeiten, »deren Vorstand mehr verdient als der/die Bundeskanzler/in.« Im Fall vom BdT darf die schöngefärbte Eigendarstellung wohl schlicht und einfach Bluff genannt werden.

4000 Infostände – doch die Fressnäpfe für Katz und Hund bleiben leer

Begabte Bluffer sind auch die Verantwortlichen beim Verein Aktion Tier – Menschen für Tiere. Viel hat sich meines Erachtens nicht geändert bei dem Verein, seit er vor zehn Jahren unter dem Namen Deutsches Tierhilfswerk DTHW im Zentrum des wohl größten Spendenskandals Deutschlands stand. Damals verurteilte das Landgericht München den Vereinsboss U. wegen Veruntreuung von Vereinsgeldern in Höhe von 30 Millionen Euro zu zwölf Jahren Haft. 2006 kam er nach Verbüßung von zwei Dritteln seiner Strafe auf Bewährung frei. Doppeltes Pech für ihn: In der Zwischenzeit hatte sich ein anderer als Pokerface versucht. Sein eigener Anwalt B. nutzte die Haftzeit von U., um sich an dessen unlauterem Vermögen zu bereichern. Rund 3,4 Millionen Euro schaffte er beiseite. Er kassierte für den Komplizen-Coup sechseinhalb Jahre Haft.

Diese gerichtlich protokollierten Fakten aus der Tierschutzszene böten genügend Stoff für einen Krimi mit abendfüllendem Format – Sex, Drogen und Blut inklusive. Für die Tiere aber ist es ein Desaster: Weniger als zehn Prozent der Gelder flossen in den aktiven Tierschutz. Der größere Teil wurde in Luxusautos, Bordelle in Thailand und eine Edelyacht investiert.

Als oberstes Betriebsgeheimnis gelten bei vielen Spendenorganisationen die Kosten für die Mitgliederwerbung, so auch bei Aktion Tier. Verträge zwischen dem Verein und den Firmen zweier Hintermänner zeigen jedoch, dass jährlich 4000 »Öffentlichkeitsaktionen« in ganz Deutschland organisiert worden waren. Jede Aktion mit durchschnittlich vier Mitarbeitern. Kostenpunkt für den Verein: sechs Millionen Euro im Jahr. Damit war schon die Hälfte des Geldes verbraucht, das rund 200 000 Menschen auf die

Konten des Vereins überweisen. Kassiert haben den Betrag die beiden Hintermänner. Frank Kroll und Michael Reichhardt mit ihren Firmen Service94 und Concept. Reichhardt gilt als Liebhaber schöner Autos und gönnt sich einen sündhaft teuren Fuhrpark. In seiner »Garage« stehen Ferrari, BMW und andere Luxusmarken – wie ein Insider zu berichten weiß.

Was ist nun der Bluff dabei? Offiziell wurde nur etwas mehr als eine Million Euro als Ausgabe für Mitgliederwerbung deklariert. Knapp 60 Prozent vom ersten Jahresbeitrag betrugen die Provisionen für die freien Mitarbeiter. Eher bescheiden, wie Eingeweihte erklären. In Wirklichkeit jedoch wurde die Arbeit der Verkäufer quasi doppelt bezahlt. Denn Abrechnungen der Firma Service94, die dem Verein als Nachweis für geleistete »Öffentlichkeitsaktionen« vorgelegt wurden, lassen viele Namensparallelen mit den Mitgliederwerbern erkennen. Das heißt, an den angeblich nur für satzungsgemäße Öffentlichkeitsarbeit zuständigen Informationsständen standen Leute, die der Verein zusätzlich für Mitgliederwerbung bezahlte. In der Praxis wurden also Passanten über die Notwendigkeit von Tierschutzmaßnahmen aufgeklärt, um ihnen anschließend eine Mitgliedschaft bei Aktion Tier anzubieten. Oder noch deutlicher ausgedrückt: Frank Kroll kassierte Millionen für die Öffentlichkeitsarbeit seiner Mitarbeiter, obwohl der Verein diesen bereits hohe Provisionen für die Mitgliederwerbung bezahlt hatte.

Es liegt auf der Hand, dass bei solchen Methoden beschämend wenig Geld für die Tiere übrig bleibt. Gerade einmal 20 Prozent flossen 2007 in den aktiven Tierschutz. So präsentierte es der Wirtschaftsprüfer des Vereins in der jährlichen Delegiertensitzung einem ausgewählten Publikum. Für Mitglieder und Öffentlichkeit hingegen griff der »vereinstreue« Finanzspezialist tief in den Zahlen-Schminktopf. Er rechnete vor, die Verwaltungs- und Werbekosten lägen bei 19 Prozent der Einnahmen. Eine grundlegend andere Aussage als gegenüber den vereinstreuen Delegierten, die zum Teil Nutznießer des Systems sind.

Dass so wenig Geld für die Tiere übrig blieb, lag darüber hinaus auch an großzügigen Zahlungen gegenüber treuen Mitstreitern. Zum Beispiel gönnte sich Rechtsanwältin Dr. Evelyn Menges monatliche Pauschalhonorare von fast 8000 Euro. Der »ehrenamtliche« Vorstandsvorsitzende Holger Knieling bekam 6600 Euro pro Monat – als Aufwandsentschädigung. Zusätzlich kassierte er als Unternehmensberater der Aktion Tier Verlagsgesellschaft 100 Euro pro Stunde. Das galt selbst dann, wenn er sich als Geschäftsführer selbst beriet. Wie praktisch! Warum das niemanden stört, könnte damit zusammenhängen, dass Holger Knieling und Michael Reichhardt im Jahr 1991, damals noch Studenten, die Firma Karo GmbH gründeten. Zu der Automatenaufstellerfirma stieß später Frank Kroll hinzu. Über das Treiben des »Tierschützertrios« brachte der *Spiegel* Ende 2009 einen Bericht mit der aussagekräftigen Headline: »Geschäfte mit Dackelblick«.

Apropos Frank Kroll: Der war mit seiner Firma Service94 lange Zeit für den Tierschutzverein Hannover und Umgegend e. V. tätig, eine florierende Tierschutzorganisation mit 12 500 Mitgliedern und 2,6 Millionen Euro Vermögen per Ende 2007. Doch der Preis für die Werbung der zahlungswilligen Unterstützer war hoch: Der Mitgliederwerbevertrag, so räumte Geschäftsführer Heiko Schwarzfeld ein, sei sehr ungünstig für den Verein, weshalb er ihn gekündigt habe. 90 Prozent der Einnahmen plus Mehrwertsteuer betrug Anfang 2009 die Gebühr für Neuabschlüsse. Folglich lagen die Provisionen nach Einrechnung der Mehrwertsteuer im Beitrittsjahr über den Einnahmen aus den neuen Mitgliedsverträgen. Ob das auch nur eines der neu geworbenen Mitglieder weiß?

Für den Tierschutzverein Hannover war der Deal mit Service94 wirklich kein gutes Geschäft. Eine genauere Betrachtung ist allerdings nicht möglich, weil Schwarzfeld eine anfangs gegebene Zusage zur Veröffentlichung genauer Vereinsfinanzen später widerrief.

Gleiches gilt für den Verein Help Deutschland (Human Environment Life Protection) aus Gronau, bei dem Schwarzfeld als Vor-

stand aktiv war. Auch dort machte Kroll die Mitgliederwerbung –
wieder, wer zweifelt daran, für teures Geld. Von rund zwei Millionen Euro Einnahmen kamen laut Schwarzfeld 400 000 Euro bei
Hilfsbedürftigen an, magere 20 Prozent. Der größte Teil floss an
Service94.

Kleinvieh macht auch Mist: Das Geschäft mit den Spendendosen

Die klassische Straßensammlung gilt als Frontarbeit der Spendeneinwerbung. Dort kämpft das Fußvolk der Spendenjäger. Ihre Allzweckwaffe: die gute alte Spendendose. Sie brauchen keine schmucken, sauberen Informationsstände mit Schirmen gegen Sonne
oder Regen. Ihnen kommt es nicht auf großzügige Abbuchungsaufträge an, für die sie ihre Opfer erst in lange Argumentationsketten verwickeln müssen. Hier wird von Vorübergehenden der
schnelle Euro erbeutet. Hohe Folgeprovisionen, die bei den Mitglieder werbenden Kollegen bis zu fünf Jahre lang fließen, erhalten sie nicht. Um Mitleid und Hilfsbereitschaft geht es aber auch
bei ihnen. Sie ermöglichen Passanten, ihr Gewissen durch ein metallisches Klappergeräusch zu beruhigen. Andere fühlen sich zum
Einwurf in den Spendenschlitz bewegt, weil sie nicht unhöflich
sein oder als Knauser dastehen wollen.
Damit der Auftritt möglichst seriös wirkt, setzen die ambulanten
Almosen-Animateure gerne verplombte Spendendosen ein. Das
erweckt Vertrauen. Schließlich sind wir in Deutschland, da hat
eine Plombe für viele noch etwas beinahe Heiliges. Dann muss die
Dose nur noch mit einer klaren Botschaft beklebt werden, etwa
»Krebskranke Kinder brauchen Ihre Hilfe«, und das große Fußgänger-Schröpfen beginnt. Die Ausbeute kann sich meist sehen
lassen. 150 bis 200 Euro landen täglich in der Dose. Die Unterschiede in den Sammlungsergebnissen hängen von der Begabung
der Sammler ab, das Arbeitsgerät gekonnt zu schütteln, die Pas-

santen mit den besten Sprüchen aufmerksam zu machen oder mit passender Mimik zu ködern.

Ausreden für mäßigen Umsatz gelten nicht. Dafür sorgen interne Leistungsvergleiche. Die Sammlergangs führen gerne Rennlisten, um den Konkurrenzkampf zu befeuern. Und der kann durchaus lukrativ sein. Bestes Ergebnis einer Wettbewerberin waren fast 4000 Euro in einer Woche! Als Provision kassierte die hartnäckige Dosenschüttlerin 1700 Euro! Steuerfrei natürlich, die Jobs werden in der Regel nicht angemeldet.

Ob das Geld überwiegend bei krebskranken Kindern, Tieren oder anderen gemeinnützigen Zwecken ankommt, muss bezweifelt werden. Bei Hilfe für krebskranke Kinder in Bayern e.V. ist dies sogar ernsthaft in Frage zu stellen. Während eines Gesprächs mit CharityWatch.de gaben eine fast achtzigjährige Rentnerin und ein einige Jahre jüngerer ehemaliger Pizzabäcker unumwunden zu, die Hälfte des Geldes aus der Schütteldose als Aufwandsentschädigung zu behalten. Das ist für die beiden selbstverständlich und aus ihrer Perspektive überdies vorbildlich, weil sie damit viel weniger einbehielten als die Konkurrenz. Diese kassiere viel mehr. Was denn mit dem Rest geschehe? Davon würden die Gebühren für Genehmigungen bezahlt, hieß es, auch das Zugticket und was sonst noch so an Kosten anfalle.

Kommt denn wenigstens alles Übrige krebskranken Kindern zugute? Selbst das darf durchaus bezweifelt werden. Nimmt man nach Abzug der »Aufwandsentschädigung« und der Kosten nur 50 Euro als erbärmliches Tagesergebnis für eine Sammlung an, müssten bei drei und mehr Sammlern mindestens 150 Euro für die krebskranken Kinder übrig bleiben. Selbst wenn die Sammler des Vereins nicht jeden Tag auf der Straße stehen, im ersten halben Jahr des Bestehens hätten – vorsichtig gerechnet – 15 000 Euro zusammenkommen müssen. Das »offizielle« Ergebnis aber waren nur magere 3000 Euro, obwohl in einem Werbe-Flyer versprochen wird: »Ihre Spende kommt an, wo Hilfe nötig ist!«

Nun ist der Verein Hilfe für krebskranke Kinder keine große

Nummer in diesem Geschäft. Anders sieht es aus mit dem Lehrmeister der Rentnerin und des Pizzabäckers. Thomas W. mischt zusammen mit seinem Bruder Jürgen bei vielen Vereinen mit. In die Schlagzeilen waren sie 2007 geraten. Damals sammelte eine Drückerkolonne Spenden für den Verein Kinder in Not. Aussteiger berichteten Medien gegenüber, die W.'s hätten das gesammelte Geld zwischen ihren Drückern und sich aufgeteilt. Kleine Beträge sollen, sozusagen als Alibi-Almosen, an gemeinnützig anerkannte Vereine weitergeleitet worden sein.

BILD berichtete 2008: »Er betont, nur Gutes tun zu wollen. Doch jetzt deutet alles darauf hin, dass der Gründer des Vereins ›Kinder in Not‹ Chef einer bundesweiten Spenden-Mafia ist!« Nach solchen kritischen Presseberichten wechselte Kinder in Not den Namen und benannte sich um in Gegen Kinderarmut e.V. Dann, nach mehreren Strafanzeigen, wurde der Verein aufgelöst. Auf einem handschriftlichen Zettel teilte der zweite Vorsitzende dem Amtsgericht Lüneburg mit: »Hiermit bitte wir um Auflößung/Löschung da der o.g. Verein keine Mitglieder mehr hat! Ich als 2. Vorsitzender, Jürgen W. […] trete hiermit auf zurück!« Nach diesem in Diktion und Orthografie original wiedergegebenen Brief wurde der Verein gelöscht, nicht aber das Problem. Der skrupelresistente Bettelpate, gegenüber *BILD* prahlte er mit einem Einkommen von bis zu 20 000 Euro pro Monat, macht unter immer neuen Namen weiter.

Ähnlich lief es bei Kinderhilfe National e.V. mit Juliana W. und Thomas W. als Vorstand: »Spenden-Geld für Luxus-Autos und ein Bordell«, so die Schlagzeile von *BILD* zu einem Bericht über den Verein im Jahr 2008. Obwohl laut *BILD* angeblich bis zu 25 Mitarbeiter auf den Straßen Berlins unterwegs waren, überwies der Verein im ersten halben Jahr magere 800 Euro an andere Vereine. Bei diesem krassen Missverhältnis braucht man den Verdacht reiner Alibizahlungen nicht erst an den Haaren herbeizuzerren. *BILD* erfuhr von Insidern, dass mit Spendengeldern Mietschulden eines Bordells in Berlin bezahlt worden waren. Die Zeitung *B.Z.*

aus Berlin verfasste einen Beitrag mit der Überschrift: »Ich habe Todes-Angst vor der Spenden-Mafia«. Mit dieser Aussage zitierten die Hauptstadtjournalisten einen Ex-Mitarbeiter.

Inzwischen gibt es Kinderhilfe National nicht mehr. Nach eineinhalb Jahren teilte Thomas W. dem Amtsgericht Berlin-Charlottenburg umstandslos mit, der Verein habe nunmehr weder Mitglieder noch Vermögen. Das ist wahrhaftig ein plausibler Grund, Kinderhilfe National per November 2008 in den Vereinsregisterschredder zu schieben.

Leider markiert die Auflösung nicht das Ende der Spendenkarriere der Familie W. Nur einige Monate später wurde, diesmal in Nürnberg, der Verein Hilfe für herz- und krebskranke Kinder ins Rennen um die Spendergunst geschickt. Zwar findet sich unter den sieben Gründungsmitgliedern niemand mit dem Namen W. Als Vorstandsvorsitzende zeichnete Hikmet Aybek, ihre Stellvertreterin war Monika Funk. Trotzdem besteht ein Link zu den W.-Fällen. Ein Darlehensvertrag zwischen Thomas W. und dem Verein in Gründung belegt, dass W., sozusagen als generöser Unterstützer im Hintergrund, schon vor der Gründung 20 000 Euro als zinsloses Darlehen zur Verfügung stellte. Nicht ganz uneigennützig, sickerte von damaligen Insidern durch.

Das Geschäft mit der Spendendose boomte. Im Hintergrund liefen bald die Münzzählautomaten heiß. Und das nicht nur metaphorisch, denn im Mai 2010 wurde eine Reparatur des Profi-Münzsortierers HT288 notwendig. Die Rechnung für den Kolbenfresser wurde ausgestellt auf »Kinderhilfsorganisation H. W. […]«. Natürlich war der Verein Hilfe für herz- und krebskranke Kinder gemeint, der segelte aber in der Zwischenzeit schon unter der Vereinsflagge KHO Kinderhilfsorganisation.

Das Geschäft lief offenbar blendend. Eine interne Liste nennt 22 »Angestellte der KHO«. In einer Arbeitsanweisung »an alle Fahrer von KHO« wurde vorgegeben, wie die Autos zu pflegen seien. Außerdem galt die Regel: »Strafzettel werden von den jeweiligen Fahrern selber bezahlt.« Auch am Arbeitsplatz hatte Ordnung zu herrschen. Während die Mitarbeiter ihre Sammelwesten trugen, galt striktes Rauchverbot. Wer Anweisungen nicht einhielt, dem drohte Bußgeld. Für Arbeitsunterbrechungen auf der Straße gab es ein ummissverständliches Diktat: »Pausen getrennt machen, sonst Strafgeld zahlen.«

Thomas W. gefiel es offenbar in Nürnberg. In der Frankenmetropole hatte er sich eine Wohnung gemietet – laut Insiderinformationen ein Luxus-Loft mit über 200 Quadratmetern. Allerdings belegt der Brief einer Rechtsanwaltskanzlei, dass er die Miete nicht immer pünktlich zahlte. Im Oktober 2010 wurde im Auftrag des Vermieters aus Luxemburg ein Rückstand von 6500 Euro eingefordert.

Inzwischen gibt es an der Noris einen Verein mit ähnlicher Sammelmasche. Mehrere Beschwerden machten auf Das bunte Kreuz – Hilfe für Kinder in Not e.V. aufmerksam. Personelle Überschneidungen zu den W.'s oder KHO weist das Gründungsprotokoll nicht auf. Vorstandsvorsitzender ist Sascha Changizian, Betreiber eines Fachgeschäfts für Videospiele. Doch abgesehen von den Sammelmethoden findet sich noch eine weitere auffällige Parallele: Nahezu identisch sind die Anträge für eine Fördermitgliedschaft von KHO Kinderhilfsorganisation e.V. und Das bunte Kreuz – Hilfe für Kinder in Not e.V.; ausgetauscht wurden nur die Namen der zu unterstützenden Organisation. Beinahe ließe sich an ein Franchisesystem denken.

Jürgen W. blieb im Übrigen auch an der Oberfläche nicht untätig. In Berlin ist der Verein Spenden für schwerkranke Kinder eingetragen. Und er ist offensichtlich mit großem Radius aktiv. So wurden 2010 in der Residenzstadt Celle bei Hannover massive Beschwerden über die Sammlungen dieser ominösen Organisation laut. Die Zeitung *CelleHeute* meldete damals unwidersprochen, Jürgen W. stecke hinter dem Verein. Das flog auf, weil drei junge Leute darüber Auskunft gaben. Sie waren extra aus Berlin angereist, angeworben angeblich von Jürgen W.

Die drei Schulabgänger in der Celler Fußgängerzone versicherten glaubhaft, von den Machenschaften im Hintergrund nichts zu wissen. Einer sei von seiner Mutter auf diesen »Spendendienst« hingewiesen worden. Dann habe er seinen Freund davon überzeugt, ebenfalls mitzumachen. Alle drei arbeiteten ehrenamtlich für den Verein, bekamen lediglich Fahrtkosten und Essen erstattet – wenn sie Quittungen vorlegten. »Ich erhoffte mir, meinen Lebenslauf damit ein wenig aufzubessern«, fügte einer noch hinzu. Zweifel hätten sie nie gehabt und auch im Internet forschten sie nicht über die Organisation nach, für die sie sich engagierten. Ob das stimmt oder nicht? Mindestens die gutgläubigen Spender auf der Straße wurden hinters Licht geführt, wahrscheinlich sogar das auskunftsfreudige Trio.

Nach Abschaffung der Vorschriften zu Geldsammlungen durch Vereine erlebt das Sammeln in der Fußgängerzone eine üble Renaissance: Ohne Genehmigung darf überall dort Geld erbettelt werden, die gesetzliche Einschränkungen fehlen. Kontrollen über die Zahl der Aktionen und damit über die plausiblen Spendensummen sind nicht mehr möglich. Seit Anfang 2008 gilt das zum Beispiel in Bayern, weshalb auch Die Bayerische Kinderhilfsorganisation in Not e.V. mit großen Trupps ungestört unterwegs sein kann. Beschwerden kamen zuletzt aus München. Dort wurde ganz frech direkt vor dem Rathaus gesammelt. Dabei hat das »Familienunternehmen« seinen Vereinssitz in Nürnberg: Als Vorstandsvorsitzende fungiert Alvarez Maria Macri, ihre Stellvertreterin heißt Francesca Macri, zum Schriftführer wählten die neun Gründungsmitglieder Francesco Macri. Der vierte Macri agiert in Person von Giovanni Macri als Kassenwart. Noch Fragen?

Als Nebenbemerkung sei bei »Bayerische Kinderhilfsorganisation in Not« auf die – vermutlich unfreiwillige – Komik des Vereinsnamens verwiesen. Wer ist in Not? Mit dem Namen bekennt die Bayerische Kinderhilfsorganisation, selbst in Not zu sein.

Von einer einzigen Familie besetzte komplette Vereinsvorstände sind kein Einzelfall und auch nicht auf Süddeutschland begrenzt. Ohne Sammeldosen unterwegs ist der Tierschutzverein Leipziger

Land e. V. Die wichtigsten Vorstandsämter sowie die Tierheimleitung liegen fest in der Hand der Familie Henkel. Erste Vorsitzende ist Elvira Henkel. Damit ist sie gleichzeitig Arbeitgeberin und Aufsichtsorgan ihres Ehemannes Holger Henkel, der als Leiter des Tierheims Oelzschau fungiert. Die Höhe seines Gehalts aus Spendengeldern lässt sich mangels Auskunft nicht ermitteln. Die Schatzmeisterin des Vereins ist Tochter Sandra.

Nun aber zurück zum Spendensammlerfußvolk: Die Polizei in Itzehoe hat beispielsweise den unredlichen Spendensammlern schon im Vorjahr den Kampf angesagt. Polizeihauptkommissar Jochim Böttger sagt laut einer öffentlichen Mitteilung: »Unseriöse Organisationen haben die Mildtätigkeit für sich entdeckt und machen hohen Gewinn, den sie zu einem Großteil in die eigene Tasche stecken. Nur ein geringer Prozentsatz dient dem Sammlungszweck.« Aus seiner praktischen Arbeit weiß der Leiter der Präventionsstelle bei der Polizeidirektion Itzehoe, dass die Täter »unter dem Deckmantel von Vereinen beziehungsweise Organisationen gefühlsbesetzte Bereiche wie Kinder- und Tierschutz als Zielthemen bewerben«.

Briefwerbung – die Königsdisziplin der Spendenbettlermafia

Andere Geldsammler machen sich die Hände an der Spendendose gar nicht erst schmutzig. Ebenso wenig haben sie Wind und Wetter zu fürchten. Sie erledigen ihren Job vom gemütlichen Bürosessel aus und schmücken sich mit dem Anglizismus »Fundraiser«. Im offiziellen Sprachgebrauch gibt sich der Fundraiser als »Manager, der sich professionell um Fördermittel, Geldspenden, Sachspenden und Zeitspenden bemüht«. Böse Insider-Zungen behaupten allerdings, die meisten seien Handlanger der Bettelmafiapaten oder gleich der Auslöser von Vereinsgründungen, um sich selbst Aufträge zu vermitteln.

Spenden sammeln ist längst ein lukrativer Geschäftszweig. Ein Geschäft mit Gefühlen. So lernen professionelle Spendensammler an der Fundraising Akademie in Frankfurt am Main von der Pike auf, an Gefühl und Herz zu appellieren. Wer in diesem Geschäft erfolgreich sein möchte, braucht viel Kreativität. Kreativität, die nicht selten die Grenzen des guten Geschmacks niedertrampelt: reißerische Fotos von Menschen und Tieren in Notsituationen, von Katastrophen, Verletzungen, Tränen, Unrat und Hungernden – menschliches und tierisches Leid aus allen Perspektiven. Mit diesem Schmerz-und-Tränen-Instrumentarium lassen sich herzzerreißende Leidensgeschichten zusammenstricken. In grellen Farben werden grausame Einzelschicksale geschildert, und stets schwingt die Grundbotschaft von der himmelschreienden Ungerechtigkeit dieser Welt mit.

Alles klingt nach Wohltätigkeit und aufopferungsvoller Arbeit im Zeichen der Nächstenliebe. Vieles davon ist jedoch frei erfunden oder medial ähnlich aufgepumpt wie die Problembiographien in gewissen TV-Krawall-Talkshows am frühen Nachmittag. Es wird hauptsächlich über Emotionen gearbeitet; die Adressaten sollen in Betroffenheit gestürzt werden – je tiefer, desto besser. Im Gegensatz zu den fiktiven TV-Tragödien präsentieren die gerissenen Spendenanimateure allerdings flugs eine reale Kontonummer. Die darf dann das schlechte Gewissen der Bettelbriefadressaten weich auffangen und rasch moralische Entlastung durch entsprechende Überweisungen verschaffen.

Die Spendensammelprofis bevorzugen emotionale Themen, die sich in ihrer Portemonnaie-Öffnungsfunktion bereits bewährt haben. Dazu gehören Kinderkrebs und Tierschutz – der auch gern als Artenschutz daherkommt. Das Geschäft mit dem Mitleid boomt. Die Detailarbeit in diesem Judas-Job erledigen hochspezialisierte Fundraising-Agenturen. Ihre Aufgabe ist schnell definiert: zu Tränen rühren und das schlechte Gewissen wecken. Das Schreiben von Bettelbriefen lassen sie sich gut bezahlen. Für die Spendenbranche klopfen die gewieften Wortgaukler jeden Satz, jedes Foto, jede Überschrift auf Tränenpotenzial ab. Heraus kommt ein psychologisch fein austarierter Text für die auftraggebenden Spendenorganisationen – besser gesagt für deren Opfer.

Voller Dramatik muss das Strickwerk der »Tränendrüsen-Drücker« sein und vor allem gespickt mit moralischen Angelhaken. Einzige Vorgabe der Auftraggeber: möglichst viel Mitgefühl erzeugen, ein Höchstmaß an Betroffenheit herstellen. Im Endeffekt soll ein Tsunami aus Mitleid übers Land rauschen, losgetreten mit allen Mitteln. Das Honorar darf ruhig fürstlich sein, geht es doch auf Kosten der Spendeneinnahmen.

Und die Spender? Sie freuen sich über das wohlige Gefühl, endlich wieder etwas richtig Gutes getan zu haben. Keine Spur von Misstrauen trübt ihren mitfühlenden Blick. Warum sonst überfluten nach jeder Briefaktion Zahlungseingänge das Spendenkonto? Ausgelöst allein durch eine Kulisse strategischer Texte und grausamer Bilder. Den verwehrten Durchblick haben sie mit der russischen Zarin gemeinsam. Der wurden bekanntlich von einem gewissen Fürsten Potemkin beim schnellen Vorbeifahren blühende Dörfer vorgegaukelt.

Oberstes Betriebsgeheimnis: Wie viel Geld kostet das Geldsammeln?

Dem kritischen Spender ist eine Messlatte an die Hand gegeben: Eine ernstzunehmende Organisation informiert sachlich über die Lage ihrer Klientel und die notwendige Hilfe. Fühlt man sich durch einen Aufruf eher zum Spenden gedrängt, stellt dies ein deutliches Warnzeichen dar. Darauf weist das DZI hin, das in diesem Zusammenhang auch vor Spendenaufrufen in Ketten-E-Mails warnt. Spendenaufrufe in Massenmails, so der »Spenden-TÜV«, seien fast immer unseriös.

»Unseriöse Organisationen finanzieren gezielt private Werbefirmen und kaum die wohltätigen Zwecke«, sagte DZI-Chef Burkhard Wilke in einem Interview mit dem *Tagesspiegel*. Warum das so ist, hängt nicht selten mit den personellen Verflechtungen zwischen dem auftraggebenden Verein und den kommerziellen Unternehmen zusammen. Beraterverträge, Vereinbarungen für Fundraising, Aufträge über Marketing – der Phantasie bei der Abschöpfung von Spenden sind keine Grenzen gesetzt.

Dabei kassieren Vereinsvorstände mitunter ohnehin schon recht üppige »Aufwandsentschädigungen«. Ein Begriff, der notwendig ist, um Vereinbarkeit mit der ehrenamtlichen Tätigkeit herzustellen. Und diese – rein terminologische – Vereinbarkeit bleibt auch dann erhalten, wenn die Aufwandsentschädigung höher ist, als es ein übliches Gehalt wäre. Aufwandentschädigung, das klingt nicht umsonst nach harmlosem Kleingeldtransfer.

Ein Beispiel für horrende Fundraising-Kosten liefert die international tätige Tierschutzorganisation IFAW. Weltweit wurden 2007 stolze 111 Millionen US-Dollar eingesammelt. Das ist sehr viel Geld, zu gut einem Zehntel beigesteuert von der deutschen Sektion IFAW Internationaler Tierschutz-Fonds gGmbH. Die Kosten für die Mitteleinwerbung sollen angeblich bei geringen 6,5 Prozent liegen. Eine unglaubwürdige Quote, da Spendenaufrufe, wie sie in Deutschland verschickt werden, normalerweise enorme Summen verschlingen. So liegen Bittbiefe mit einem Gewicht von über 100 Gramm vor. Schuld sind die schwer wiegenden »Geschenke« für die angeschriebenen Personen. Das Mitschicken von kleinen Präsenten spekuliert auf den Anstand der Adressaten. Schließlich gilt für wohlerzogene Menschen: Wer etwas geschenkt bekommt, gibt selbstverständlich etwas zurück.

Der gewünschte Effekt, ein schlechtes Gewissen zu produzieren, funktioniert wie geschmiert. Bei 3,8 Millionen Postsendungen im Jahr 2007 und 3,3 Millionen 2008 kamen pro Geschäftsjahr Einnahmen von gut zehn Millionen Euro zusammen. Rund die Hälfte des Geldes wird in den Druck und Versand der nächsten Bettelbriefe investiert. Abzüglich weiterer Verwaltungskosten bleibt beim IFAW dann gerade einmal ein Drittel der Spenden für Tierschutzzwecke übrig. Eine unseriöse Bilanz und nicht die Ausnahme. Immer wieder landet ein erheblicher Teil der Spenden beziehungsweise der Mitgliedsbeiträge in den Fängen halbseidener Sammelvollprofis.

Auf die Masche mit den »kleinen« Präsenten setzen auch ein paar clevere Erben von Häuptling Sitting Bull in South Dakota, USA. Die bekannte Redewendung bezieht sich auf »kleine« Geschenke, zur Erhaltung der Freundschaft. Bei der Akquisition von Spendengeldern für das St. Josefs Indianer Hilfswerk wurde allerdings recht großzügig verfahren. Einen Bettelbrief in einem Päckchen mit acht Weihnachtskarten inklusive Kuvert, Kugelschreiber, Verpackungsmaterial und Weihnachtspäckchenanhänger zu verschicken, sprengt jede Verhältnismäßigkeit. Diese Unverhältnismäßigkeit muss sich auch in der Einnahmen- und Ausgabenrechnung des eingetragenen Vereins widerspiegeln: eine viel zu geringe Quote für Projektkosten.

Man mag diskutieren, ob maximal zehn oder 15 Prozent der Spendeneinnahmen für Werbezwecke ausgegeben werden dürfen. Zusammen mit den Verwaltungskosten sollten aber nicht mehr als 20 Prozent in die Gesamtposition »Administration« fließen. Seriöse Vereine haben damit kein Problem. Andere schon: Die Internationale Parkinson Fonds (Deutschland) gGmbH residiert im noblen Dom Aquarée in Berlin. Eigentlich müsste sie mit dem Sündensiegel »besonders verschwenderisch« ausgezeichnet werden. Laut dem Ergebnis einer Überprüfung durch die ADD gab sie zwischen Mai 2006 und August 2007 mehr Geld für eine Werbeagentur aus, als überhaupt Spenden eingesammelt wurden! Folglich blieben keine finanziellen Mittel zur Erforschung und Behandlung der Parkinsonkrankheit übrig. Zumindest die Werbeagentur, wer immer sie betreibt, hat ihr Geld bekommen. So kann man an Kranken verdienen. Die Diskrepanz stößt bitter auf: Hier machen die beauftragten Werbeagenturen den lukrativen Schnitt; dort kommen bei Hungernden und anderen Bedürftigen nur Alibibeträge an. Das Missverhältnis hat System, obwohl es durch politische Vorgaben rasch zu ändern wäre. Es bleibt leider auf absehbare Zeit beim Konjunktiv; die Regulierung derlei Auswüchse im Spendenwesen ist nicht in Sicht.

Sprachgewandte Überzeugungskünstler am Infostand, Power-Bettler mit Spendendose, PR-Profis am Tatort Schreibtisch – das Methodenarsenal der Spendenmafiosi ist gut sortiert. Es geht aber noch bequemer: Spendenabzocke mit Wellnessfaktor.

Nobel ist auch die offizielle Adresse der bereits kurz erwähnten WC Weltpflegehilfe gGmbH. Die Friedrichstraße in Berlin zeugt nicht gerade von einem dem Spendenthema angemessenen Kostenbewusstsein. Die drei Geschäftsführer, im sonnigen Kalifornien sesshaft und höchst selten in Deutschland, leisteten sich diesen Luxus. Schon bei der Gründung ließen sie sich von exklusiven Anwälten in Deutschland vertreten.

Über die Mittelverwendung dürfen die drei Herren recht freizügig disponieren. Laut Gesellschaftsvertrag der Organisation, als gemeinnützige GmbH geführt, dürfen sie frei über den Abschluss eines Dienstvertrages entscheiden – natürlich inklusive Höhe der »angemessenen Vergütung für die erbrachte Arbeitsleistung«. Falls diese Vergütungsmöglichkeit noch nicht zufriedenstellt, können Crystal Chen, Tzong Ting Wu und John W. Sheline noch ein weiteres Ass aus dem Ärmel ziehen: Auf der ersten Gesellschafterversammlung – alle drei wurden von einem Anwalt vertreten – ließen sie sich eine Befreiung von den Beschränkungen des Paragraphen 181 BGB, also des Verbots von Insichgeschäften, einräumen. Dabei hat sich der Gesetzgeber mit dieser Regelung etwas sehr Kluges gedacht. Sie soll ausschließen, dass jemand mit sich selbst Geschäfte macht, bildlich gesprochen einmal mit der rechten und einmal mit der linken Hand einen Vertrag unterzeichnet, wobei jede Seite für einen eigenen Vertragspartner steht. Wer dennoch Insichgeschäfte tätigen will, muss sich vom Paragraphen 181 BGB befreien lassen. Genau das haben die Geschäftsführer von WC Weltpflegehilfe getan.

Ob die zweifelhafte Möglichkeit zu dieser Art von Geschäften tat-

sächlich genutzt wurde, ist für den vorliegenden Fall nicht nach-
prüfbar. Die Organisation, die angeblich weltweit Armut, Krankheit und Elend bekämpfen will, ließ durch ihre Anwälte mitteilen,
sie sei nicht zu einer Offenlegung ihrer Finanzzahlen bereit. Der
Rechtsanwalt empfahl stattdessen, von weiteren Presseanfragen
an die WC Weltpflegehilfe Abstand zu nehmen.

Fundraising-Verträge, Geschäftsführergehälter, Insichgeschäfte –
die Bereicherungsstrategien dubioser Spendennetzwerke sind
vielfältig. Gemeinsamer Nenner: Das Geld der Spender, ob aus
Sammelbüchse, Einmalzahlung oder Daueraufträgen, wird zunächst in das sehr feinmaschige Spendensieb geschüttet. Unten
kommen die kleinen Krümel an, und oben bleiben die vielen dicken Stücke liegen. Am Sieb stehen, um dieses Bild weiter auszu-
malen, auch findige Steuerberater. Sie sind es, die all die dicken
Brocken in die richtigen Gierhälse schütten.

Ich vermute, dass die findigen Rechtsberater einer schon mehrfach
erwähnten Geburtshelferkanzlei und ein paar skrupellose Geschäftemacher bei der CRF Krebsbekämpfung GmbH unter einer
Decke stecken. Den wenigsten Empfängern der mit emotionalen
Texten durchzogenen Bettelbriefe dürfte aufgrund des Firmenna-
mens aufgefallen sein, dass es sich eigentlich um ein kommerzielles Unternehmen handelt. Einer der verschickten Bettelbriefe
schildert das Schicksal einer sechsjährigen Leukämiepatientin namens Elisabeth, die sich in unerträglicher Melodramatik mit fol-
genden Worten an ihre Mutter wendet: »Mutti, halte mich bitte
ganz fest. Mir ist so kalt.« Auf vier Seiten wird massiv Mitleid
erregt, in dem bedrängenden Ton sich von Zeile zu Zeile steigernd.
Um den raschen Gang zur Bank oder das schnelle Ausfüllen eines
Online-Überweisungsformulars sicherzustellen, warnt der Versender vor einer finanziellen Pleite seiner Organisation, sollte
nicht schnell und ausreichend gespendet werden.

Gregory Brainard Anderson heißt der geschäftsführende US-Bür-
ger, der sich in den Briefen kurz Greg Anderson nennt. Übertrei-
bungen scheinen seine Spezialität zu sein: »Seit 1985 haben wir

auf internationaler Ebene eingehende Forschungen mit über 16 000 Krebsüberlebenden durchgeführt.« Wie kann das sein, wenn die CRF Krebsbekämpfung GmbH, die vorher Stiftung Krebsbekämpfung gGmbH hieß, erst 2005 gegründet wurde? Und wie viel floss selbst in dieser Zeit wirklich in die Krebsforschung? Das Vorzimmer des Rechtsanwalts ließ ausrichten, dazu würden keine Auskünfte erteilt. Der naheliegende Verdacht, dass der Anteil der in die Krebsforschung fließenden Spenden nicht besonders hoch war, wird durch einen anderen Aspekt gestützt: Im Kleingedruckten eines Überweisungsträgers, der einem der Spendenaufrufe beigelegt war, steht: »Wir weisen darauf hin, dass wir aufgrund des Bescheids des Finanzamtes Frankfurt am Main vom 29. Oktober 2008 […] derzeit nicht berechtigt sind, Zuwendungsbestätigungen für steuerliche Zwecke auszustellen.« Im Klartext: CRF Krebsbekämpfung wurde die Gemeinnützigkeit versagt, obwohl deren Gesellschaftszweck eigentlich die ausschließliche und unmittelbare Verfolgung gemeinnütziger und mildtätiger Zwecke »im Sinne des Abschnitts ›steuerbegünstigte Zwecke‹ der Abgabenordnung« ist. Über die Ursache der Nichtanerkennung durch das Finanzamt kann nur spekuliert werden. Ein Hinweis für echte gemeinnützige Arbeit ist es aber keinesfalls.

Ein weiteres Beispiel: die Kinderhilfsbrücke gGmbH. Die gemeinnützige GmbH appelliert: »Jede Spende hilft, um stark unterernährte Kinder mit Spezialnahrung und Essen zu versorgen. 50 Euro reichen beispielsweise für 10 Kinder einen Monat lang!« Theoretisch hätten also über 20 000 Kinder einen Monat lang mit Essen versorgt werden können, denn gut 100 000 Euro gingen im ersten Jahr des Bestehens ein. Doch das Spendenaufkommen reichte dem geschäftsführenden Gesellschafter aus den USA, Steven John Bollinger, nicht. Nachdem das Fundraising mit einem Unternehmen der SAZ-Gruppe nicht genug einbrachte, wurde die Kinderhilfsbrücke schon nach etwa einem Jahr liquidiert. Laut der einzigen Mitarbeiterin in Deutschland, Gerrit Prinssen, lagen die Spendeneingänge weit unter den Erwartungen. Und was ist nun mit den hungernden Kindern? Das ist offenbar egal. Betriebswirtschaft drückt soziales Engagement an den Rand der Prioritäten.

Nicht ausreichendes soziales Engagement darf durchaus auch beim World Children's Fund Deutschland e.V. angenommen werden. Bettelbriefe mit beigelegten teuren Geschenken wie einem noblen Halstuch oder einem Rosenkranz sollen das schlechte Gewissen zum Spenden animieren. Wenn das nicht reicht, helfen ja vielleicht die Bilder von abgemagerten Kindern? Auf der Rückseite eines solchen Bildes steht: »Mit letzter Kraft klammert sich dieser Junge an einen Balken. Um zu überleben, muss er schnellstens mit Nahrung versorgt werden.«

Wie viel Geld damit eingesammelt werden kann, zeigt ein Blick in den sogenannten Jahresbericht 2009/2010, der allerdings nur bedingt aussagekräftige Zahlen enthält. Demnach nahm allein der deutsche Verein von April 2009 bis März 2010 stolze 7,5 Millionen Euro ein. Zusammen mit dem Geld aus anderen europäischen Ländern kommt die Organisation nur in Europa auf über 30 Millionen Euro.

Was genau mit dem vielen Geld passiert, wird von den Verantwortlichen nicht verraten. Ebenso wenig wie das Zusammenspiel der vielen Vereine auf internationaler und sogar auf nationaler Ebene. Denn auch in Deutschland wurden unter dem Namen Welt Kinder Fonds e.V. und Medical Mission International e.V. Parallelvereine gegründet. Das DZI warnt vor allen, und die ADD hat Sammlungsverbote verhängt. Bei Medical Mission International e.V. begründete die Behörde es mit Bedenken bezüglich der Werbe- und Verwaltungskostenstruktur sowie insbesondere mit Zweifeln an »der in den Spendenaufrufen beworbenen zweckentsprechenden Verwendung der Spendengelder«. Geholfen hat all das wenig. Obwohl die DZI-Warnung ebenso wie das Sammlungsverbot der ADD seit mehreren Jahren ausgesprochen werden, konnten sich die Einnahmen von World Children's Fund Deutschland e.V. in derselben Zeit von 2,4 auf 7,5 Millionen Euro verdreifachen.

Spendertäuschung im Breitwandformat:
Vier Pfoten auf Abwegen

Eine primär betriebswirtschaftliche Orientierung prägt offenbar auch Vier Pfoten – Stiftung für Tierschutz. Die bekannte internationale Organisation, 1958 gegründet, hat ihren Sitz in Wien. In Deutschland ist die Stiftung seit 1994 aktiv. Auch diese Tierschutzorganisation täuscht meines Erachtens ihre Spender. Die Spendenaufrufe, in sechsstelliger Auflage versandt, besagen: »Ihre Spenden für Tiere in Not sind bei uns gut angelegt. Dafür bürgt das Siegel des Deutschen Spendenrats, der uns zu Transparenz und verantwortungsvollem Wirtschaften verpflichtet.« Wie schon an anderer Stelle ausgeführt, hat die Mitgliedschaft im Spendenrat mit einem Gütesiegel wenig gemein; niemand kontrolliert die Einnahmen-Ausgaben-Relationen, wie etwa beim DZI-Spendensiegel. Der Spendenrat ist ein zahnloser Tiger und ließ sich freiwillig auch noch die Krallen stutzen – so auch in diesem Fall. Auf eine Anfrage, wie er auf die irreführende Werbung als Spendensiegel reagiert, kam keine Antwort.

Die Stiftung Vier Pfoten bezeichnet sich selbst als transparent. Das wäre nicht erwähnenswert, sähe die Realität nicht vollkommen anders aus. Auf Nachfrage Ende 2009 war Gitta Roselius, bei Vier Pfoten für das Fundraising zuständig, nicht bereit, Informationen gemäß Selbstverpflichtungserklärung zu liefern. Erst eine Beschwerde beim Deutschen Spendenrat ermöglichte einen Blick auf die Zahlen der Stiftung. Schnell wurde klar, warum die Informationen anfangs verweigert wurden: zu wenig Geld für »Kampagnen und Projekte« und zu viel Geld für das einschlägig bekannte Fundraising-Unternehmen SAZ aus St. Gallen in der Schweiz. Von dort aus beziehungsweise seinen deutschen Ablegern in Garbsen ließ Vier Pfoten bis Mai 2009 massenweise Spendenbriefe verschicken. Mitleid zu erwecken galt es in diesem Fall für das Schicksal von vier unterernährten Löwen aus Rumänien, deren Überführung nach Südafrika 28 000 Euro kosten sollte. Zusätzlich waren viele der Briefe mit kleineren Geschenken bestückt. Über die kalkulierte Wirkung der Präsente beim Empfänger wurde schon berichtet.

Vier Pfoten hat inzwischen den Fundraiser getauscht. Leider nicht mit dem Ziel, nun keine Millionen mehr für Bettelbriefe auszugeben. Stattdessen wurde von der SAZ zu dem ebenfalls in Garbsen angesiedelten Fundraising-Unternehmen marketwing gewechselt. Geschäftsführer Hans Eisenschmidt beschreibt seine Philosophie ganz klar: »marketwing sieht sich als Problemlöser: als Umsetzer wirtschaftlicher Ziele und Gestalter öffentlichkeitswirksamer Bilder.« Wirtschaftliche Ziele? Öffentlichkeitswirksame Bilder? Die Spender von Vier Pfoten kommen also vom Regen in die Traufe. Statt auf das eine Konto gehen die Millionen auf ein anderes, und die Tiere müssen sich weiterhin mit dem kläglichen Rest begnügen.

Sehr gut sind Marketingkünstler natürlich in ihrer Eigendarstellung. marketwing lud dafür im April 2011 den bekannten Talkmaster und Fernsehkoch Alfred Biolek zum Deutschen Fundraising Kongress 2011 ein. Stolz wurde verkündet, dass Biolek »schon bei seiner Ankunft am Bahnhof von Fulda für viel Aufmerksamkeit« sorgte. Unter der Überschrift »Alfred Biolek gibt sich die Ehre« wurde berichtet: »Immer wieder baten Fans seiner Moderations- und Kochkunst um Autogramme, gleich mehrere Journalisten hatten sich zum Interview angemeldet.«

Noch einmal zurück zu den Spendenschreiben von Vier Pfoten aus SAZ-Zeiten: Am Ende dieser Briefe wurde neben der bereits erwähnten Täuschung mit dem Siegel des Deutschen Spendenrats noch eine weitere hinzugefügt: »Vier Pfoten – Stiftung für Tierschutz setzt Ihre Spende ausschließlich für satzungsgemäße Zwecke ein.« Das ist meines Erachtens schlicht gelogen: Im Jahr 2007 wurden nur etwa 40 Prozent und im Folgejahr rund 48 Prozent für »Kampagnen und Projekte« ausgegeben. Im Jahr 2009 lag Vier Pfoten mit 44 Prozent dazwischen. Anders ausgedrückt: Von einer 100-Euro-Spende kommt – aus dem Blickwinkel der bisher vorliegenden und nur rudimentären Zahlen – nicht einmal die Hälfte bei den Tieren an. Genaue Aussagen sind nicht möglich, denn die Stiftung, die ständig auf die Transparenz-Trommel haut, will keine detaillierten Zahlen nennen. Fragen zu den einzelnen Positionen werden von dem Spendenratsmitglied ebenfalls nicht beantwortet.

Leider lassen sich selbst diese erbärmlichen Quoten noch in Frage stellen. Was zum Beispiel ist mit den Personalkosten, die vor allem in Zusammenhang mit den Projekten angefallen sein sollen? Oder, noch wichtiger: Die Projektgelder gingen überwiegend an Vier Pfoten International in Wien. Welche Kosten sind dort hinzugekommen und was kam am Ende wirklich bei den Tieren an? »Wir sind nicht verpflichtet, Ihnen diese Frage zu beantworten«, heißt es. Nun, die Fülle der mehr als berechtigten, aber leider offenbleibenden Fragen lässt nichts Gutes ahnen:

Die Zweifel begrenzen sich nicht nur auf die Finanzen. Ende 2010 wurde beispielsweise ein Video über den versteckt aufgenommenen grausamen Lebendrupf von Gänsen verbreitet. Das ist eine qualvolle »Erntetechnik« in der Nutztierhaltung, die zu Recht an den Pranger gehört. Doch warum erstattete Vier Pfoten nicht sofort Anzeige gegen den Tierquäler? Stattdessen wurde werbewirksam Bildmaterial an Fernsehsender geliefert, das die Tierquälerei dokumentierte. Natürlich sind solche Missstände an die Öffentlichkeit zu bringen. Seriöserweise ist neben der Öffentlichkeit aber auch sofort die Justiz zu informieren, damit sie tätig werden kann. Dies veranlasste die öffentlich kritisierte Abnehmerin der Daunen in Deutschland, die Strafanzeige erstattete. Ihr war eine rechtliche Aufklärung der Vorfälle wichtig.

Ist das vereinbar mit den Zielen von Vier Pfoten? Welche sind das überhaupt? Ein Blick auf die Satzung hilft kaum weiter. Die Angaben dort sind äußerst ungenau: Vier Pfoten habe es sich zur Aufgabe gesetzt, Tieren – ob aus wirtschaftlichen, wissenschaftlichen oder sonstigen Gründen missbraucht – zu ihrem Recht auf ein ihren Bedürfnissen entsprechendes Dasein zu verhelfen. Die Stiftung setze sich dabei konkrete Ziele und versuche, diese durch den strategischen Einsatz von Öffentlichkeitsarbeit und Lobbying zu erreichen. Ziel ihrer Kampagnentätigkeit sei es, langfristige gesetzlich verankerte Verbesserungen für Nutztiere, Labortiere und Wildtiere zu erreichen. Bei den nationalen und internationalen Hilfsprojekten stehe rasche und direkte Hilfe für Tiere in Not im Vordergrund. Das klingt alles recht dehnbar und ungenau und wird auch nicht klarer bei einem Blick in die »Lobbyliste« des Deutschen Bundestags. Dort wird Vier Pfoten mit Interessensbereich »Tierschutz (Nutztiere, Wildtiere, Versuchstiere, Verbraucherinformation, Jugendbildung)« geführt. Konkrete Ziele, geschweige denn Projektschwerpunkte, gehen aus der Satzung nicht hervor. Sollte man solchen Leuten Geld für das Wohl von Tieren anvertrauen? Dem Spender sei angeraten, sich nicht durch eine behauptete Selbstverpflichtungserklärung gemäß Spendenrat täuschen zu lassen.

Apropos Selbstverpflichtung: Mitunter hat es den Anschein, als sei die freiwillige Selbstverpflichtung, schon weil sie rechtlich nicht bindend ist, die bevorzugte Abwehrtechnik auf Forderungen nach konkreten Kontrollen. Beispiele dafür, dass Selbstverpflichtungserklärungen wirklich erfolgreich sind, lassen sich kaum finden; Gegenbeispiele dafür umso häufiger. Denken wir nur an den Lebensmittelbereich mit seinem Kennzeichnungsirrgarten. Der konkreten Zahlen wegen hier ein Beispiel aus der Milchwirtschaft: Die freiwillige Selbstverpflichtung zur Milchkennzeichnung von herkömmlicher Frischmilch und länger haltbarer ESL-Milch gilt als gescheitert. Lediglich etwa ein Drittel der Milch ist entsprechend der Selbstverpflichtung gekennzeichnet. Und über die Selbstverpflichtung hinsichtlich dioxinbelasteter Nahrung ist inzwischen vor allem bekannt, dass sie nicht funktioniert.

Ob nun Vier Pfoten oder eines der anderen zahlreichen Beispiele, allen gemeinsam ist die Tatsache, dass es häufig mehr um eine Maximierung der Spendeneinnahmen als um die Optimierung der echten Hilfe geht. Deshalb läuft die Geldmaschine der Mitleidsmafia besonders geschmiert, wenn in ihrem Räderwerk Werbeagenturen als Kooperationspartner eingebaut sind.

Wer sich mit dem System der Spendensammlerclique beschäftigt, den überrascht nicht, wie oft die führenden Agenturköpfe Familienmitglieder sind, die Ehefrau etwa oder Schwager, Sohn, Schwiegersohn und Tochter. Mitunter tauchen auch Schulfreunde auf, gute Bekannte, ehemalige Spießgesellen – also die Amigofraktion. Die Bezeichnung Spendenmafia liegt nahe.

Weitere Gemeinsamkeiten unter den unseriösen Vereinen: ein gut gedrillter Außendienst, schicke Büros, teure Autos, pralle Gehälter sowie üppige Aufwandsentschädigungen – und nicht selten ein opulenter Lebensstil. Auf der Sollseite hingegen ist oft nur ein höchst bescheidener Geldfluss dorthin erkennbar, wo es die Spender erwarten dürfen. Die müssten sowieso eigentlich Aktionäre heißen. Schließlich hält ihr Geld das System am Laufen. Aber eine Dividende erhalten sie nie. Höchstens neue Bettelbriefe – oder ruppige Mahnungen, wenn sie ihre Zahlungen einstellen.

Mit Katastrophen lässt sich besonders leicht Geld einsammeln

Eine ganz besondere Spezies unter den Spendenabzockern sind die Trittbrettfahrer großer Naturkatastrophen. Böse Zungen bezeichnen sie als Aasgeier der Branche. Sie hocken an ihren Monitoren und werden immer dann aktiv, wenn die Welt von Unheil und Zerstörung heimgesucht wird. Denken wir nur an den Tsunami im asiatischen Raum, an die Überschwemmungen in Pakistan, an die Erdbeben in Haiti oder die Dreifachkatastrophe – Erdbeben, Tsunami und Reaktorunfall – in Japan. Je mehr Tote und Verletzte, je mehr nachfolgendes Elend, desto besser floriert das Geschäft. Jede Katastrophe bringt neue Spender, insbesondere wenn sie von den Medien aufgegriffen wird. Damit die Unterstützung möglichst üppig ausfällt, gibt es eine Reihe von Strategien. Solange die

Betroffenheit noch groß ist, wird systematisch Panikmache betrieben. Darauf versteht sich der World Mercy Fund International – neben seinem in Deutschland aktiven WMF Barmherzigkeit e. V. gibt es Organisationen in Irland, in Österreich, der Schweiz und den USA – besonders gut.

In seiner Spendenmail-Aktion »Notruf aus Haiti« wird von blutüberströmten Schwerverletzten, schmerzverzerrten Gesichtern und verwundeten Kindern berichtet, die vergeblich nach ihren Eltern suchen. Von dringender Hilfe ist die Rede: »Jede Minute zählt – das Flugzeug steht bereit! Bitte handeln Sie am besten noch heute!« WMF habe bereits mit dem Partner Demira e. V. ein fünfköpfiges Team mit einem Unfallchirurgen und einem Kinderarzt nach Haiti geschickt. Da WMF keine Erfahrung in der Katastrophenhilfe vorweisen kann, wurde in den Bettelbriefen noch eine zweite Partnerorganisationen zitiert: »Mit Hilfe unseres Partners Luftfahrt ohne Grenzen e. V. wollen wir Medizin, Verbandszeug etc. sowie dringend benötigte Kindernahrung in das Krisengebiet bringen.« Doch der Partner aus Frankfurt wusste überhaupt nichts von dem Spendenaufruf. Im Gegenteil, Geschäftsführer Frank Franke war entsetzt darüber, als er von der Aktion erfuhr. Weder eine Partnerschaft für diese Hilfe noch ein Mailing mit werblicher Nennung von Luftfahrt ohne Grenzen sei abgesprochen worden. Deshalb beauftragte Franke sofort einen Rechtsanwalt damit, WMF Barmherzigkeit zur Unterlassung aufzufordern.

Ähnlich der Sachverhalt beim angeblichen zweiten Partnerverein Demira Deutsche Minenräumer e. V. Zwar bestätigte Vorstand Martin Auracher die telefonisch abgesprochene Partnerschaft. Von den Inhalten des Bettelbriefes wusste er aber nichts. Überprüft hat er den unseriösen Partner nicht. Für ihn gibt es einen ungeschriebenen Kodex, wonach Spendenorganisationen »redlich« arbeiten. Genau auf dieses Vertrauen setzen die falschen Samariter immer wieder – nicht selten mit schwerwiegenden Folgen für »Kooperationspartner« und notleidende Menschen: Einen

Monat nach dem Versand des skandalösen, weil in extremer Weise bedrängenden Spendenaufrufs hatten beide »Partner« noch keinen einzigen Cent gesehen.

Was für ein Gewissen müssen Geschäftsführerin Ute Harms und der unterzeichnende Pater Michael Reynolds haben, wenn sie die Not in einem Land schamlos ausnutzen, das zu den ärmsten der Welt zählt und durch die Erdbebenkatastrophe zusätzlich unglaubliches Leid ertragen muss? Wie bigott muss jemand sein, der von startbereiten Flugzeugen schreibt, die umgehend Nahrung und medizinische Hilfe bringen? Der verspricht, die Spender »voller Dankbarkeit« in seine Gebete einzuschließen, während er auf der anderen Seite einer Organisation vorsteht, die von 1,3 Millionen Euro Einnahmen nicht einmal eine halbe Million Euro für Projekte ausgibt.

Die startbereiten Flugzeuge dürfte sich ein PR-Profi aus den Fingern gesaugt haben. Das ist umso erschütternder angesichts der Tatsache, dass die gutgläubigen »Partnerorganisationen« zwar als Aushängeschilder benutzt wurden, die erforderliche Soforthilfe in Haiti aber zumindest nicht mit dem Geld der WMF-Spender leisten konnten.

Barmherzigkeit International nennt sich sich der Ableger von World Mercy Fund in Österreich. Er darf das österreichische Spendensiegel als höchste Auszeichnung für empfehlenswerte Organisationen tragen. Kritische Hinweise ignorierte die für die Siegelvergabe zuständige Kammer der Wirtschaftstreuhänder (KWT). Maria Theisl, Bereichsleiterin Spendengütesiegel bei der KWT, hat auf Anfrage erklärt: »Der Jahresbericht von Barmherzigkeit International ist gemäß Kriterienkatalog für das Österreichische Spendengütesigel ausreichend und die Voraussetzungen für die Verlängerung des Spendengütesiegels sind gegeben.« Falsch! Beispielsweise bei dem Punkt zu den Informationen über die Mittelverwendung wurden die Vorschriften nicht erfüllt. Spender konnten sich nicht das versprochene »wahre Bild« über die Non-Profit-Organisation mit österreichischem Spendensiegel machen.

Frau Theisl wurde deshalb noch einmal mit den eigenen Vorschriften konfrontiert. Dazu stellte sie dann lapidar fest: »Der Jahresbericht wurde von einem Wirtschaftstreuhänder geprüft und die Voraussetzungen für die Verlängerung des Spendengütesiegels als gegeben festgestellt. Weitere Ausführungen hierzu sind leider nicht möglich (wir müssen leider auf die bestehende Verschwiegenheitsverpflichtung der akteninternen Unterlagen verweisen).« Der Vorgang erhellt: In Österreich wohnt dem Spendensiegel offenbar nicht die suggerierte Qualität inne.

Infostände, Sammelbüchsen, Drückerkolonnen, Bettelbriefe, moralische Nötigung, Falschinformationen, Bilanztricksereien – die fragwürdigen Spendennetzwerke lassen sich nicht lumpen, wenn es darum geht, mitleidigen Menschen das Geld aus der Tasche zu ziehen. Was sie damit anstellen, behalten sie sorgsam für sich. Sie zehren weiterhin ungestört und ungeprüft von dem ungeschriebenen, längst übel beschädigten Kodex, wonach Spendenorganisationen »redlich« arbeiten.

Resümee

Unaufgeforderte Spendenbitten von unbekannten Organisationen sind immer genau zu prüfen, bevor aus Gutgläubigkeit viel Geld in unbekannten Kanälen versickert. Potenzielle Spender sollten ruhig konkret nachfragen, welche Provision der Sammler erhält. Wer wirklich ehrenamtlich arbeitet – das ist leider nur sehr selten der Fall –, wird nichts gegen die Aushändigung von Unterlagen haben. Einem ehrlichen Sammler geht es um Unterstützung – egal ob sofort oder erst in ein paar Tagen nach reiflicher Überlegung. Ein provisionsfixierter Drücker will nur das schnelle Geld. Von einer späteren Überweisung auf das Vereinskonto hat er nichts.

Und noch ein wichtiger Hinweis zu sogenannten Fördermitgliedschaften: Diese sind grundsätzlich mit Vorsicht zu genießen! Wegen der Gefahr einer Umgehung des gesetzlich eingeräumten Widerrufsrechts bei sogenannten Haustürgeschäften ist immer darauf zu achten, ob ein Verein seinen Fördermitgliedern ein Rücktrittsrecht für zwei Wochen einräumt. Wer das nicht tut, kann getrost als unseriös eingestuft werden.

Höchste Vorsicht ist zudem bei Sammeldosen angebracht! Eine vertrauenerweckende Plombe ist oft nur ein interner Schutzmechanismus, damit der Sammler das Geld bei den Hintermännern abliefert. Selbst die in Ladengeschäften aufgestellten Behälter sollten nicht unkritisch gefüllt werden. Fragen Sie ruhig den Ladenbesitzer, ob der die Seriosität der Organisation genau geprüft hat. Meist ist das nicht der Fall, übrigens nicht einmal bei Banken und Sparkassen. Häufig liegen in der Schalterhalle vorab ausgefüllte Überweisungsträger bereit, ohne dass sich jemand Gedanken darüber gemacht hat, wie viel bei den Hilfsprojekten selbst ankommt.

Noch ein Tipp zum Umgang mit Bettelbriefen: Sogar seriöse Organisationen nutzen diese Form der Spendenwerbung. Der Unterschied zu zweifelhaften Vereinen liegt neben einer nicht bedrängenden Aufmachung in der Kostenquote. Seriös sind Ausgaben für Mailing-Aktionen von maximal zehn bis 15 Prozent der jährlichen Einnahmen. Dann fließen selbst unter Einrechnung weiterer Verwaltungskosten maximal 20 Prozent an der direkten Hilfe vorbei. Und: Wer zu häufig und zu viele Briefe verschickt, verwendet Ihr Geld bestimmt nicht im Sinne der guten Sache.

5 Täuschen, tarnen und verstecken: Das Dickicht der Firmengeflechte

Kooperation« – das hört sich effektiv an, sauber und modern. Leider ist der Begriff oft nur ein klangvolles Synonym für Abzocke. Wie das geht, sei mit einem Praxisbeispiel illustriert: Stellen Sie sich vor, Sie gründen fünf Vereine mit ähnlichen Zielen. Mit diesen fünf Vereinen sammeln Sie im Jahr insgesamt eine Million Euro Spenden. Davon wollen Sie 800 000 Euro in die eigene Tasche umleiten. Gleichzeitig möchten Sie aber nicht als Gauner oder gieriger Geldgeier dastehen. Gemeinnütziger Gutmensch klingt doch gleich viel besser, nicht wahr?

Der Spagat zwischen Schein und Sein ist im Grunde ganz einfach. Die Vereine müssen nur geschickt miteinander verknüpft sein und »intensiv kooperieren«. Mit Hilfe dieses fingierten Giro-Prinzips landet die Spendenmillion jeweils einmal bei jedem Verein. In der Summe sind das Einnahmen von fünf Millionen Euro. Jetzt nehmen Sie von jedem Verein jeweils 160 000 Euro aus dem Topf (ergibt 800 000 Euro für die eigene Tasche) und bezahlen damit verschiedene Dienstleistungen. Die gehen logischerweise, ob überhöht oder nicht, an Amigo-Agenturen und Scheinfirmen, mit denen Sie kooperieren.

Solcherart eingefädelt, ergeben sich im Endeffekt günstige Verwaltungs- und Werbekosten, nämlich 16 Prozent. Den Rest stecken Sie in ein paar Alibiprojekte. Und die stellen Sie ganz offensiv heraus: »Wir haben das Leiden der Waisenkinder in Burkina Faso gelindert!« Oder Sie vermelden stolz: »Hunderte von Tieren im Tierheim XYZ in Rumänien wurden durch unsere Hilfe vor dem sicheren Tod gerettet!« Wer kann solche Angaben überprüfen? Ein paar tausend Euro von Ihrer Million haben Sie am Ort der Not tatsächlich eingesetzt. Besser gesagt eingebüßt – Ihr Preis fürs Image, der Beweis dafür, dass Sie wirklich einer der Guten sind.

Das Beispiel ist keine graue Theorie, sondern gerichtsfeste Realität. Wie im Fall U. geschehen – mit dessen Namen sich der vermutlich größte Charity-Skandal Deutschlands verbindet. Die Wirtschaftsstrafkammer am Landgericht München hatte reichlich zu tun, als es darum ging, den »König von Pattaya« und seine Komplizen zur Strecke zu bringen. Über 70 Zeugen und Gutachter wurden in dem zwei Jahre dauernden Prozess vernommen, mehr als 1000 Aktenordner galt es zu durchforsten. Das war keine einfache Aufgabe, denn ab 1994 hatten die Tierfreunde-Täuscher ein kaum durchschaubares Firmengeflecht zurechtgezimmert, mit dem sie die Veruntreuung der Gelder verschleierten. Mehr als 54 Millionen Mark aus Spenden und Mitgliedsbeiträgen für das Deutsche Tierhilfswerk (DTHW) seien über die Stiftung Europäisches Tierhilfswerk (ETHW) an die Scheinfirma Chartex geflossen, erklärte der vorsitzende Richter, und damit letztlich »auf die Konten des Angeklagten U.«

Im Prozessverlauf kamen immer mehr Details über dubiose Machenschaften ans Tageslicht. So bestätigte sich der Verdacht, U. habe einen Teil der Gelder in eine ganze Reihe von Firmen investiert, nicht nur in Thailand. Auch privat wurde mit dem Geld der Tierfreunde mehr geklotzt als gekleckert: Villa, Nobelautos, rauschende Feste – alles vom Feinsten. Geld, egal in welcher Währung, spielte überhaupt keine Rolle im Spenden-Schlaraffenland des U. Allein die Yacht mit dem anzüglichen Namen »Last Money« kostete 1,5 Millionen Mark; seiner damaligen thailändischen Freundin schenkte der Krösus aus Germany gleich sechs Millionen Mark. Über die gleiche Summe durfte sich sein »persönlicher Handlanger« B. freuen. Der Schweizer Staatsbürger war Chef der Chartex AG, ansässig in seinem Heimatland. Er hatte die Spendengeldströme durch ein Labyrinth von Firmen dirigiert und letztlich auf die Konten von U. geleitet. Dafür kassierte der vorher schon wegen vorsätzlicher Tötung Verurteilte B. jedes Mal zehn Prozent.

Im Urteil der Münchner Richter wird die Vergangenheit von B. ausführlich beschrieben. Er besuchte jemanden in New York, den er in einem Züricher Vergnügungslokal kennengelernt hatte. »Erkundigungen über die Ermordung gemeinsamer Bekannter« wollte er bei seinem Besuch am Big Apple einholen. B. hatte die Wohnung des Gastgebers durchsucht und 2000 US-Dollar entwendet. Die anschließende Auseinandersetzung endete tödlich – »durch einen beabsichtigten und gezielten Schuss aus nächster Entfernung in die rechte Schläfe«.

Zurück zu Herrn U.: »I am a rich man«, hatte er überall und gern geprahlt. Und tatsächlich schien er zu jeder beliebigen Zeit aus irgendeinem der prallen Geldtöpfe seines Firmengeflechts schöpfen zu können. Als geistiger Urheber dieser verschachtelten Strukturen gilt der von U. angeheuerte Steuerberater L.

Offenbar war das Tierhilfswerk eine einzige gigantische Geldbeschaffungsmaschine. »Die Mitleidsgroschen für verstoßene Hunde und Katzen, für gequälte Bären und bedrohte Wale«, so war es im *Focus* zu lesen, summierten sich im Zeitraum von 1994 bis 1998 auf über 148 Millionen Mark. Das Geschäftsjahr 1998 zeigt exemplarisch, wie U. mit dem Geld der Tierfreunde »wirtschaftete«: Gerade einmal zwei Millionen von 35 Millionen Mark Mitgliedsbeiträgen kamen im Tierschutz an. Im gleichen Zeitraum ließ sich U. von B. rund 18 Millionen auf Schweizer Konten überweisen.

Ein genauer Blick auf die Firma Chartex AG führt zu der Erkenntnis: Die Gesellschaft war nicht anderes als eine gut geschmierte Drehscheibe für getürkten Geldverkehr. Mit diesem Ein-Mann-Unternehmen verschob B. jeden Monat Millionenbeträge. Im Prinzip funktionierte das so: Das Deutsche Tierhilfswerk, von U. gegründet, und der Schwesterverein Europäisches Tierhilfswerk ETHW übertrugen zentrale Aufgaben auf die Chartex AG (Alleinaktionär: U.). Diese AG zog von den Beiträgen beider Vereine den Löwenanteil ein – offiziell hauptsächlich für Werbung und Mitgliederbetreuung sowie für die Herstellung der Verbandszeitschrift »Mensch & Tier«.

Das allein wäre noch zu durchsichtig gewesen. Also erledigte Chartex die übertragenen Aufgaben nicht selbst, sondern delegierte sie an Firmen in Deutschland – die, man ahnt es schon – ebenfalls U. gehörten. Beispielsweise eine GmbH für die Mitgliederwerbung und Öffentlichkeitsarbeit. Sie kümmerte sich um die Ansprache neuer zahlungswilliger Tierfreunde. Nicht direkt allerdings, auch hier wurde weitergeleitet – diesmal an freie Werbunternehmer. Die stellten allenthalben an gut frequentierten öffentlichen Plätzen Stände auf, verteilten Infomaterial, beispielsweise über Schlachtviehtransporte oder kranke Hühner in Legebatterien. Zudem »bewegten« sie bei Besuchen an der Haustür viele Tierfreunde zum Beitritt in eines der Tierhilfswerke.

Wären die Hintergründe bekannt gewesen, kaum einer der von U. verspotteten »Viechernarren« hätte wohl unterschrieben: Von ihrem ersten Jahresbeitrag flossen fast 50 Prozent sofort in die Schweiz, 36,5 Prozent aller Folgebeiträge ebenfalls. Hinzu kamen die künstlich aufgeblähten Verwaltungskosten einer anderen Firma; eine weitere Firmenmogelpackung, ersonnen von U. und seinen Spießgesellen, um Geldflüsse zu verschleiern. Damit aber nicht genug, sozusagen als finanzielles Sahnehäubchen für U. höchstpersönlich gab es eine »Lizenzgebühr« von 13 Prozent. Unter dem Strich gingen allein beim ETHW mehr als 80 Prozent der Spendengelder für den »Gummiposten« Öffentlichkeitsarbeit, Werbung und Verwaltung weg.

Zu den Profiteuren der Tierhilfsvereine zählte neben den Herren U. und B. auch die ehemalige Lebensgefährtin von U., Frau B. Sie saß zeitweise im Vorstand des DTHW. Ihr eigentlicher Herrschaftsbereich aber war die Redaktion des Magazins *Mensch & Tier*. Das erschien vier Mal im Jahr und brachte Frau B. in vier Jahren rund zwei Millionen Mark ein, überwiesen von der Chartex AG. Von einem solch überaus üppigen Gehalt würden Redakteure hoch renommierter Magazine nicht einmal zu träumen wagen.

Das »Geschäftsmodell Bermuda-Dreieck« ist kein Einzelfall

Doch die vermeintlichen Tierschützer erfanden weitere Tricks, mit denen sie Tierfreunde schröpfen konnten. Noch einträglicher als das Magazin erwies sich das Tiersuchregister »Argus«, betrieben von Frau B. zusammen mit U. für den DTHW. Das Prinzip war so simpel wie ergiebig: Haustierbesitzer konnten die Steckbriefe ihrer Lieblinge gegen eine Gebühr in einem Computersystem speichern lassen, für den Fall, dass das Tier vermisst werde. Das System nahm zwar kaum ein Mitglied jemals als Suchhilfe in Anspruch, aber dafür, dass es nach Aussage von Zeugen nur mit »geringem Arbeitsaufwand« funktionierte, war es absolut rentabel: Monat für Monat flossen mehr als 80 000 Mark in Richtung U. und Konsortin.

Das Dickicht der Firmengeflechte ließe sich auch als Labyrinth aus Umwegen, Sackgassen und Schleichwegen für Geldströme skizzieren. Nach dem Zusammenbruch des international strukturierten Selbstbedienungsladens musste U. und seiner Clique erst einmal nachgewiesen werden, dass ihre Art, die Tierhilfswerke auszubeuten, betrügerisch war – und nicht nur die geschickte Nutzung wirtschaftlicher Möglichkeiten. Betrug oder nicht Betrug? Volkes Stimme war eindeutig. Eine Stichprobe bei rund 600 Mitgliedern des DTHW, ob sie dem Verein auch in Kenntnis der wahren Verhältnisse beigetreten wären, hätte eindeutiger nicht ausfallen können: 97 Prozent der Befragten fühlten sich vom »System U.« betrogen.

Mit neuem Namen und neuen Steuermännern an den Rudern der Spendengroßpiraten-Unternehmen gehen die Beutezüge weiter. Der Werbeunternehmer L. war viele Jahre mit den Tierhilfswerken geschäftlich eng verflochten. Nachdem U. aufgeflogen war, kündigte der DTHW-Notvorstand die Werbeverträge. Im Handumdrehen gründete der Werbeunternehmer einen neuen Verein. Dieser Bund Deutscher Tierfreunde treibt bis zum heutigen Tage sein Unwesen. Das DTHW wird seit vielen Jahren von zwei der alten Drückerbosse begleitet und heißt gegenwärtig Aktion Tier – Menschen für Tiere. Das ETHW firmiert unter ETN – Europäischer Tier- und Naturschutz und ist immer noch nicht unterstützenswert.

Das »Geschäftsmodell Bermuda-Dreieck« ist kein Einzelfall. Ein weiterer Virtuose auf diesem Gebiet ist Sigurd Tenbieg. Der Tausendsassa unter den Tierfreunde-Täuschern dirigiert ein ganzes Knäuel von Organisationen. Eines haben sie gemeinsam – sie sind, gelinde gesagt, nicht besonders transparent, verschieben zum Teil Geld im Kreis und missbrauchen den Tierschutzgedanken als Moneymaker-Vehikel.

Dazu gehört beispielsweise der Tierschutzförderverein e. V. »Für Tiere tun wir alles!«, lautet das vollmundige Motto des Vereins. Präsident ist Sigurd Tenbieg, lange Zeit assistiert von Melanie Tenbieg als Vizepräsidentin, die im Jahr 2007 Sajid Tenbieg ablöste. In Rheinland-Pfalz darf der Verein keine Spenden einsammeln. In dem entsprechenden Beschluss des Oberverwaltungsgericht Rheinland-Pfalz ist bezüglich der Kostenstruktur zu lesen, dass über »beachtliche Summen keine hinreichenden Nachweise erbracht« wurden. Auch deute »einiges auf Verschleierungsabsichten mittels eines Beziehungsgeflechts verschiedener Vereine und verantwortlicher Personen« hin.

Beim Verein Südeuropäische Tierhilfe ist Sigurd Tenbieg Präsident, zusammen mit dem knapp 28 Jahre jüngeren Sajid Tenbieg. Erklärtes Ziel ist die Linderung von Tierleid in südlichen Ländern Europas. Großzügige Geldgeber sind unter anderem der Tierschutzförderverein, der Bund deutscher Tierfreunde und Aktion Tier – Menschen für Tiere (vormals DTHW Deutsches Tierhilfswerk). Seit 2007 ermittelt die Staatsanwaltschaft gegen Sigurd Tenbieg wegen des Verdachts auf Spendenbetrug. Genaueres wollte sie nicht bekanntgeben, um die laufenden Ermittlungen nicht zu gefährden. Sigurd Tenbieg selbst war zu einer Stellungnahme nicht bereit.

Der Tiernothilfe in Europa e.V., der vormals Tierschutz Costa Blanca e.V. hieß, sitzt ebenfalls in Kleve, der Präsident heißt Sigurd Tenbieg. Vizepräsidentin: die knapp 30 Jahre jüngere Melanie Tenbieg.

Tierheim-Tierhilfe, ein weiterer Verein, der von Sigurd Tenbieg zusammen mit Sajid Tenbieg geführt wird, nannte sich 1986 bei ihrer Gründung Tierheim Kleve e.V. Zwei Jahre später wurde sie durch Unterstützung des DTHW Deutschen Tierhilfswerks vor dem finanziellen Aus bewahrt.

Auch beim Bund deutsche Tierfreunde e.V. ist Sigurd Tenbieg als Vorstand aktiv. Davon profitieren die Tenbieg-Vereine Südeuropäische Tierhilfe und Tierheim-Tierhilfe. Beide erhalten großzügige Unterstützungen vom BdT Bund deutscher Tierfreunde.

Animal Friends International e.V. (AFI) ist beim Bund deutscher Tierfreunde als Berechtigter im Falle einer Vereinsauflösung eingetragen. Laut Impressum der Vereinshomepage heißen, wie beim BdT, die Vorstände Martina Klein und Sigurd Tenbieg. Und auch der in Kleve ansässige Verein Natur- und Tierhilfe wird von Sigurd Tenbieg geführt, zusammen mit Maria Neuhaus. Ebenfalls zum Tenbieg-Vereinsimperium gehört das Albert-Schweitzer-Tierheim ohne Gitter. Laut eigenen Angaben beherbergt es im Schnitt 20 Katzen und 250 bis 300 Hunde.

Wem noch nicht schwindelig ist – das Tenbiegsche Spendenkarussell dreht sich noch weiter: Ganz besonders undurchsichtig zeigt sich der Verband Tierfreunde Rumänien. Die Tenbieg-Vereine Tierschutzförderverein, Südeuropäische Tierhilfe und Tierheim-Tierhilfe gründeten zusammen mit Christina Faust den rumänischen Verein Asociatia Prietenii Animalelor-Romania, eingetragen im Registergericht in Bukarest. Mit der Kontrolle der Mittelverwendung war angeblich die Tierheim-Tierhilfe betraut. In Bukarest wird ein Großtierheim für 1000 Hunde unterhalten, finanziert vom Deutschen Tierhilfswerk.

Nach außen hin, und erst recht in Sachen Eigen-PR, liefert das Vereinsflechtwerk ein recht harmonisches Konzert. Natürlich haben alle nur die besten Absichten. Die Kooperationen geschehen selbstverständlich ganz im Sinne von Spendern und Tieren. Intern gilt hingegen das alte Spiel »Linke Tasche, rechte Tasche«. Das Muster dahinter: Ein Verein, bei dem Tenbieg im Vorstand sitzt, gewährt Mittel für einen anderen Verein mit Tenbieg im Vorstand. Wohl kaum zum Schaden seiner Familie, um nicht zu sagen seines Clans. Denn bei einigen Vereinen sitzen neben Sigurd noch weitere Familienangehörige im Vorstand. Und auch außerhalb der Familie zeigt sich Tenbieg sehr loyal gegenüber alten Freunden, selbst wenn diese längst ihre Glaubwürdigkeit im Tierschutz verloren haben.

Zum Beispiel Frau P., die seit 25 Jahren im »Tierschutz« tätig ist. Ihre Karriere begann beim Verein Arche Noah – zusammen mit einem angeblich geläuterten Metzger und Händler von Versuchstieren. Die fragwürdigen Machenschaften dieses Tierschutzvereins wurden unter der Überschrift »Das Millionen-Ding von Plattling« publik und empörten Tierfreunde bundesweit. Der Fehlschlag entmutigte Frau P. jedoch nicht. Am 2. August 1989 wurde der Tieraltenheim Costa e.V. mit Frau P. als Vorstand eingetragen. Auf zwei unterschiedlichen Grundstücken in Niederbayern entstanden Tierheime, die von Anfang an durch einen erheblichen Mangel an Offenheit gegenüber den zuständigen Behörden auffielen. Trotzdem wurde nicht konsequent durchgegriffen. Offenbar scheuten die Behörden das Problem, im Falle einer Schließung der beiden Betriebsstätten circa 200 Tiere anderweitig unterbringen zu müssen.

Erst 2003 kamen durch die Initiative mehrerer ehrenamtlicher Helfer im Tierheim Costa in Leberfing die Gründe für die mangelnde Kooperationsbereitschaft mit den Behörden ans Tageslicht. In einem Schreiben an die Staatsanwaltschaft Landshut prangerten sie die katastrophalen Zustände an, unter denen die Tiere »gelagert« wurden. Die Vorwürfe erstreckten sich von in der Personalstärke und der nicht ausreichend qualifizierten Tierheimmitarbeiter über nicht erfolgte tierärztliche Versorgung bis hin zu

Sodomie. Die haarsträubenden Details mehrerer tierärztlicher Gutachten belegen die schändliche Vernachlässigung der Tiere und lassen erschütternde Vermutungen zu.

Die Beweislast gegen P. war erdrückend, und so wurde die Vereinsvorsitzende von der Landshuter Staatsanwaltschaft in über 80 Fällen des Verstoßes gegen das Tierschutzgesetz angeklagt. Aufgrund der ungeklärten Verantwortungsfrage konnte die Staatsanwältin ihr gefordertes Strafmaß jedoch nicht durchsetzen. Das Urteil blieb weit darunter; Frau P. wurde im Oktober 2006 im Namen des Volkes zu einem dreijährigen Tierhalteverbot und einer Haftstrafe von sechs Monaten auf Bewährung verurteilt.

Das hält eine motivierte »Tierschützerin« jedoch nicht davon ab, erneut ein Tierheim zu leiten. Sie hat Deutschland den Rücken gekehrt und ein Tierheim in der Tschechischen Republik übernommen. Dort betreibt sie den Gnadenhof Costa. »Das Paradies in Südböhmen« nahe Budweis gibt nach eigenen Angaben über 180 »geschundenen Kreaturen« eine Heimat. An der Seite von Frau P. finden sich alte Bekannte aus Niederbayern, beispielsweise Herr S., damals Pfleger in Leberfing. Auch er musste sich vor Gericht wegen Verstoß gegen das Tierschutzgesetz verantworten.

Zurück zu Tenbieg: Nach der Insolvenz des Tieraltenheims Costa e. V. wandte sich P. an ihren alten Freund Sigurd, weil sie »seit fast 20 Jahren befreundet sind und unzählige Tierrettungsaktionen im In- und Ausland zusammen durchgeführt haben«. Dies ist ein Zitat aus einem Brief von P. an Sigurd Tenbieg, geschrieben im September 2005. Ähnliche Schreiben, stets sehr gefühlsbetont abgefasst, werden seit Jahren Spendenaufrufen beigefügt, in denen Tenbieg als Vorstand der Südeuropäischen Tierhilfe Geld bei deutschen Spendern für den Gnadenhof Costa in Südböhmen sammelt.

Besonders dreist gebettelt wurde in einem Spendenaufruf im September 2007. Berichtet wird von privaten Auffangstationen im Umkreis des »Gnadenhofes«, in denen es gang und gäbe sei, alle Tiere »[…] auf besonders grausame Weise mit Rattengift […]« zu töten, die nicht innerhalb von drei Wochen vermittelt werden können. Mit diesem Spendenultimatum nutzte Sigurd Tenbieg das Mitleid hilfsbereiter Menschen, um Geld für eine Einrichtung zu sammeln, dessen Leiterin von einem deutschen Gericht wegen Verstößen gegen das Tierschutzgesetz verurteilt und mit Tierhalteverbot belegt worden ist.

Auch wenn mal ein Kartenhaus zusammenklappt – die Spendengeldjongleure haben vorgesorgt

Die skizzierten dubiosen Verzahnungen sind mit Bedacht so angelegt, dass sie nicht sofort ins Auge springen. Aber richtig fündig wird, wer sich bei der Stadt Kleve über angemeldete Gewerbe unter einer bestimmten Adresse erkundigt. Es ist die Adresse der Tenbieg-Vereine. Die angemeldeten kommerziellen Tätigkeiten dort haben nicht viel mit dem Thema Tierschutz zu tun. Das Aktionsspektrum reicht vom Einzelhandel mit Waren für den Tierbedarf bis zu »Öffentlichkeitsarbeit«. Neben seinen zahlreichen Vorstandsjobs findet Sigurd Tenbieg offensichtlich auch noch Zeit, sich um ein Einzelunternehmen zu kümmern, das als Unternehmenszweck »Vermittlung von Dienstleistungen und Waren« sowie »Presseagentur« angibt.

Die jonglierenden Spendengeldartisten wissen genau, dass bei Vereinen der Kategorie »Dubiosa« immer die Gefahr der Entdeckung besteht. Erhält die Öffentlichkeit Wind von den Machenschaften, bricht unter dem Sturm der Entrüstung manches Kartenhaus blitzschnell zusammen. Deshalb gründen die Fortgeschrittenen unter den Spendenscharlatanen vorsichtshalber gleich mehrere Vereine. Sie dienen als Reserve, um im Pannenfall übergangslos unter anderem Logo abkassieren zu können. Überdies können Spendengelder zwischen den Vereinen nach Belieben hin- und hergeschoben werden. Geldzahlungen an andere Vereine sind sehr hilfreich, wenn es darum geht, das Finanzamt von den eigenen guten Absichten zu überzeugen.

Auf das Labyrinth-Motto setzt auch die Tierschutzliga in Deutschland. Nach eigenem Bekunden handelt es sich um einen Zusammenschluss verschiedener Vereine, um »an die Lösung der zahlreichen Tierschutzprobleme gemeinsam heranzugehen«. Im Gegensatz zu vielen anderen Organisationen (die sich oft eher bekämpfen als Tierschutzarbeit zu leisten) wollen sich die Bündnispartner gegenseitig beistehen. Laut hauseigener Zeitung *Tierrundschau* sind das folgende Vereine: Mobile Tierrettung, Aktionsgemeinschaft Katzenhilfe, Tiere in Not, Tierschutzverein Abandonner und Allgemeiner Tierhilfsdienst. Allerdings haben diese Zweckgemeinschaften nicht nur den Anschluss an die Tierschutzliga gemeinsam. Zentrale Figur bei mehreren Vereinen ist Ursula Lohse, die auf die Frage nach der Spendenverwendung wie folgt reagiert: »Mir sind die Machenschaften von Charity-Watch mehr als gut bekannt und ich gedenke nicht, mich von Ihnen unter Druck setzen zu lassen.« Auf konkrete Fragen einzugehen hält sie für »vergebliche Mühe«. Ihrem Unmut freien Lauf lassend, poltert sie weiter: »Zu einer ernsthaften und fundierten sachkundigen Bewertung von Finanzdaten sind Sie doch gar nicht in der Lage, schon gar nicht vom Schreibtisch aus.«

Ähnlich denkt die Tierschützerin offensichtlich über die Mitarbeiter einer Behörde aus Trier. Somit war selbst der ADD eine Überprüfung der Vereinsarbeit nicht möglich. Trotz eines Auskunftsanspruchs biss die ADD auf Granit. Zur Überprüfung einer einwandfreien Verwendung der Spendengelder sowie der Einhaltung des Transparenzgebotes hatte die ADD 2008 Auskünfte über Spendeneinnahmen sowie deren Verwendung angefordert. Gegen die Auskunftsverfügung der ADD ging die Tierschutzliga gerichtlich vor. Vergeblich. Das Urteil des Verwaltungsgerichts Trier bestätigte die Auskunftspflicht richterlich. Das kümmert die Liga-Leute wenig. Der Verein kommt seiner gesetzlichen Auskunftspflicht gegenüber der Behörde weiterhin nicht vollständig nach. Insbesondere Fragen hinsichtlich der Ausgaben für Werbemaßnahmen sowie Provisionszahlungen werden nach dem Schweizer-

Käse-Prinzip beantwortet. Gemeinsamkeit macht eben stark, auch gegenüber Behörden und Gesetzen.

Doch als einer der angeschlossenen Vereine gegen ein von der ADD für Rheinland-Pfalz verhängtes Sammlungsverbot vor das Verwaltungsgericht Trier zog, überprüften die Richter die Entscheidung der Behörde – und bestätigten sie Anfang 2011. Zum Beziehungsgeflecht der Vereine schrieben die Richter: »Es besteht Grund zu der Annahme, dass der Antragsteller das Beziehungsgeflecht zu seinen Partnervereinen dazu nutzt, diesen auferlegte Sammlungsverbote zu umgehen. Die Vereine T** in Deutschland e.V., O** e.V., A** e.V. sowie N** e.V. unterliegen bestandskräftigen Sammlungsverboten. Der Antragsteller hat im Verfahren Spendenaufrufe beigefügt, die Überweisungsaufträge im Namen N** e.V. und L ** e.V. beinhalten. Weiter wird in Spendenbriefen als Herausgeber auch die T** in Deutschland e.V. genannt. Darüber hinaus ist die Vorsitzende des Antragstellers auch Geschäftsführerin von N** e.V., Vorstandsvorsitzende der T** in Deutschland e.V., Vorstandsmitglied des Vereins A** e.V. sowie ehemalige Schriftführerin der O** e.V.« Mit der Bezeichnung »Antragstellerin« ist der Allgemeine Tierhilfsdienst gemeint. Die Abkürzungen der Vereinsnamen wurden vom Gericht in der veröffentlichten Urteilsversion vorgenommen.

Mit Bilanzierungstricks gegen Steuer und Spender – das Euro-Umleitungsspiel

Ein anderer Fall. Es geht um notleidende Kinder. Davon gibt es in Afrika besonders viele, dort müssen Millionen hungern. Diese Mangelernährung schwächt den Körper, macht ihn anfällig für Krankheiten. Dazu zählt Noma, eine schlimme Hautkrankheit, bei uns unter dem Begriff Wangenbrand bekannt. Die bakterielle Erkrankung zersetzt über vier Stadien hinweg Gewebe und Knochen des Gesichts. In Bettelbriefen liest sich das dann so: »Ein besonders erschütternder Fall ist die kleine Maura. Als ihre Eltern sie vor einigen Wochen in unsere Noma-Notstation im Nationalkrankenhaus in Bissau brachten, hatte Noma ihr kleines Gesicht bereits zur Hälfte zerstört.« Weitere Schilderungen und vor allem die schrecklichen Bilder betroffener Kinder waren in Spendenaufrufen des in Regensburg ansässigen Vereins Hilfsaktion Noma enthalten. Teilweise fand sich schon außen auf den Briefumschlägen ein erschüttendes Bild. Solche optischen Schocker werden ergänzt mit der plakativen Überschrift »Zeinabou schreit vor Schmerzen! Die grausame Krankheit Noma hat ihren Unterkiefer zerfressen.«

Kindern mit dieser schrecklichen Krankheit zu helfen ist ein wichtiges Anliegen – möchte man meinen. Und trotzdem dient die erschütternde Beschreibung der Hautkrankheit als perfider Vorwand, mit dem Leiden hungernder und kranker Kinder Geschäfte zu machen.

Die Hilfsaktion Noma lässt jedes Jahr von einer Marketingfirma aus der Schweiz Spendenaufrufe verschicken. Es sind Hunderttausende. Die Rührbriefe gehen zum einen an Adressaten, die schon einmal Geld überwiesen haben, zum anderen an solche, die als Neuspender auf der Wunschliste stehen. So weit, so gut, denn ohne entsprechende Aufrufe überweist kaum jemand Geld. Entscheidend ist nur, wie viel von den Spenden bei den Kindern in Afrika ankommt. Schließlich schmückt sich auch dieser Verein mit dem Prädikat »gemeinnützige Organisation«.

Fragten Spender bei Hilfsaktion Noma nach, wie hoch denn die Verwaltungskosten seien, erhielten sie eine Antwort, die rekordverdächtig klingt: »Wir haben die Verwaltungskosten über zehn Jahre hinweg unter ein Prozent halten können.« Eine Auskunft, die niemand bestreiten will. Trotzdem wurde der Spender massiv getäuscht. Hinter der Wortwahl »Verwaltungskosten« verbirgt sich eine wortklauberische Spitzfindigkeit, weil deswegen nicht automatisch 99 Prozent der Einnahmen nach Afrika gingen. Im Gegenteil: Millionen Euro wurden für Bettelbriefe ausgegeben, verbucht unter den Aufwandsposten Werbung beziehungsweise Öffentlichkeitsarbeit. Hilfsaktion Noma rechnete sie einfach nicht mit ein in die Verwaltungskosten.

Wer die Positionen zusammenrechnet, erhält ein düsteres Bild: Beispielsweise wurden im Jahr 2007 von 2,85 Millionen Euro Spendeneinnahmen satte 2,25 Millionen Euro für Briefsendungen ausgegeben – haarsträubende 79 Prozent. In den Jahren danach wurde die Quote zwar besser, die meisten Spender würden damit aber vermutlich ebenfalls nicht zufrieden sein: 2008 betrugen die Gesamtausgaben für die Verwaltung inklusive der Werbung und Öffentlichkeitsarbeit 45 Prozent und 2009 immerhin noch 35 Prozent. Das mit dem Fundraising beauftragte Unternehmen kassierte 672 000 Euro im Jahr 2009 und 885 000 Euro 2008. Gegenüber den 2,25 Millionen aus 2007 ist das für die echte Hilfe in Afrika fraglos ein Fortschritt.

Bleibt die Frage, was mehr Ekel hervorruft: die drastische und zum Spenden drängende Beschreibung der grausamen Krankheit Noma oder die Finanz-Kabinettstücke, mit denen skrupellose Geldeintreiber die Spender hintergehen und kranken Kindern die Hilfe vorenthalten, für die andere bezahlt haben. Solch ein Splitting wie hier erfolgt durchaus mit Zustimmung des Finanzamts, in diesem Fall des Finanzamts Regensburg. Denn erhebliche Teile der Ausgaben für Spendenwerbung dürfen als Satzungsausgabe verbucht werden.

Wie ist das möglich? Prüft das Finanzamt nicht regelmäßig die Gemeinnützigkeit der Vereine? Darf nicht nur, wer wirklich Gutes tut, mit einem Steuerbonus für Spender werben? Tatsache ist: Für die Anerkennung als gemeinnütziger Verein reicht der Nachweis, dass mindestens 50 Prozent (in Worten: fünfzig, nicht mehr) der Einnahmen in »satzungsgemäße Zwecke« fließen. Bei der Hilfsaktion Noma trifft das zu, weil mit Zustimmung des Finanzamts jahrelang pauschal 40 Prozent der Bettelbriefkosten als »satzungsmäßige Öffentlichkeitsarbeit« verbucht wurden. Die Finanzbehörde sieht darin keinen Widerspruch, schließlich ist die Aufklärung der Öffentlichkeit über die Krankheit Noma in der Vereinssatzung als Zweck definiert.

Ute Winkler-Stumpf, die den Verein seit Jahren als Vorstandsvorsitzende leitet, kann mit all dem offenbar gut leben. Die Bundesverdienstkreuzträgerin hätte sogar noch mehr Geld für Spendenbriefe ausgeben können. Das Steuerprivileg der Gemeinnützigkeit bliebe dennoch erhalten. Schließlich prüft das Finanzamt nicht, ob ein Spender durch die irreführende Angabe von reinen Verwaltungskosten und damit einhergehend einer als hoch suggerierten Quote von tatsächlicher Hilfeleistung getäuscht wird.

Ist die Hilfsaktion Noma damit ein Fall für den Staatsanwalt? Moralisch ja, rechtlich nicht. Selbst dann nicht, wenn Hilfsaktion Noma das Geld für Afrika per Koffer in bar dorthin transportieren lässt. Regelmäßig geht ein Vertreter der Hilfsaktion zur Bank und hebt Barbeträge von bis zu 150 000 Euro vom Vereinskonto ab. Ein solcher Geldtransfer ist im Zeitalter von Banküberweisungen und Internetbanking ungewöhnlich genug. In Afrika Bargeld in dieser Größenordnung mit sich zu führen, gilt als gefährlich. Die rüstige Fachoberlehrerin aus Regensburg kann das nicht schocken. Warum geht sie solche Risiken ein? Alles, um 37,50 Euro Überweisungsgebühr zu sparen? Oder stecken andere Gründe dahinter?

Selbst der rechtliche Aspekt hält die Bundesverdienstkreuzträgerin nicht von den Bargeldtransfers – meist in den Niger – ab: Die Einfuhr solcher Beträge ist laut Botschaft dieses Landes verboten. Der Zoll würde das Geld bei der Einfuhr beschlagnahmen. Warum nicht bei Ute Winkler-Stumpf? Ob sie schon einmal »Gefälligkeitsgeld« bezahlen musste, wollte sie nicht verraten. Ebenso schweigsam war sie auf die Frage, warum das Geld denn überhaupt in bar überbracht wird. Dabei hat der Verein doch eine eigene Unterorganisation vor Ort, die gelegentlich Geld per Überweisung übermittelt bekommt. Ein sehr merkwürdiges Gebaren, das viel Freiraum für Spekulationen bietet.

Das Spendensieb: Von 100 Euro kommt nur ein Viertel bei den bedürftigen Kindern an

Ebenfalls auf Kosten von Kindern geht das Spendengeschäft bei Childrens Project e. V. in Oldenburg. Erklärtes Vereinsziel: die Entwicklung langfristiger, nachhaltig orientierter Perspektiven für Kinder und Jugendliche in Problemsituationen. Regionale Schwerpunkte der Arbeit sind Niedersachsen und Brasilien.

Die Frage, warum der Verein kein DZI-Spendensiegel hat, beantwortet Vorstandsvorsitzende Petra Meyer mit abenteuerlicher Weitschweifigkeit. Unter anderem erfährt man, der Verein weigere sich, »in die inkompetenten Hände des derzeitigen Leiters des DZI« zu fallen. Haltlos wird pauschal von »dubiosen Machenschaften« gesprochen. Und das waren jetzt nur die moderaten Aussagen. Weitere Anschuldigungen, die Meyer in einem Telefonat äußerte, gehen tief unter die Gürtellinie. Burkhard Wilke, Geschäftsführer vom DZI, ließ es sich nicht nehmen, all das in einer sehr umfangreichen Mail plausibel zu entkräften.

Nicht entkräften konnte Petra Meyer kritische Fragen zur nebulösen Spendenverwendung des Vereins. So wurden 2007 als direkte Projektausgaben für ein Kinder- und Jugendatelier in einem sozialen Brennpunkt in Oldenburg, das neben Brasilien den größten Berichterstattungsumfang im Jahresbericht einnimmt, nur rund 6500 Euro ausgewiesen. Das bedeutet: Von jeweils 100 Euro Spendengeldern kam nur ein einziger Euro im Oldenburger Atelier an. Für Projektarbeit in Brasilien ist 2007 ein Betrag von 148 000 Euro verwendet worden. Das sind 27 Prozent, gut ein Viertel der Vereinseinnahmen. Und der Rest?

Erhebliche Beträge gingen 2006 und 2007 an die Firmen L.A. & Friends, K & P sowie M.A. Marketing & More – für Provisionen. Einschließlich einer weiteren Position, die als Verwaltungsaufwand deklariert wurde, verschlangen die vier Posten stolze 185 000 Euro – das sind 33,6 Prozent der Gesamteinnahmen. Genauere Angaben, wofür das Geld bezahlt wurde, sind Petra Meyer nicht zu entlocken: »Entsprechend ihres Einsatzes wurde prozentual eine Provision berechnet.« Allerdings scheint dabei wohl etwas schiefgelaufen zu sein. Mit den ehemaligen Auftragnehmern stritt sie über die Höhe der Provisionen. Das ist ungewöhnlich, denn üblicherweise verstehen sich Werbeagenturen und ihre Auftraggeber aus dem Spendenbereich blendend.

Nicht nur an dieser Front streitet Petra Meyer. Wie oben zitiert, pflegt sie auch mit jenen einen harmoniefreien Umgang, die sich kritisch nach der Verwendung der Spendengelder bei Childrens Project erkundigen. Selbst mit dem Finanzamt hatte sie Differenzen. Dort gibt es ihrer Meinung nach einen vorsätzlichen Amtsmissbrauch einer Mitarbeiterin. Er liege in dem Faktum, dass das Finanzamt Childrens Project seit Jahren die Gemeinnützigkeit verweigert. Trotzdem wird so getan, als ob sie vorläge: zum Beispiel, indem man mit einem Flyer (dessen Druckkosten übrigens den Satzungsausgaben zugeordnet wurden) aktiv um Spenden wirbt.

Für Petra Meyer ist das kein Widerspruch, da ja keine Spendenquittungen ausgestellt werden, sondern »Quittungen über Geldzuwendungen«. Den Unterschied zwischen einer steuerlich absetzbaren Spendenquittung, wie sie nur als gemeinnützig anerkannte Vereine ausstellen dürfen, und dieser »Quittung über Geldzuwendungen« werden viele Spender allerdings nicht kennen. Eine Wissenslücke, die übrigens auch die lokale Kreiszeitung hat. 2007 schrieb sie: »Spendenquittungen gibt's auf Wunsch.« Das Finanzamt jedoch weiß um die fehlende steuerliche Anerkennung. Also sollte sich kein Spender wundern, wenn der Zahlungsbeleg für seine Zuwendung an Childrens Project nicht steuermindernd anerkannt wird.

Ein anderer Verein, ein ähnliches Problem, aber eine neue Technik, die Zahlen darzustellen: Domspitzen e. V. aus Köln. Zweck ist die Verbesserung der Lebensqualität kranker und hilfsbedürftiger Kinder. Als prominenter Fürsprecher tritt der Schauspieler Michael Kessler auf, auch als Schirmherr der Domspitzen-Benefizgala

»Päckchen für Pänz« aktiv. Wie nobel klingt die Versicherung, 100 Prozent der Spenden flössen in Kinderhilfsprojekte.

Ganz so ist es nicht. Gerechtfertigt wird die obige Behauptung damit, dass die Einnahmen in Mitgliedsbeiträge und Spenden geteilt würden. Die Verwaltungs- und Werbekosten tragen die Mitglieder, das Geld der Spender fließt in Projekte. Das ist meines Erachtens Unsinn, denn beide Einnahmearten landen auf dem Vereinskonto. Und aus dem Gesamtbetrag werden anteilig die Administrationskosten und die Projekte finanziert. Gäbe es diese allgemein verbindliche Zuordnung von Einnahmen und Ausgaben nicht, könnte jeder Verein dem interessierten Spender auf Anfrage stolz mitteilen, sein Geld flösse zu 100 Prozent in Projekte. Die sonstigen Kosten tragen dann immer die anderen, also diejenigen, die nicht nachfragen, oder wie bei den Domspitzen die Mitglieder.

Unabhängig von dieser fadenscheinigen Argumentation wäre bei den Domspitzen wissenswert, wie denn die Kostenbelastung auf alle Einnahmen gerechnet aussieht. Oder wie beispielsweise die Benefizgalas unter der Schirmherrschaft von Michael Kessler abgerechnet werden? Fragen ist erlaubt, Antworten gibt es keine.

Bilanzkosmetik auf Kosten Krebskranker: Sachspenden werden zu Seifenblasen

Krebs – fast alles, was damit zusammenhängt, ist ein beliebtes Tummelfeld für Spendenjäger. 7,4 Millionen Euro Sachspenden konnte die Krebsallianz gGmbH allein 2008 verbuchen. Da Krebsmedikamente extrem teuer sind, ist diese Angabe nachvollziehbar. Trotzdem ermittelt die Staatsanwaltschaft gegen die gemeinnützige GmbH, die bis Mai 2011 noch HFK Krebsallianz hieß. Das tut sie wohl nicht ohne Grund, denn gerade Sachspenden bieten eine Vielzahl von buchhalterischen Missbrauchsmöglichkeiten. Das beginnt schon mit dem korrekten Wertansatz: Über welchen Betrag wird bei Krebsmedikamenten eine Quittung ausgestellt? Je höher der Betrag auf der Sachspendenquittung, desto besser für das Unternehmen und den Verein. Auch wichtig: Wie lange sind die Medikamente noch haltbar? Wer hat die Spende überhaupt geleistet?

Auch hinter diesem Nebelschleier steckt wieder ein im Spendendschungel bewährtes Prinzip: Nicht selten werden Sachspenden von einem Verein zum nächsten geschoben. Dadurch blähen sich die Einnahmen und Ausgaben auf. Was das alles bringt? Das Beispiel Krebsallianz zeigt es anschaulich: Die Organisation wirbt mit einer »klugen Verwendung der Spendengelder« – weil 87 Prozent der Einnahmen in »lebensverbessernde und lebensrettende Projekte sowie Aufklärungsmaßnahmen« fließen. Im Jahr 2009 sollen es sogar über 93 Prozent gewesen sein.

Eine solche Projektquote hört sich gut an. Hier kann man doch getrost spenden, oder? Weit gefehlt! Von 9,2 Millionen Euro Einnahmen 2008 waren 7,4 Millionen Euro Sachspenden und damit ein »durchlaufender Posten«. Werden aber nur die reinen Geldflüsse betrachtet, ergibt sich ein gänzlich anderes Bild. Den Geldspenden von 1,8 Millionen Euro standen erhebliche Kosten gegenüber. Nur ein Bruchteil, magere 170 000 Euro, flossen in Projekte. Im Ergebnis wurde der Löwenanteil der Überweisungen, also unglaubliche 90 Prozent, für Mittelbeschaffung, Öffentlichkeitsarbeit und Verwaltung ausgegeben!

Doch dieser Trick mit den hoch angesetzten Sachspenden ist längst nicht das einzig Zweifelhafte, das eine Warnung vor der Krebsallianz rechtfertigt. So ließ die Staatsanwaltschaft Hannover im Frühjahr 2010 bundesweit Hausdurchsuchungen durchgeführt. Betroffen waren auch Dienstleistungsfirmen, die bei der international agierenden Charity-Organisation Auftragnehmer sind, darunter ein Fundraiser und eine Steuerberatungskanzlei.

Seit Juni 2004 ist Robert Broussard Landry III President und Chief Executive Officer (CEO) bei der in den USA ansässigen National Cancer Coalition (NCC). Im Jahr darauf wurde die HFK Krebsallianz in Deutschland mit Landry als Geschäftsführer gegründet.

Beide Organisationen arbeiten mit Medikamentenspenden. Es wäre wichtig zu wissen, welche Organisation von wem Medikamente erhielt und an wen sie abgegeben wurden. Hoffentlich hat die Staatsanwaltschaft bei der Suche nach Antworten mehr Erfolg als der Spender.

Ein weiteres Indiz für die Zweifelhaftigkeit der Krebsallianz ist eine behauptete Anwartschaft auf das DZI-Spendensiegel. Auf Anfragen von Spendern erklärt die Organisation bezüglich des Spendensiegels, dieses werde beantragt. Bei einem Testanruf hörte sich das so an: »Wir sind immer noch dabei, das DZI-Spendensiegel zu bekommen.« Nichts als verbale Gaukelei, denn höchstwahrscheinlich wird das nie passieren. Im Gegenteil: Das DZI warnt ausdrücklich vor Spenden an diesen Verein.

Dementsprechend ist festzuhalten: Bei Sachspenden ergibt sich grundsätzlich immer die Frage nach dem angemessenen Wertansatz. Ein zu hoch ausgewiesener Betrag fährt die Kostenquote künstlich nach unten. Auch die Herkunft der Waren und ihre Verwendung müssen genau hinterfragt werden, denn es ist in der Praxis nicht unüblich, Sachspenden von einem Verein zum nächsten weiterzureichen. Dann tauchen sie gleichzeitig in mehreren Bilanzen auf, und zwar sowohl als Sachspende als auch als Projektausgabe. Eine Bilanzkosmetik, die kriminell wird, wenn es um Medikamente geht, die am freien Markt etwa wegen des Verfallsdatums nicht mehr verkäuflich sind.

Bildlich gesprochen schweben mit solchen Tricks nichts als Spendenseifenblasen durch die Bilanz. Schade, dass eine Firma wie HEXAL, die an die Krebsallianz schon Medikamente spendete, eine werbliche Nennung ihres Namens nicht verhinderte. Schließlich denken viele Kleinspender, dass ein Großkonzern die Empfänger seiner Sachspenden vorher prüft. So gesehen müsste eine gemeinnützige Organisation wie die Krebsallianz doch eigentlich ohne Makel sein.

Apropos Gemeinnützigkeit: Auch das zuständige Finanzamt Berlin hat sich von den famosen Zahlen des Vereins täuschen lassen.

Die Gesellschaft ist als »gemeinnützigen und mildtätigen Zwecken dienend« anerkannt und berechtigt, Zuwendungsbestätigungen für steuerliche Zwecke auszustellen. Da hat der von der Krebsallianz mit der Erstellung der Jahresabschlüsse beauftragte Steuerberater ganze Arbeit geleistet. Er ist auf Gemeinnützigkeitsfragen spezialisiert und hat genügend Erfahrungen, wie sich die Aufteilung der Kosten in Aufwendungen für satzungsgemäße Zwecke und Verwaltungskosten optimal gestalten lässt. Schließlich berät das Steuerberaterbüro diesbezüglich neunzig Organisationen.

Perfide Bilanzierungstricks gegenüber dem Finanzamt, Kuschelinfos für die Spender, sogenannte Öffentlichkeitsarbeit, »Kooperationen« zwischen nationalen und internationalen Vereinen, Sachspenden, die heute hier, morgen dort auftauchen – eines haben all die Spiegelfechtereien rund um den großen Spendenkuchen gemeinsam: Bilanzen lassen sich damit wunderbar schönen. Hinzu kommt das Dickicht der Firmengeflechte, hinter dem unseriöse Spendenorganisationen ihre Machenschaften verbergen.

Im gut sortierten Strategierepertoire der Spendenmagier nicht zu vergessen sind die Tricks vereinstreuer Finanzjongleure. Ihre Arbeit erinnert phasenweise an die Hütchenspiele, mit denen fingerfertige Trickbetrüger in Fußgängerzonen und Bahnhofsvierteln ihre »Mitspieler« hereinlegen. Dabei sollte, wer freiwillig gegebenes fremdes Geld sammelt, zur Information über das Wohin und das Wieviel der Mittel verpflichtet werden. Schließlich ist mit jeder angenommenen Spende ein Versprechen verbunden: das Geld dem Satzungszweck entsprechend zu verwenden. Für seriöse Organisationen sind Transparenz und die entsprechenden Nachweise eine Selbstverständlichkeit. Euro-Umleitungsexperten und Architekten von Filzfirmen-Konstrukten müssen sich den Vorwurf unlauterer Machenschaften gefallen lassen. Und dem Finanzamt ist der Vorwurf nicht zu ersparen, häufig nicht genau genug zu prüfen.

Resümee

Wer nicht als gemeinnützig und mildtätig anerkannt ist, hat kein Spendengeld verdient! Umgekehrt kann die Gemeinnützigkeit allerdings nur bedingt als Qualitätskriterium gesehen werden. Satzungsgemäße Ausgaben von 50 Prozent reichen aus, um das steuerliche Privileg zu erhalten. In den ersten Jahren nach Gründung darf die Projektquote sogar deutlich niedriger sein, ohne dass das Finanzamt den Steuerbonus aberkennt. Zusätzlich sollte einem bewusst sein, wie leicht selbst eine 50-Prozent-Quote vorzutäuschen ist. Für Finanzämter gilt wie für viele andere Behörden, dass sie permanent mit Arbeitsüberlastung kämpfen müssen. Und weil für das zuständige Finanzamt ohnehin kein Steueraufkommen zu erwarten ist, kann die Prüfung eines Vereins schnell etwas oberflächlich ausfallen.

Gelegentlich spielt auch die Politik eine Rolle. Nämlich immer dann, wenn Kommunen oder Städte ihnen obliegende Aufgaben bequem auf gemeinnützige Organisationen abwälzen, etwa bei der sozialen Verantwortung für mittellose Menschen. Ein Verein, der sich mit einem Teil seiner Mittel um dieses kommunale Anliegen kümmert, wird kaum kontrolliert. Schließlich würde die Verantwortung auf die Kommune zurückfallen, wenn es zu einer Auflösung der Organisation käme. Ähnliches gilt für die Versorgung von Fundtieren oder die Fundtierverwaltung. Eigentlich eine Aufgabe der Kommune, die gerne an Tierschutzvereine delegiert wird. Das ist in Ordnung, solange dort effektive und ehrliche Tierschutzarbeit stattfindet. Bereichern sich Verantwortliche jedoch, darf die Kommune nicht aus Bequemlichkeit wegsehen.

6 Demokratie Fehlanzeige: Die machtlosen Mitglieder

Zu den Merkmalen zwielichtiger Spendenorganisationen gehört die formalrechtliche Entmachtung des eigentlichen Souveräns: der Vereinsmitglieder. Die Vorstände unseriöser Vereine versuchen, ihre Mitglieder unwissend und fern von allen wichtigen Entscheidungen zu halten. Eine spezielle Rubrik sind die sogenannten Fördermitglieder. Sie finden sich in der Satzung zweifelhafter Vereine oft von vornherein der sonst üblichen Rechte entkleidet.

Die Motive liegen auf der Hand. Als dem eigentlichen Souverän des Vereins könnte es der Mitgliederversammlung einfallen, amtierende Vorstände abzuwählen. Als Nachfolger bieten sich zwei Arten von Charakteren an: Der Idealist, der den Verein das tun lässt, was er satzungsgemäß und nach dem Wunsch der Spender tun soll; oder ein noch größerer Lump mitsamt seiner Seilschaft. Beides ist sicher nicht im Sinne der amtierenden Vorstände. Deshalb werden Fördermitglieder gerne von vornherein entmachtet. Sie müssen regelmäßig zahlen, haben aber kein Stimmrecht und können somit die Vorstandswahlen nicht beeinflussen. Eine Pflicht und keine Rechte.

Unter dieser Konstellation ist es möglich, dass 40 000 fördernde Mitglieder ohne Mitspracherechte von nur zehn ordentlichen Mitgliedern »regiert« werden – so praktiziert beim Bund deutscher Tierfreunde e.V. Die ADD kritisierte die Mitgliederentmachtung beim Bund deutscher Tierfreunde vor Gericht. Ein anderes Beispiel ist PETA Deutschland. Dort kommen auf acht stimmberechtigte Mitglieder rund 30 000 Fördermitglieder. In beiden Fällen besteht aufgrund der faktischen Entmachtung der Mitglieder keinerlei Kontrolle über die Verwendung der Beiträge und Spendengelder. Trotzdem handelt es sich um keine Einzelfälle.

Fernab jeder Kontrolle kann es leicht zu vielfältigen Bereicherungsformen kommen. Keine Mitgliederversammlung fordert Rechenschaft über Kooperationen mit Firmen, die von Verwandten oder Bekannten der stimmberechtigten Mitglieder geführt werden. Niemand hinterfragt auffällige Rechnungshöhen, entstanden durch Großaufträge an ehemalige Vorstandsmitglieder, sachlich nicht zu rechtfertigen, aber produktiv im Umsatz.

Die Geschädigten sind all jene, in deren Namen unter großem Halali gesammelt wird – Tiere, Menschen, Sozialprojekte, bei denen kaum nennenswerte Hilfe ankommt. Und die Fördermitglieder müssen der Ausgabenpolitik der Vereine mehr oder weniger machtlos zusehen.

Spendenfürsten sind oft Feudalherren

Ein weiterer Weg zur Feudalherrschaft ist der Aufbau formaler Hürden. Er erfolgt etwa durch die Zwischenschaltung von Delegiertenstrukturen, die den »normalen« Mitgliedern, also der zahlenden Basis, jede direkte Einflussnahme auf wichtige Entscheidungen unmöglich machen.

Beispielsweise können die Mitglieder bei Aktion Tier – Menschen für Tiere ihre Rechte grundsätzlich nur über die Delegierten ausüben. Wahlvorschläge sind spätestens zwei Wochen vor der alle drei Jahre stattfindenden Mitgliederversammlung schriftlich einzureichen. So können auf der Mitgliederversammlung überraschende Übernahmeversuche durch Mehrheiten von echten Tierschützern, die mit den Praktiken des bisherigen Managements nicht einverstanden sind, verhindert werden. Außerdem erfahren die Mitglieder erst gar nicht, was im Detail mit ihrem Geld passiert. Den Jahresbericht des Vorstands und den Bericht des Wirtschaftsprüfers nehmen die »auserwählten« Delegierten auf ihren jährlich stattfindenden ordentlichen Versammlungen entgegen. Natürlich ist es Aufgabe der Delegierten, Wahl und Abberufung von Vorständen sowie Satzungsänderungen zu beschließen. Zudem wählt die interne Elite den fünfköpfigen Beirat, der den Vorstand in allen wichtigen Vereinsangelegenheiten berät. Eine genauere Betrachtung der Delegiertenliste von Mitte 2009 zeigt, dass sich unter den 69 Mitgliedervertretern überwiegend Personen fanden, die direkt oder indirekt Geld von Aktion Tier bezogen. Dazu zählten vor allem Mitgliederwerber samt ihren Familienangehörigen oder auch weisungsgebundene Mitarbeiter des Vereins. Der Interessenkonflikt ist offensichtlich, denn ein Delegierter in wirtschaftlicher Abhängigkeit vom Verein wird sich vermutlich nicht primär an den Mitgliederinteressen orientieren.

Die faktische Machtlosigkeit der Mitglieder bei Aktion Tier durch eine führungsgruppenloyale Delegiertenstruktur flößt wenig Vertrauen ein. Wirksame Kontrolle und Einflussnahme der Förderer sind offenbar unerwünscht. Genau das bestätigte ein Gespräch mit dem obersten deutschen Verbraucherschützer Gerd Billen, Vorstand vom Bundesverband der Verbraucherzentralen. Bis 2005 war Billen Bundesgeschäftsführer vom Naturschutzbund Deutschland NABU. In seiner dortigen Funktion verhandelte er über eine engere Zusammenarbeit mit dem Deutschen Tierhilfswerk (die Vorgängerorganisation von Aktion Tier). Der Versuch misslang, weil nach Aussage von Billen die DTHW-Fürsten Holger Knieling und Michael Reichhardt nicht bereit waren, demokratische Strukturen einzuführen. Dazu sollten unter anderem mehr Rechte für die Mitglieder gehören. So scheiterte eine intensivere Zusammenarbeit beider Organisationen letztendlich an der Verweigerungshaltung der beiden Vereinsfürsten.

Bei Aktion Tier haben sich weder die undemokratischen Strukturen noch die faktisch machtlosen Mitgliederversammlungen bis heute erwähnenswert geändert. Ebenso wenig scheinen Arbeitnehmerrechte auf der Agenda zu stehen. Das zeigte zuletzt der Umzug des Vereins nach Berlin. Damals bekamen viele Mitarbeiter in der Ziemetshausener Zentrale die Kündigung. Das Angebot, künftig in Berlin zu arbeiten, war für die meisten keine Alternative. Für den

Umzug gab es trotz Nachfragen nie eine plausible Begründung. Tatsache ist, dass sich viele Firmen mit einem solchen Schritt gerne ihrer Mitarbeiter entledigen – um am neuen Standort kostengünstigere »Manpower« an Bord zu holen. In diesem Umfeld fast überflüssig zu erwähnen: Für die gekündigten Mitarbeiter existierte kein Sozialplan.

Manche Vereine werden von Sonnenkönigen, Gutsherren und Diktatoren geführt

Elf Millionen Euro Vermögen und 3,7 Millionen Euro Jahreseinnahmen sind eine verführerische Masse. Der »Ehrenpräsident« des Vereins Europäischer Tier- und Naturschutz e.V. (ETN), Heinz Wiescher, gibt die Zügel nur ungern aus der Hand. Mit einem legitimen Verfahren lässt er sich jedenfalls nicht aus seiner Position vertreiben. Die 28 000 Vereinsmitglieder haben nicht das Recht, über die Wahl eines alternativen Präsidenten abzustimmen. Beim ETN regiert der Sonnenkönig des Tierschutzes. Für ihn ließe sich das berühmte »L'État c'est moi!« am treffendsten mit »Der Verein ist mein« übersetzen.

Demokratie spielt sich beim ETN nur insoweit ab, als die Mitglieder die Delegierten wählen dürfen. Schon dass sich unter diesen Delegierten Ehepartner, Verwandte und sonstige »Abhängige« aus dem Dunstkreis des amtierenden Präsidenten finden, stellt die Unabhängigkeit und Objektivität der Delegiertenversammlung in Frage. Denn genau dieses Forum entscheidet über die wichtigen Angelegenheiten des Vereins. Der breiten Mitgliederbasis stehen keine direkten Einwirkungsmöglichkeiten zur Verfügung.

Wer die gewünschten Qualitäten für die Position eines Delegierten des ETN mitbringt, ist in der Satzung festgelegt. Gewählt werden darf nur, wer sich über ein »besonderes Engagement im ETN« ausgezeichnet hat. Zudem muss er »über Erfahrungen im Tier- und Naturschutz im Sinne des Vereinszwecks« verfügen.

So weit, so formal. Bei der letzten Delegiertenwahl legte Präsident Heinz Wiescher diese Vorgabe eigenwillig aus. Er griff direkt ein und faxte von einem seiner Wohnsitze aus an die Vereinszentrale eine handschriftliche Liste mit dem Titel: »Aufstellung der zu wählenden Mitglieder«. Der Sonnenkönig befahl, das Volk verneigte sich ergeben und nickte die Liste der handverlesenen Günstlinge auf der Mitgliederversammlung im Block ab. Der Satzung entsprechende »kompetente« Gegenkandidaten gab es keine. Mit diesem von demokratischen Merkmalen weit entfernten Führungsstil wird bis in alle Positionen des Vereins hinein durchregiert. Da sind kritische Haltungen weder erwünscht noch geduldet. Im Ernstfall lässt Wiescher in Ungnade gefallene Personen einfach absetzen. Die Fördermitglieder bekommen das nicht wirklich mit. Ihr Aktionsradius begrenzt sich auf die zentrale Aufgabe, den Mitgliedsbeitrag zu bezahlen.

Das Verteilen und Ausgeben erledigen andere. Sie sorgen dafür, dass möglichst viele der Vereinseinnahmen in »kompetente« Hände kommen. Auch in die Hände derjenigen, die gern auf großem Fuß leben. Dazu gehört ein repräsentatives Auto. Für Wiescher, damals angestellter Geschäftsführer mit einem Monatsgehalt von 5000 Euro, musste ein Mercedes-Geländewagen als Dienstwagen her – Kaufpreis: 65 000 Euro. Und die ahnungslose Spendergemeinde durfte sogar das Benzin für die private Nutzung bezahlen.

Doch auch Wiescher selbst gibt sich ahnungslos. Beispielsweise wenn es um die langjährige Förderung eines angeblichen Tierschutzprojekts auf Mallorca geht – das nach den Angaben eines in Ungnade gefallenen Vorstandsmitglieds de facto eine Ferienpension ist. Ob der Vereinsboss dort schon einmal einen Urlaub verbracht habe? Keine Antwort. Ausführlich beschwiegen wurde des Weiteren die Nachfrage, was es mit den etwa 100 000 Euro für die gerade einmal zwei Quadratmeter große Ausstellung in einer Tier- und Naturschutzstation auf sich hätte. Angeblich wurden im Gegenzug zu dieser dubiosen Investition zwei Praktikumsplätze zugesagt – einer davon für das Familienmitglied eines Aufsichtsrats.

Einer anderen Begünstigten verhalf Wiescher zu freier Fahrt. Die Frau, eine der »zu wählenden« ETN-Delegierten, kam auf Vereinskosten in den Genuss einer Zufahrtsstraße zu ihrem privaten Anwesen auf Teneriffa. Zum Umbau eines privaten Bauernhofs in Österreich, gedacht als »Vorzeigeobjekt«, gab es einen sechsstelligen Zuschuss. Die privaten Verbindungen zwischen der Familie des Landwirts und der Wiescher-Family waren dabei wahrscheinlich hilfreich. Vor diesem Hintergrund gewinnt der Vorwurf an Glaubwürdigkeit, die Stieftochter von Heinz Wiescher – ebenfalls Delegierte beim ETN – halte sich auf Kosten des Vereins mehrere Pferde.

Noch einmal zurück zur Geländelimousine, die über eine Anhängevorrichtung für einen Pferdeanhänger verfügt – mit reichlich Platz für edle Vierbeiner. Völlig anders ergeht es den vom ETN regelmäßig transportierten Tierschutztieren. Wie beengt sie reisen müssen, zeigte sich, als die Polizei in Offenburg einen der Transporte stoppte. 42 junge Hunde waren an Bord, zu diesem Zeitpunkt hatten sie bereits eine dreißigstündige Reisetortur hinter sich – in einem überladenen Fahrzeug. Dazu der zynische Kommentar des ETN-Geschäftsleiters Götz Bukenberger: »Tausende überladene Lastwagen sind täglich unterwegs.«

Als großer Tierfreund ist Bukenberger nicht bekannt. Trotzdem zählt der Rechtsanwalt zu den engen Wiescher-Vertrauten. Man darf getrost davon ausgehen, dass er sich in der Vereinssatzung gut auskennt. Lange Zeit war dort definiert, dass »das Wohlergehen der Tiere gefördert« und »Tierquälerei und Misshandlung verhütet« sowie Zuwiderhandlungen gegebenenfalls »ohne Ansehen der Person« verfolgt werden sollen. Trotzdem blieb es ohne Konsequenzen, dass jemand den gesamten Zierfischbestand auf Hof Huppenhardt vergiftete.

Bukenberger als offizieller Vertreter des Tierschutzvereins ist außerdem Hobbyjäger und berät in den Räumlichkeiten der Tierschutzorganisation Mandanten zu Rechtsfragen der Jagd. Der ETN selbst hat übrigens – wer hört da nicht die Nachtigall auf den Geldscheinen trapsen – in drei Jahren 337 000 Euro (2007 bis 2009) für Rechtsberatungskosten ausgegeben. Der Paragraphen-kundige bezieht ein erhebliches Gehalt, laut einer Personalkosten-übersicht aus 2010 nur getoppt von Boss Wiescher persönlich.

Angesichts dieser Beträge verwundert im Weiteren nicht übermä-ßig, dass in der Inventarliste des steuerlichen Jahresabschlusses 2009 so vereinsnotwendige Positionen wie »Sauna«, »Schwimm-badabdeckung« oder »Perser-Teppich« auftauchen. Das klingt wie aus dem Einrichtungskatalog einer noblen Wellness-Einrichtung. Sollten sich die Mitglieder und Spender da nicht fragen, was das mit Tierschutz zu tun hat?

Ähnliches gilt für die Verwaltungs- und Werbekosten des Vereins. Aus den Unterlagen sind sie nicht eindeutig definierbar. Die Wer-beaussage des ETN, wonach »90 Prozent der Mitgliedsbeiträge und Spenden dem Vereinszweck, das heißt dem Tier- und Natur-schutz, zufließen«, kann vor diesem Hintergrund getrost Spen-dertäuschung genannt werden.

Solche Kapriolen in der Ausgabenpolitik dürfen sich sonst nur Diktatoren in den so oft gescholtenen Bananenrepubliken leisten. Kein Wunder, dass viele den »Großen Vorsitzenden« und seinen Hofstaat lieber an einen Ort verbannt sehen würden, wo der Pfef-fer wächst. Hierzulande hat es nur zu einem Sammlungsverbot für Rheinland-Pfalz gereicht. Wie die ADD im August 2010 mit-teilte, ist der Verein trotz mehrfacher Aufforderungen »seinen gesetzlichen Auskunftspflichten im sammlungsrechtlichen Ver-fahren nicht nachgekommen, so dass eine satzungsgemäße Ver-wendung der Spendengelder nicht sichergestellt ist«. Ob die ETN-Botschafterin Prinzessin Maja von Hohenzollern das alles weiß? Schwer zu sagen. Bezüglich Kritik reagiert sie ähnlich unwirsch wie Wiescher.

Übrigens: Die Feudalherren waren sogar so überzeugt von sich, dass sie das DZI-Spendensiegel beantragten. Dieses Ansinnen hatte allerdings wenig Aussicht auf Erfolg, wie der über viereinhalb Jahre dauernde Prüfprozess des Deutschen Zentralinstituts für soziale Fragen nahelegt. Irgendwann erkannten das auch die ETN-Chefs und haben den Antrag zurückgezogen.

In dem schon weitgehend fertigen Bericht des DZI sind diverse Beanstandungen an der Finanzpolitik des ETN zu finden. Selbst wenn sie in sehr zurückhaltendem Beamtendeutsch formuliert sind, sprechen sie doch eine klare Sprache. Eindeutig zum Beispiel ist die Kritik an den nicht unerheblichen Vergütungen für Heinz Wiescher: »Zugleich ist die Darstellung geeignet, das Missverständnis zu erzeugen, dass der Vorsitzende ehrenamtlich für den Verein tätig sei.« Schon zum alten Dienstwagen von Wiescher, dessen Anschaffung deutlich günstiger war als die des aktuellen Autos, schrieben die Prüfer: »Nach Einschätzung des DZI ist ein solcher Wagen für die satzungsgemäße Arbeit des ETN nicht unbedingt erforderlich.« Die Werbeaussagen im Internet, wonach die Mitgliedsbeiträge zu mehr als 90 Prozent den eigentlichen Satzungszwecken zugute kommen, bezeichnete das DZI als »irreführend«. Und die Kontrollverhältnisse innerhalb des ETN werden im Bericht als »unzureichend« eingestuft.

Alle Kritikpunkte zusammen verunmöglichen es dem ETN, das Spendensiegel zu erhalten. Leider wird das vom Spenden-TÜV nicht öffentlich kommuniziert. Im Gegenteil: Auf eine Anfrage beim DZI zum ETN hieß es, man könne hinsichtlich der Förderungswürdigkeit des Vereins keine Entscheidungshilfe geben. Den eigentlichen Verbraucherschutzauftrag hat das Institut zumindest in diesem Fall nicht erfüllt. Das ist schade und traurig angesichts der Millionen, die damit den wirklich empfehlenswerten Organisationen verloren gehen.

Mit geschlossenem Visier: Die Ritter der Leipziger Tafelrunde horten ihr Geld in Keksdosen

Eine Nummer kleiner, aber nicht weniger skandalös sind die »Engel der Armen« in Sachsens Oberzentrum Leipzig. Die Machenschaften des Vorstands produzierten höllischen Ärger innerhalb des Vereins. Wie häufig bei internen Streitereien kam es auch bei der Leipziger Tafel zum Ausschluss unliebsamer Mitglieder. Erst brodelte die Gerüchteküche, dann wurden Gerichte bemüht. Von Mobbing war die Rede, und ein zu Unrecht ausgeschlossenes Vereinsmitglied musste wieder aufgenommen werden. Kein Zweifel, zwischen den streitenden Vereinsfraktionen ist das Tischtuch zerschnitten. Sogar einen Brandbrief an den Bundesverband Deutsche Tafel e.V. gab es, unterzeichnet von 20 Mitgliedern, Ex-Mitgliedern, Mitarbeitern und ehemaligen ehrenamtlichen Helfern.
Im Mittelpunkt des Sechs-Seiten-Papiers: allerlei Missstände und Unregelmäßigkeiten, darunter der »Umgang mit Bargeldspenden«. Das ist in diesem Fall Geld von den Ärmsten der Armen. Wie bei vielen Tafeln müssen auch in Leipzig die Bedürftigen bei einem »Einkauf« 1,50 Euro an den Tafelverein »spenden«. Bei 10 000 Hilfsbedürftigen, die zum Großteil jede Woche Lebensmittel bei der Tafel einkaufen, müssten also schätzungsweise 10 000 Euro pro Woche in der Vereinskasse landen. Mindestens. Also mehr als eine halbe Million Euro im Jahr. Tatsächlich ausgewiesen werden für 2007 allerdings nur um die 140 000 Euro. Wo der große Rest geblieben ist, konnte Vorstand Dr. Werner Wehmer nicht erklären. Möglicherweise will er diese Information lieber für sich behalten. Einen neugierig gewordenen Fernsehreporter des MDR watschte er vor laufender Kamera mit einer sehr individuellen Erklärung ab: Man könne nicht einfach addieren und multiplizieren. Basta! Das ist erstaunlich. Schon allein deshalb, weil dies doch die Grundrechenarten der Buchführung sind. Oder gibt es beim Geschäft mit der Armut besondere Gesetze, die Adam Riese nicht bedacht hat?

Kontrolle ist nicht erwünscht, von welcher Seite auch immer. Dabei wäre gerade sie dringend notwendig, denn das Geld wurde, wie im Filmbericht zu sehen war, nicht einmal in verplombten Dosen gesammelt. Als Kasse dienten offene Behältnisse wie zum Beispiel eine Keksdose. Viel Vertrauen, geht es doch um nicht gerade kleine Beträge. Warum wird bei der Leipziger Tafel keine handelsübliche Registrierkasse verwendet, wie sie jedem kleinen Tabakladen vorgeschrieben ist? Sie ist für den Einzelhandel obligatorisch, um Schwarzgeschäfte an der Steuer vorbei zu erschweren. Wehmer aber will offenbar solche hilfreichen Einrichtungen nicht. Die Frage nach dem Warum hat er nie beantwortet.

Gerüchteküche hin oder her: Wer kocht eigentlich unter der Vier-Sterne-Mütze der Gemeinnützigkeit welches Süppchen? Stimmen die Vorwürfe der ehemaligen Mitarbeiter und Mitglieder? Demnach bestimmt die Ehefrau des Vorstandsvorsitzenden – angeblich als »Koordinatorin« beim Verein angestellt – über die Gelder. Doch wie lässt sich die haushohe Lücke zwischen den hochgerechneten Solleinnahmen und den verbuchten Einnahmen erklären? Darüber war den schweigsamen Rittern der Tafelrunde nichts zu entlocken.

Gerichtskosten für persönliche Animositäten und Kompetenzrangeleien verpulvert

Uneinsichtig gegenüber demokratischen Strukturen geben sich noch viele andere Organisationen, darunter der Tierschutzverein Koblenz und Umgebung. Dort fand ein permanentes Gerangel um Mitbestimmung und Mitgliederrechte statt. Einige der Streitigkeiten beschäftigten sogar die Gerichte: Mitglieder mussten Neuwahlen einklagen. Einige Tierfreunde wurden vom Verein ausgeschlossen und klagten dagegen – mit Erfolg. Andere durften keine Hunde mehr ausführen – bis es die Gerichte wieder erlaubten. Solche Streitigkeiten und Auseinandersetzungen produzieren zweifellos unsinnige Gerichtskosten, verpulvert für persönliche Animositäten und internes Kompetenzgerangel. Im Vergleich mit den vermutlich verlorenen Planungskosten im fünfstelligen Bereich für einen Tierheimneubau betragen sie jedoch nur einen Bruchteil der Ausgaben. Der Bau sollte ausgerechnet in einem Vogelschutzgebiet entstehen. Doch aufgrund europäischer Naturschutzvorschriften ist das Vorhaben höchstwahrscheinlich – und für viele erwartungsgemäß – nicht zu realisieren. Handelt es sich bei einer solchen Fehlplanung um Arroganz oder um fehlende Kontrolle, weil die Vereinsführung zu dilettantisch ist?

Wie sehr die Vorstandsvorsitzende Gisela Kroppenberg und ihre Kollegen an ihrem Posten hängen, verdeutlicht ein Urteil des Amtsgerichts Koblenz. 46 Klägerinnen und Kläger erwirkten vor Gericht, dass die Beschlüsse der Mitgliederversammlung vom 30. September 2008 für ungültig erklärt wurden. Die Nichtaufnahme des Tagesordnungspunkts »Neuwahlen des Vorstandes« war ein Satzungsverstoß und eine Verletzung der Rechte der Vereinsmitglieder: »Keinesfalls durfte der Antrag auf Aufnahme in die Tagesordnung aber allein durch eine Entscheidung des Vorstandes oder gar eine alleinige Entscheidung der Vorsitzenden zurückgewiesen werden.« Das Sonnenkönigsyndrom lässt grüßen.

Zahlreiche Ausschlüsse von Mitgliedern und abgelehnte Neumitgliedschaften verdeutlichen die fragwürdige Einstellung des Vereinsvorstandes. Nach Angaben der Tierfreunde Koblenz, einer Gruppierung, die für eine Verbesserung der Verhältnisse im Koblenzer Tierschutzverein und im Tierheim kämpft, wurden Mitgliedsanträge von 21 Personen abgelehnt. Zudem kam es zur Beendigung von bestehenden Mitgliedschaften durch Ausschlüsse, die zum Teil nur per Gerichtsbeschluss wieder in Kraft gesetzt werden konnten. Sind kritische Newcomer unerwünscht? Leider wurden die erheblichen Kosten der Abwehrgefechte aus der Vereinskasse bezahlt.

Ähnliches gilt in Hinsicht auf ein Verbot für verschiedene Personen, Hunde des Tierheims weiterhin ausführen zu dürfen(!). Ob solche Maßregelungen und Vergeltungsaktionen, die am ehesten noch in einem Kindergarten zu erwarten wären, überhaupt verhängt werden dürfen, darüber musste letztendlich das Amtsgericht Koblenz entscheiden. Es gab zwei Klägerinnen recht und erklärte den Entzug der Ausführerlaubnis (für Hunde) als unwirksam.

Auch zur Verwendung der Spenden und Mitgliedsbeiträge wollte sich die Vorstandsvorsitzende nicht äußern. Dabei geht es wahrlich nicht um Bagatellbeträge. Immerhin sprechen »gut informierte Kreise« von einem Vereinsvermögen, das sich Ende 2008 auf stolze 1,15 Millionen Euro belaufen haben soll. Den Einnahmen von 417 000 Euro standen Ausgaben in Höhe von 481 000 Euro gegenüber. Wie viel davon auf Verwaltungskosten beziehungsweise Anwaltskosten entfällt, will der Verein natürlich nicht aufklären. Viele Positionen der Jahreszahlen des Vereins werden gegenüber Mitgliedern nur kumuliert ausgewiesen und lassen deshalb keine Beurteilung zu.

Verstrickte Entstricker und Posten-Polka – Mitbestimmung gibt es nur im Fremdwörterbuch

Dank deutscher Gesetzgebung kann jeder in Eigenregie inthronisierte Spendenfürst gutherzige Spender und machtlose Mitglieder – meist unter Assistenz zwielichtiger Paragraphenkenner – an der Nase herumführen, wie es ihm beliebt. Ernsthafte Konsequenzen sind kaum zu befürchten. Den Verantwortlichen von Entstrickung – Verein zur Prävention sexuellen Missbrauchs von Kindern und Jugendlichen e. V. scheint das nicht neu zu sein.

Die von Vorstand Theo Wenig geleitete Organisation, übrigens nicht als gemeinnützig anerkannt, missbraucht meiner Meinung nach das Thema sexueller Missbrauch von Kindern knallhart für fragwürdige Zwecke. Laut DZI kam im Jahr 2009 nicht einmal ein Drittel des Jahresbudgets dem genannten Zweck zugute. Höchst erstaunlich, gehörte doch die Homepage des Vereins der Katholischen Stiftungsfachhochschule München, Abteilung Benediktbeuern.

Zu dieser Stiftungsfachhochschule ergeben sich auch andere Verbindungen. Eine Kooperation wird jedoch sowohl von der Pressesprecherin der Stiftungsfachhochschule als auch vom ehemaligen Dekan Professor Dr. Günther Schatz bestritten. Das ist schon deshalb merkwürdig, weil das Forschungsprojekt Fenestra seit Jahren Geld von Entstrickung erhält. Schatz ist für dieses bei der katholischen Ausbildungsstätte angesiedelte Vorhaben verantwortlich. Auf der Vereinshomepage, die ein Mitarbeiter der Hochschule technisch betreute, wurde die Kooperation werblich herausgestellt.

Vielen Vereinsmitgliedern von Entstrickung scheinen die Machenschaften des Vorstandes ein Dorn im Auge gewesen zu sein. 2008 verminderte sich der Mitgliederbestand gegenüber dem Vorjahr erheblich. Vielleicht liegt es auch daran, dass es laut Satzung keine Mitbestimmungsrechte gibt, die es den Mitgliedern ermöglichen würden, etwas gegen die Machenschaften des Vorsitzenden Wenig zu unternehmen. Einige wenige Personen bestimmen den Kurs, sie entscheiden selbst über die Besetzung des Vorstands. Da ist es dann nicht verwunderlich, dass Theo Wenig 2009 wiedergewählt wurde – von gerade einmal zehn Personen und ohne Gegenstimme.

Derart eindeutig von den Top Ten legitimiert, lässt es sich gut arbeiten, sozusagen barrierefrei. Wer aber hinter die Kulissen schaut, dem muss der Vereinsname wie eine Verhöhnung erscheinen. Denn Entstrickung e. V. ist in so einiges verstrickt. Wohl nicht ohne Grund weigert sich Theo Wenig, die Verwendung der Mitgliedsbeiträge und Spenden öffentlich zu machen. Eine weitere Austrittswelle wäre kaum zu verhindern, würden die Fördermitglieder von der zweifelhaften Verwendung ihrer Gelder Wind bekommen. So war bis zum Jahr 2008 für die Mitgliederwerbung die L & W Direkt Marketing GmbH zuständig. Geschäftsführender

Gesellschafter ist ein Michael Wagner. Fragen zu finanziellen Vereinbarungen und zur Beendigung der Zusammenarbeit wollte Theo Wenig nicht beantworten. Ebenso wenig war herauszufinden, wie koscher die Nachfolgeagentur agiert. Ihren Namen behielt Wenig wohlweislich für sich.

Mit vollmundigen Versprechen getäuscht werden wieder einmal die Unterstützer: »Wir investieren Ihre Gelder sinnvoll in qualitatives, wissenschaftlich erarbeitetes Präventionsmaterial und zur Aufrechterhaltung der praxisorientierten Forschungsarbeit.« In welch geringem Umfang das zutrifft, würden Spender erfahren, fragten sie beim DZI nach der Reputation des Wenig-Strickwerks. So gibt es eine zweiseitige Einschätzung mit dem Hinweis, dass eine Förderung des Vereins nicht empfohlen werden kann. Leider veröffentlicht das DZI die Kritik nur auf gezielte Nachfrage. Damit solche Anfragen die Ausnahme bleiben, schreibt Entstrickung irreführend: »Das Deutsche Zentralinstitut für soziale Fragen in Berlin erhält jährlich von unserem Verein den von einem Steuerberatungsbüro erstellten Jahresabschluss und das Protokoll von der Mitgliederversammlung zur Prüfung und Kenntnisnahme zugesandt.« Frechheit siegt.

Noch dreister geht es beim BMS Kinderhilfe e. V. zu. Der Kassier prüft sich selbst und entscheidet – zusammen mit sich selbst als Vorstandsvorsitzendem – über die Spendenverwendung. Damit die Sache noch reibungsloser funktioniert, gibt die Ehefrau die zweite Vorsitzende. Sodann findet sich unter den sieben Gründungsmitgliedern auch noch ein Tobias mit gleichem Familiennamen.

Die Staatsanwaltschaft Memmingen ermittelt gegen den Verein wegen Betrugsverdachts. Bei den zu prüfenden Vorwürfen der Staatsanwaltschaft geht es unter anderem um ein verstorbenes krebskrankes Kind, für das der Verein bei Haussammlungen weiterhin Spenden eingesammelt hatte. Angeblich »aus Versehen«.

Nach eigenen Angaben ist der Verein in ganz Bayern tätig. Wie viel Geld dabei zusammenkommt, wollte das Ehepaar Sch. nicht

194

kundtun. Die Spendenverwendung? Angeblich werden 100 Prozent den Satzungszwecken zugeführt – eine Behauptung, die ohne jedes Zahlenfundament im beweisfreien Raum herumgeistert.

Der Fall BMS Kinderhilfe e.V. dokumentiert ein erstaunliches Faktum: Die Umgehung einer vom Vereinsrecht vorgesehenen Kontrolle, ausgeübt durch verschiedene Vorstände, indem alle wichtigen Funktionen mit Familienmitgliedern besetzt werden. So bestimmten die Akteure Ämterbesetzung, Ausgabenpolitik und Geldverwendung familienintern. Wieder sind die Spender nur zahlende Zuschauer.

Resümee

Durch das Vereinswesen entstand eine Vereinigungsform, die unserer Gemeinschaft dienen soll. Die organisierte Willensbildung gilt dabei als Grundpfeiler, ähnlich dem demokratischen Grundgedanken unserer Gesellschaft. Wer durch formale Bestimmungen in der Satzung absichtlich die Mitbestimmung aller Mitglieder einschränkt, schafft Strukturen, die dem ursprünglichen Vereinsgedanken zuwiderlaufen.

Demokratisch aufgebaute Satzungen enthalten gleiche Rechte für alle Mitglieder. Dazu zählt die Wahl des Vorstands ebenso wie die Genehmigung zur Mittelverwendung. Sogenannte Fördermitgliedschaften schränken diese Grundrechte meist stark ein, so dass innerhalb der Mitglieder ein Zweiklassensystem entsteht. Wer so etwas einführt, muss sich nach den Gründen fragen lassen. Die Einschränkung der Mitgliederrechte ist ebenso zweifelhaft wie die Umgehung des gesetzlichen Widerrufsrechts bei sogenannten Haustürgeschäften. Deshalb sollte, wer das Selbstverständnis der Verantwortlichen eines Vereins hinterfragen will, einen möglichst kritischen Blick in die Satzung werfen.

7 Mieses Motto: Ein wenig für die Armen, das meiste für mich

Die Machenschaften beim Deutsches Tierhilfswerk (DTHW) und der Arche 2000 Welt-Tierhilfe wurden schon an anderer Stelle beleuchtet. Beide Male kam es zu mehrjährigen Haftstrafen wegen Missbrauchs von Spendengeldern in Millionenhöhe. Die Höhe des Strafmaßes ist eigentlich erstaunlich. Hätten die Bosse etwas mehr Geld für bessere Anwälte ausgegeben, wären die Strafen vermutlich deutlich geringer ausgefallen.

Vereinsverantwortliche, das belegt ein weiteres Beispiel, brauchen selbst dann keine harten Gerichtsurteile zu befürchten, wenn sie sich Millionen einverleiben: Frau Sch. und ihr Sohn mussten sich einer Anklage wegen gewerbsmäßiger Untreue stellen. Im von der Staatsanwaltschaft untersuchten Zeitraum von drei Jahren zweigten sie bei den beiden Vereinen Kinder in Not sowie Deutsche Gesellschaft Tiere und Natur (DGTN) über fünf Millionen Euro für sich ab. Die Ermittlungen dauerten mehrere Jahre, der Prozess ein paar Stunden. Wegen der umfassenden Geständnisse von Mutter und Sohn musste sich Justitia nicht lange bemühen. Eine Verständigung zwischen Verteidigung und Staatsanwaltschaft ergab jeweils zwei Jahre auf Bewährung und Geldstrafen von insgesamt rund 170 000 Euro. Das ist dann doch ein Strafmaß, das empört! Die Strafe steht in keinem Verhältnis zur Höhe des veruntreuten Vereinsvermögens. Da drängt sich das Bild des Spenders als Melkkuh auf. Auch die Anklageschrift der Staatsanwaltschaft enthält wenig Trost. Danach flossen nur jeweils rund zehn Prozent der Einnahmen tatsächlich in den eigentlichen Vereinszweck. Die übrigen Gelder strömten an die Familie Sch., namentlich an die beiden Angeklagten sowie den zweiten Sohn. Laut Staatsanwaltschaft profitierten noch weitere Familienmitglieder. Die juristische Zusammenfassung bewertet die Geldflüsse wie folgt: »Spätestens im

Tatzeitraum war der eigentliche Zweck der Vereine die Finanzierung des Lebensunterhaltes der Familie Sch. [...], die über die
Vereinsvermögen wie eigenes Vermögen verfügten.«

Dieses System arbeitete auch international: In der Schweiz und in
Luxemburg wurden die Firmen Atlantis und Ribana gegründet.
Als Geschäftsführerin dieser Unternehmen vereinbarte die Angeklagte Verträge mit den Vorsitzenden der Vereine Kinder in Not
und Deutsche Gesellschaft Tiere und Natur. Den unangemessen
hohen Vergütungen stand laut Staatsanwaltschaft kein Nutzen
gegenüber.

Noch weniger Mühe mit der Kaschierung der Kapitalflüsse gab
sich Herr Sch. Er schloss gleich direkt mit den genannten Vereinen Dienstleistungsverträge ab. So konnte er fast willkürlich
Beträge in Rechnung stellen, die in keinem Verhältnis zur erbrachten Leistung standen; wenn nicht sogar komplett ohne
Gegenleistung blieben.

Damit aber nicht genug. Beide Angeklagte vermieteten Grundstücke und Räumlichkeiten an die betrogenen Organisationen. Die
Mieten bewegten sich meist erheblich über dem üblichen Preisni-
veau. Einige dieser Büroflächen und Grundstücke blieben von den
Vereinen sogar ungenutzt.

Bei der Verurteilung 2010 wurden die staatsanwaltschaftlichen
Ermittlungen zu den Jahren 2002 bis 2004 zugrunde gelegt. Spannend wäre natürlich auch zu wissen, was in den Jahren vorher
passierte, denn die Angeklagte Sch. war zu diesem Zeitpunkt bereits anderthalb Jahrzehnte aktiv.

Die zweifelhafte »Karriere« von Frau Sch. begann 1985 mit der
Gründung des Vereins Kinder in Not. Später war sie Vorstand bei
der Deutschen Gesellschaft für Tiere und Natur. Schon damals
kam es zu Untreuevorwürfen, die 1991 zu einer Verurteilung
führten. Wie die Verurteilung 2010 belegt, hat sie das in ihrem
Handeln nicht irritiert. Der Lerneffekt lag offenbar nur in der
Strategie. Nach der ersten Verurteilung trat sie nie wieder selbst
als Vorstand in Erscheinung. Dieses Vorgehen wird in der Vereins-

szene häufig praktiziert und erschwert die Ermittlungen der Staatsanwaltschaft erheblich – meist mit erfolgreichem Ausgang für die Beschuldigten.

Wer heute die Internetauftritte der Vereine besucht, staunt über das ungebrochene Selbstbewusstsein, mit dem um Spenden geworben wird. Die Deutsche Gesellschaft Tiere und Natur bezeichnet sich als einer der »ältesten Tier- und Naturschutzvereine in Deutschland«. Hans Pötz ist seit Jahren unverändert Vorstand. Geradezu höhnisch klingt es, wenn er sich bei den vielen Spendern dafür bedankt, »dass wir immer wieder dort erfolgreich helfen können, wo die Hilfe am meisten gebraucht wird«. Die seit Jahren bei Kinder in Not agierende Vorsitzende Natascha Marquardt ist stolz auf das fünfundzwanzigjährige Jubiläum und bedankt sich für die große Unterstützung, ohne die die »kontinuierliche Hilfe« nicht möglich gewesen wäre.

Im Dunstkreis der Gesellschaften findet sich der Verein Organisation für Notleidende Kinder e. V. (ONK). Viele Jahre saß Frau Sch. im Vorstand. Amtsnachfolger ist ihr Bruder. Auf der Homepage distanziert sich ONK von den Skandalen um Kinder in Not und Deutsche Gesellschaft Tiere und Natur: »Der Vorstand, welcher seit elf Jahren agiert, hat seine Arbeit bis heute gewissenhaft und ohne eine einzige Beanstandung seitens Justiz- oder Finanzbehörden erfüllt.« Diese Aussage lenkt von der Tatsache ab, dass die ADD Mitte 2010 gegen ONK ein Sammlungsverbot für Rheinland-Pfalz ausgesprochen hat. Wortklaubend kann man sich darauf versteifen, dass diese tatsächlich weder Justiz- noch Finanzbehörde sei.

Die Begründung der Trierer Spenden-Cops für das Sammlungsverbot: »Nach umfangreicher sammlungsrechtlicher Prüfung ist dem ADD im Überprüfungszeitraum insgesamt keine angemessene Verwendung der Sammlungserträge für die in der Öffentlichkeit beworbenen Hilfsdienste nachgewiesen worden. Insbesondere die hohen Kosten für Werbung und Verwaltung sowie die mangelnde Bereitschaft, eine satzungsgemäße Zuordnung der Kosten für die in der Schweiz und in Liechtenstein beauftragten Unternehmen vorzunehmen, führt zu erheblichen sammlungsrechtlichen Zweifeln an einer zweckentsprechenden Verwendung der Sammlungserträge.«

Unternehmen in der Schweiz und in Liechtenstein? War da nicht etwas im Zusammenhang mit den Verurteilungen bei Kinder in Not und DGTN?

Angeblich operieren die Vereine unabhängig voneinander. Trotzdem antworteten sie beinahe gleichlautend auf eine Anfrage von CharityWatch.de zur Verwendung der Spendengelder. Es überrascht nicht, dass die angefragte Auskunft von allen drei Vereinen verweigert wurde. Verwunderlich ist nur, dass die Begründungen ebenso stereotyp wie sachlich falsch sind. In jeder Absage wird ein Urteil des Landgerichts Frankfurt am Main erwähnt, das in Wirklichkeit nichts mit CharityWatch.de zu tun hat.

Tatsächlich beziehen sich die Absagen auf Behauptungen, die der bereits im Vorwort wegen seiner Verleumdungen zitierte Harry Lermer aufstellt. Demnach würde ich mit einer negativen Berichterstattung »drohen« und so die »Übersendung interner Geschäftsunterlagen ›erpressen‹«. Lermer spricht von einer dahintersteckenden »Geschäftsidee«, die das Landgericht Frankfurt in dem Urteil gegen einen zwischenzeitlich verstorbenen Unternehmer angenommen hätte. Mit CharityWatch.de und dem Spendenmarkt hatte der Verstorbene nichts zu tun, davon abgesehen, dass in dem Urteil nicht das von Lermer Suggerierte ausgesagt wird.

Leider verfehlen auch falsche Behauptungen ihre Wirkung nicht. Schließlich lesen die Vereinsverantwortlichen – wie viele andere – das Urteil nicht nach. Und vielen Vereinen bieten sie eine willkommene Begründung, jegliche Auskunft zu verweigern.

Hans Kurt Pötz von DGTN antwortete auf die Frage nach einem Rechenschaftsbericht beispielsweise so: »Sie baten um Auskunft über unseren Verein. Das lehnen wir ab, da wir von Herrn Harry Lermer vor Ihnen gewarnt wurden. Herr Lermer bat uns, ihn umgehend zu informieren, falls Sie unseren Verein wiederum kontaktieren sollten. Es existiert ein Urteil eines Frankfurter Landgerichts, welches wir über Ihre Aktivitäten unterrichten sollen und werden.«

Ein im Auftrag des Vorstandes antwortender Mitarbeiter von Kinder in Not gibt zu, dass er das Urteil nicht kennt: »Herr Lermer beruft sich auf ein uns leider nicht vorliegendes Urteil eines Frankfurter Landgerichtes.«

Der Vorstand von ONK untersagt in seinem Schreiben, ihn in Zukunft mit »unseriösen Anfragen zu belästigen«. Doch wenn hier jemand belästigt wird, dann sind es die Spender der zweifelhaften Vereine, die immer wieder neues Geld überweisen sollen.

An dieser Stelle kommt eine weitere wichtige Person ins Spiel: Hans Rill. Er war in die Öffentlichkeitsarbeit von Kinder in Not und DGTN involviert. Bei DGTN amtierte er zusätzlich als Vorstand. Darüber hinaus gründete er den Verein Social VIPs. In einer Presseinformation protzte Rill mit der prominenten Besetzung des »Charity-Clubs«. Angeblich hätten sich »Dallas-Star Audrey Landers, Traumschiffkapitän Siegfried Rauch, Rocky-Bruder Frank Stallone, die Volksmusik-Legenden Maria & Margot Hellwig und Olympiasieger Klaus Wolfermann […] zusammengeschlossen und mit anderen VIPs ihre Kräfte gebündelt«. Starke Worte. Ob die Prominenten von ihrer werblichen Nennung wirklich wussten, muss bezweifelt werden. Zumindest deutet das eine Antwort des Büros der Hellwig-Schwestern an: »Es gab vor gut zwei Jahren mal eine Anfrage über die Agentur von Hellwigs, ob beide in solch einem Verein Ehrenmitglied werden könnten. Unterlagen hatten wir keine erhalten und seitdem auch nichts mehr von der Angelegenheit gehört.«

In einem anderen Fall schoss der flotte Hans mit seinen Ankündigungen ebenfalls über das Ziel hinaus – es ging um Aids Take Care Deutschland e.V. Vollmundig wurde eine afrikaweite Aufklärungskampagne angekündigt. Der deutsche Verein unterstütze und finanziere nur Projekte, die von einem Aids Take Care Foundation Trust »als förderungswürdig überprüft und empfohlen«

werden, heißt es in der Vereinssatzung. Was und wer sich genau hinter dem im südafrikanischen Kapstadt registrierten Namen verbirgt und wofür der von Hans Rill geführte Verein seine Spenden verwendet, erfährt die Öffentlichkeit bis heute nicht. Eine Aufklärungskampagne, deren Hintergrund niemand aufklärt, ist kein Fundament für die notwendige Glaubwürdigkeit eines Vereins.

Reich durch Arme und ein Maserati als gemeinnütziger Dienstwagen obendrauf

Schauplatzwechsel: Mehr als 114 000 Euro kostet ein Maserati, wie ihn sich die Berliner Treberhilfe als Dienstwagen leistete. Allerdings war das kein Maserati der üblichen Ausführung, sondern ein Quattroporte mit einem 4,2-Liter-V8-Motor und 400 PS unter der Haube. Spitzengeschwindigkeit: 270 Kilometer pro Stunde. Wahrhaft ein edles Gefährt, nicht nur Autonarren werden das bestätigen. Aber als Dienstfahrzeug, noch dazu einer gemeinnützigen Organisation? »Treber« ist die in Berlin übliche Bezeichnung für Obdachlose oder jugendliche Herumtreiber. Ihnen sollten die finanziellen Zuwendungen an die Treberhilfe eigentlich zugute kommen.

Die Sache mit dem Luxuswagen im Dienste der Treberhilfe wäre ohne den Blitz einer Radarfalle vermutlich nicht aufgeflogen. Zumindest, wenn sich der Fahrer hätte ermitteln lassen. So aber kam es zu der behördlichen Auflage, ein Fahrtenbuch zu führen. Die Treberhilfe klagte vor dem Verwaltungsgericht – ein Vorgang, der die dahintersteckende Überheblichkeit offenbart. Und endlich geriet die ganze Angelegenheit an die Öffentlichkeit. Eine Woge der Empörung war die Folge. Die Treberhilfe, eine gemeinnützige GmbH, die sich mit fast 300 Mitarbeitern um die Ärmsten der Armen in Deutschlands Hauptstadt kümmert, leistet sich einen Maserati als Dienstwagen? Noch dazu von einem Fahrer gesteu-

ert, um den Ex-Treber-Chef Harald Ehlert zu den sozialen Brennpunkten der Stadt zu chauffieren? Alternativ stand im feudalen
Fuhrpark der Treberhilfe noch ein 1er-BMW zur Verfügung.

Harald Ehlert führte auch sonst ein luxuriöses Leben. Bekannt ist
er in Berlin für seine rauschenden Feste. Er residierte in einer lu-
xuriösen Dienstvilla am Schwielowsee. Zu der gehörten ein Boots-
haus und eine nachträglich eingebaute Sauna mit Dampfbad und
Whirlpool. Privat fuhr Ehlert ebenfalls einen Sportwagen der
Luxusklasse. Passend zum üppigen Geschäftsführergehalt – von
300 000 Euro Jahreseinkommen ist die Rede – handelte es sich um
ein Fahrzeug der Nobelmarke Jaguar. Es grenzt an Hohn, dass der
Luxus von einer gemeinnützigen Gesellschaft finanziert wurde,
die sich ohne kommerzielle Gewinnerzielungsabsichten um eine
besondere Gruppe Bedürftiger in der Hauptstadt kümmern soll.

Als der Spendensammler Thomas Heinze den A. E. B. V. Allgemeinen Europäischen Behinderten Verband leitete, fuhr er einen
Mercedes der S-Klasse. Obwohl der Name den Eindruck erweckt,
es handele sich um einen europaweit operierenden Dachverband,
blieben Zahlungen an »Partnervereine« unbedeutende Ausnah-
men. Im Februar 2010 wurde das Insolvenzverfahren eröffnet, angeblich wegen Steuerschulden. Steuerschulden bei einem Verein?
Das macht stutzig. Irritierend auch die Versprechen in Anzeigen
zur Mitarbeiterwerbung: »Spaß am Vertrieb? Zu wenig Geld? Zu
hohe Stornoquote? Der Schlüssel zum Erfolg: Fundraising«. Weitere Köder waren ein »konkurrenzloses Produkt« sowie eine »at-
traktive Abschluss-/Folge-/Dauerprovision«.

Zusätzlich wickelte der Verein die Anwerbung von Mitgliedern
und Spendern über eine englische Limited ab. Diese in Großbritannien übliche Form der GmbH genießt in Deutschland keinen
guten Ruf und wird gerne deshalb benützt, weil dadurch das Haft-
kapital gering gehalten werden kann. So geschehen bei der Toboro
Limited, die über ein Stammkapital von 100 Pfund verfügte. Geschäftszweck: »Internetdienste, Internetmehrwertdienste und Te-
lefonservice«. Bevor die Toboro in die Spendenbranche wechselte,

versuchte sie sich im Erotikgeschäft. Die Bemühungen waren allerdings erfolglos. Ein Umstand, der die Entscheidung, in das lukrativere Spendenmetier zu wechseln, sicher erleichterte.

Zumindest für Heinze lohnten sich die Aktivitäten offenbar. Warum sonst sollte er jetzt mit einem neuen Verein auf Spendenfang gehen? Behinderte Kinder in Deutschland (BeKid) residiert am Kurfürstendamm in Berlin. Das tut er allerdings vorwiegend virtuell. Mitarbeiterinnen eines Büroserviceunternehmens sorgen dafür, dass BeKid zumindest erreichbar ist. Die Masche der Geldakquisition verläuft nach bewährtem Strickmuster. Mitarbeiter/innen für den Außendienst sucht Heinze per Zeitungsinserat. Einstellungsvoraussetzung: Mindestalter 18 Jahre und »perfektes Deutsch in Sprache und Schrift«. Viel hat sich nicht geändert – insbesondere natürlich hinsichtlich der fehlenden Bereitschaft, Auskunft über die Verwendung der Spendengelder zu geben.

Äußerst verschwiegen gibt sich auch das Kinderhilfswerk Essen, eine Zweigniederlassung von Internationales Kinderhilfswerk Limited aus London. Direktor und Gesellschafter ist Bernd Lauks, in offiziellen Papieren Bernhard Lauks. Seine Organisation bezeichnet er als »Bundesverband«, der bewusst auf öffentliche Gelder verzichte. Er wolle Kindern ohne Chance helfen, heißt es. Seine angeblich gemeinnützige und mildtätige Institution nennt er vollmundig überparteiliche Lobby für Kinder und Jugendliche. Obwohl das Kinderhilfswerk Essen alles andere als ein gemeinnütziger Verein ist, gibt sich Lauks gerne als Vorstand aus. Wer kritische Fragen stellt, wird mit einem Hinweis auf die Kontrolle einer unabhängigen Steuerberaterin abgespeist.

Die Wahrheit sieht anders aus. Das erhellt schon ein Blick in den Gründungsvertrag der kommerziellen Firma, die diese englische Limited ist. Als Gesellschaftszweck findet sich unter anderem: »Verteilung in bar oder auf andere Art und Weise von Vermögen und Vermögensgegenständen der Gesellschaft unter den Gesellschaftern der Gesellschaft [...]« Noch einmal zur Erinnerung: Gesellschafter ist Bernhard Lauks. Angesichts dieser Möglichkeiten klingt alles schon viel weniger maskiert als die vorgeschobenen Ziele vom Kinderhilfswerk Essen, die potenziellen Spendern bei Haus- und Straßensammlungen sowie in Mailings vorgegaukelt werden.

Ein anderer besonders dreister Fall von fragwürdiger Spendenverwendung ist der Bund für Kinderhilfe e. V. aus Augsburg. Hier kam es zwischenzeitlich zu einer Verurteilung durch das Landgericht Augsburg. Das Urteil ist noch nicht rechtskräftig, da beim Bundesgerichtshof Revision eingelegt wurde. Der Vorstandsvorsitzende L. muss nach dem bisherigen Urteil wegen Betrugs und Untreue in einem besonders schweren Fall für vier Jahre ins Gefängnis. Sein Vergehen: Er verkaufte ahnungslosen Unterstützern Patenschaften für Waisenkinder in Thailand. Für jeweils 30 Euro im Monat sollte einem dort lebenden Kind geholfen werden. Versprechen an die Spender über die Art der existenziellen Hilfe für das Kind: »Genügend zu essen, die medizinische Grundversorgung ist gewährleistet, und es kann in einer Schule lesen und schreiben lernen.« Mit diesem Märchen brachte L. sogar Kinder in Deutschland bedenkenlos um Teile ihres Taschengelds. Eine in dem Prozess vernommene Zeugin gab zu Protokoll: »Unser Kind hat sein Taschengeld geopfert, aber auch Briefe und Päckchen an sein Patenkind geschickt.« Davon angekommen sind bei den Waisenkindern in Thailand nur rund zehn Prozent. Umso mehr Geld gab L. für Telefonmarketing aus, zwischen 2007 und 2009 fast 300 000 Euro. Und damit das beauftragte Unternehmen genügend verdiente, beschäftigte es auch staatlich bezuschusste Ein-Euro-Jobber sowie Jugendliche auf der Suche nach einem Ausbildungsplatz. Damit wurden nicht nur die Spender, sondern auch die Öffentlichkeit in Form von staatlichen Zuschüssen für die Beschäftigungsmaßnahmen betrogen. An den zahlreichen Verhandlungtagen des Gerichts kam es zur Befragung diverser geschädigter Paten – jeder von ihnen äußerte sich bestürzt über den Missbrauch seines Vertrauens.

Das Beispiel Bund für Kinderhilfe bestätigt einmal mehr, wie leicht es ist, Spender hinters Licht zu führen. Der Vorstand vertritt den Verein »ehrenamtlich und unbezahlt. Es werden weder Gehalt noch Aufwandsentschädigungen gezahlt. Der Vorstand unterstützt die Organisation darüber hinaus insofern, dass er selbst einen Teil der anfallenden Kosten der Organisation trägt« – so stand es auf der Homepage.

Wie wenig solche Aussagen wert sind, zumal sie sich vom Spender ohnehin nicht überprüfen lassen, zeigt ein anderer Aspekt. Laut Staatsanwaltschaft ging es in dem Verfahren unter anderem um eine Immobilie in Augsburg, die der Verein seinem Vorstand abkaufte. Wie angemessen mag der Kaufpreis wohl gewesen sein?

Fakt ist: Der Phantasie von Vereinsbossen, sich massive Vorteile zu Lasten des guten Zwecks zu verschaffen, sind kaum Grenzen gesetzt. Und wäre L. einen Tick intelligenter vorgegangen, hätte er eine Strohfrau oder einen Strohmann installiert. Den Nachweis für einen Betrug zu erbringen ist dann wesentlich schwieriger.

Hinter der Mauer des Schweigens werden Recherchen als unanständig und unseriös gegeißelt

Ein hohes Gehalt für den Geschäftsführer, ein nobler Dienstwagen und üppige Büroflächen waren bei der Deutschen Parkinson Vereinigung (dpv) nur die Spitze des Spendeneisbergs. Ein von zwei Insidern verfasstes »Schwarzbuch« brachte den Stein ins Rollen und dpv-Geschäftsführer Friedrich-Wilhelm Mehrhoff in Erklärungsnöte. So stand unter anderem sein »üppiges Salär« in der Kritik, ebenso die überdimensionierten Büroräume. Auf über 360 Quadratmetern, so ein *Spiegel*-Bericht, residiert der Verein mit seinen vier Mitarbeitern. Offensichtlich hatten die Journalisten aber nicht haargenau nachgemessen. Eine gute Gelegenheit für den praktizierenden Rechtsanwalt, sofort ein Dementi einzuwerfen. In Wirklichkeit seien es inklusive Lager nur 355 Quadratmeter. Die fünf Quadratmeter Abweichung zu den Angaben im

Spiegel reichten der Vorstandsvorsitzenden Magdalene Kaminski, im Magazin des Vereins den Spieß rigoros umzudrehen. Von unanständigen und unseriösen Recherchen war die Rede und von Behauptungen, die jeglicher Grundlage und jeglichen Wahrheitsgehalts entbehrten. Spiegel-Fechtereien im wahrsten Wortsinn!

Übrigens ist dieses Beispiel ein schöner Musterfall für Meinungsbildungen bei Streitereien. Gegendarstellungen, Unterlassungserklärungen oder einstweilige Verfügungen eignen sich hervorragend, von den Kernaussagen abzulenken. Fünf Quadratmeter Flächenabweichung halten dafür her, dass ein ganzer Bericht als unglaubwürdig dargestellt wird. Für den Leser entscheidend sollte deswegen am Ende nur sein, ob die zentralen Aussagen eines Berichts korrekt wiedergegeben wurden oder nicht.

Bei dem Artikel des *Spiegel* blieb der zentrale Vorwurf der Redakteure (»Verschwendung«) bestehen. Er wurde durch eine Gegendarstellung des dpv sogar noch befeuert. Darin hieß es, das Gehalt von Mehrhoff habe »nur« bei etwas über 100 000 Euro gelegen. Die meisten Menschen werden ein Gehalt von 100 000 Euro wohl eher als »üppig« empfinden. Wie schön, dass diese Zahl auch noch stilvoll per Gegendarstellung von den Verantwortlichen selbst herausgegeben wurde.

Einen weiteren Kritikpunkt stellt die »Undurchsichtigkeit der Informationsarbeit« dar, von den Autoren des Schwarzbuchs an zahlreichen Beispielen aufgezeigt. Eins dieser Beispiele ist das Vereinsorgan »dPV-Nachrichten«. Konzept, Redaktion und Gestaltung übernimmt ein ELLYOTT Medizin Verlag aus Hamburg, ein Spross der ELLYOTT Pharmakommunikation, geleitet von Lutz Johner. Zu dessen Auftraggebern zählen Pharmaunternehmen wie etwa GlaxoSmithKline.

Der dPV ist übrigens nicht der einzige Johner-Kunde. So wird etwa der Verein Deutsche Krebsgesellschaft ebenfalls von dem Multitalent betreut, das Pharmafirmen nicht nur in Sachen Typografie und Druck beisteht. Praktischerweise mischt der Mann auch gleich bei der »Produkteinführung und -betreuung« mit. Ein Bein im Pharmalager, das andere in der Tür von Spendenorganisationen – wie praktisch.

Die Deutsche Parkinson Vereinigung, ein Verein mit immerhin 2,6 Millionen Euro Jahreseinnahmen, rund 23 000 Mitgliedern und zahlreichen ehrenamtlichen Mitarbeitern in über 450 Regionalgruppen, sollte über die Spendenverwendung aussagekräftig und korrekt berichten. Sollte. Stattdessen startete Mehrhoff ein weiteres Ablenkungsmanöver. Der »Rechenschaftsbericht 2009« war nichts anderes als ein bunt bemaltes Windei. So zeigt etwa die Kuchengrafik zur »Verteilung der Ausgaben 2008« 18 Prozent Ausgaben für »Bußgelder«. 19 Prozent wurden für »Erbschaften« ausgegeben. Doch was haben Bußgelder und Erbschaften mit Ausgaben zu tun? Meinte Mehrhoff mit der Ausgabenzusammensetzung eigentlich die Einnahmen? Angaben mit viel zu vielen Fragezeichen, die keinesfalls ausreichend Aufschluss über die Mittelverwendung geben. Ein weiterer Teil dieses Verwirrspiels sind Jahresangaben, die munter und unsortiert die Jahre 2008 und 2009 vermischen. Wie das alles zu verstehen sei, sollte Mehrhoff auf Anfrage aufklären. Die Stellungnahme blieb aus.

Und die Reihe der Mehrhoffschen Merkwürdigkeiten setzt sich fort. So wird der Mann in verschiedenen Suchportalen für Anwälte mit der Adresse der Deutschen Parkinson Vereinigung geführt. Ob er als Rechtsanwalt in den Räumen der dpv arbeite, wollte er auf Nachfrage nicht beantworten. Bei einem Gehalt des Vereins von »nur« 100 000 Euro wäre es aber doch interessant zu wissen, ob Mehrhoff für dieses Salär seine Arbeitskraft ausschließlich dem Verein zur Verfügung stellt. Hochspannend ist die Verweigerung von Auskünften ebenso in Bezug auf die eventuellen Beziehungen des Vereins und dessen Vorsitzendem zur Pharmabranche.

Weil er auf die »Angriff ist die beste Verteidigung«-Waffe setzte, hatte der Rechtsanwalt von Anfang an – frei nach dem Prinzip Bockshorn – mit der juristischen Prüfung der Aussagen gedroht. Das galt sowohl für die Autoren des Schwarzbuches als auch für die Anfragen von CharityWatch.de. Aber was ist aus den angeblich haltlosen Vorwürfen im Schwarzbuch und seitens verschiedener Medien geworden? Mehrhoff will auf Nachfrage nicht benennen, welche Punkte nicht mehr behauptet werden dürfen. Das wirft den Verdacht auf, wesentliche Aussagen der beiden Insider blieben unwidersprochen. Daraus ziehe ich die Schlussfolgerung, dass offenbar doch einiges dran war an den Vorwürfen, die sich aus den anfangs als »unanständig« und »unseriös« gegeißelten Recherchen ergeben hatten.

Der Fall dpv zeigt einmal mehr das nicht im Sinne der Spender liegende Selbstverständnis, wonach ein Geschäftsführer/Vorstand einer Wohltätigkeitsorganisation ähnlich großzügig wie sonst nur in der Industrie üblich zu bezahlen sei. Von einer den Unterstützern verkauften altruistischen Einstellung ist in der Praxis nichts zu erkennen.

Sollen Boni und üppige Sondervergünstigungen jetzt auch für solche Akteure der Mildtätigkeitsbranche fließen, die weniger am guten Werk interessiert, sondern primär von der eigenen pekuniären Gier getrieben sind? Global agierende Spendenkonzerne, undurchschaubar verzweigt, mit Nummernkonten in der Schweiz und bunten Briefkastenadressen in exotischen Steuerparadiesen wie den Kaimaninseln? Ein klares Nein! Im Gegenteil: Wer eine Organisation mit dem Nimbus von Wohltätigkeit leitet, muss sich mit ihren Zielen identifizieren! Die Mentalität eines Investmentbankers ist fehl am Platz. Und niemand wird ernsthaft bestreiten, dass es genügend qualifizierte Führungskräfte gibt, die für weniger als 100 000 Euro im Jahr arbeiten.

Für Edel-Spendensammler sind Adlon und Taj Mahal als Herberge gerade gut genug

Wenn sich die Industrie als Maßstab schon aufdrängt, darf auch von Aktionären und Dividenden gesprochen werden. Nicht zu vergessen die Transparenz, die Großunternehmen sogar durch

Quartalsberichte umsetzen. Wird der Spender jedoch als Aktionär gesehen, der sein Geld einem Unternehmen mit dem primären Ziel anvertraut, möglichst hohe Dividenden zu erhalten, hat er das Recht auf einen ausführlichen Bericht über seine Investition. Die Dividende oder der Nutzen kommen in diesem speziellen Fall anderen zugute, seien es in Not geratene Menschen oder Tiere. Somit steht es selbst Kleinspendern zu, Fragen zu stellen und zu monieren, warum ein hoch bezahlter Manager auffällig viel von den Einnahmen unter dem Gummiposten »Verwaltung« verschwinden lässt oder warum er Alibiausgaben präsentiert, die sich nur mit viel Phantasie dem eigentlichen Vereinszweck zuordnen lassen.

Blickpunkt Zürich. Dort lebt, stilvoll in einem Nobelviertel, Hermann Sailer – Professor, Dr. med., Dr. med. dent. und Dr. ehrenhalber. Sein Spezialgebiet ist die Schönheitschirurgie. In seiner Klinik kann die Frau – oder der Mann – von heute fast jeden Bereich des eigenen Körpers verschönern, vergrößern, liften oder umformen lassen.

Neben dem Geschäft mit der getunten Schönheit hat der eifrige Fassaden-Lifter noch ein weiteres Standbein: Zu Tausenden lässt er Briefe verschicken, in denen er um Geldspenden für Kinder mit Lippen-Kiefer-Gaumenspalten wirbt. Unter dem Namen Cleft-Kinder-Hilfe werden eine gemeinnützige GmbH in Hannover und eine Stiftung in Bielefeld geführt, die neben anderen Organisationen unter dem Dach der Cleft-Children International (CCI) in Zürich arbeiten. Dort schaltet und agiert Hermann Sailer ganz nach jeweiligem Belieben. Beispielsweise wurde der Stiftungsrat in den vergangenen Jahren nicht immer mit der vorgeschriebenen Personenzahl besetzt. Das machte es ungefährlicher, sich mit verschiedensten Honorarrechnungen zu bedienen. 350 Franken stellte Sailer der Schweizer Stiftung pro Stunde in Rechnung – vermutlich noch ein Rabatt-Tarif. Für die Beantwortung elektronischer Mails fielen mal eben 120 bis 125 Franken an – pro Antwort. Spesen wie etwa Speisen und Getränke in Nobelrestaurants der

Kategorie Züricher Kronenhalle? Die bezahlte der Spender, ebenso wie Übernachtungen im Berliner Adlon oder sogar im Taj Mahal Hotel in Mumbai.

Doch der Verschönerungsexperte gab auch selber gern den Gastgeber, allerdings nicht ganz uneigennützig. Die Voraussetzungen sind optimal, denn das Sailersche Anwesen in Zürich ist so großzügig bemessen, dass es genügend Platz für Gäste bietet – rein geschäftlich natürlich und deshalb für 750 Franken pro Nacht. Bezahlt wurden die Übernachtungen von der Stiftung als »Gästebetreuung« an Sailers Lebensgefährtin. Offensichtlich ein lukrativer Zuverdienst. Allein auf einer einzigen Rechnung waren 34 250 Franken ausgewiesen!

Das monatliche Gehalt der Lebensgefährtin schlug mit 7500 Franken zu Buche. Es wurde von der Stiftung bezahlt, obwohl die Dame das Beratungszentrum der Klinik von Hermann Sailer leitete. Das kumulierte sich zu einem Ausgabenberg, dessen Gesamtsumme nicht nur einem vielbeschäftigten Schönheitschirurgen hätte auffallen müssen. Tat sie aber lange nicht. Missverständnisse in der Administration der Privatklinik von Professor Sailer seien schuld gewesen an den Rechnungen, hieß es. Die Lebensgefährtin – als Geschäftsführerin der Stiftung wies sie Sailers und ihre eigenen Rechnungen zur Zahlung persönlich an – habe dies auch nicht bemerkt.

Mit der Aufarbeitung der »Fehler« wurde die Firma Bruni Treuhand beauftragt. In einer Stellungnahme sprach Bruni von unberechtigten wie von berechtigten Leistungen. Die unberechtigten seien zurückbezahlt worden. Bleibt die Gretchenfrage: Welche Leistungen waren unberechtigt und wurden zurückbezahlt? Es wäre spannend, die Liste mit einer Vielzahl von vorliegenden Belegen zu vergleichen. Doch der honorige Professor wollte so viel Aufklärung nicht und ließ über exklusive Anwälte beruhigen, es sei schon alles »korrekt verbucht«.

Von den Machenschaften mit und ohne Skalpell zurück zum Thema Kinder: Beim Deutschen Kinderförderwerk e.V. (DKFW) bediente man sich über Jahre hinweg höchst zweifelhafter Praktiken. Nicht unbegründet untersagte die Aufsichtsbehörde für Spendenorganisationen dem DKFW in Rheinland-Pfalz das Sammeln. Trotzdem klagte der Verein dagegen und ging bis zum Oberverwaltungsgericht in Koblenz. Dort wurde der von der ADD ohne konkrete Zahlen genannte Grund, wonach DKFW den Großteil der Jahreseinnahmen von 370 000 Euro für Werbe- und Verwaltungskosten und nicht für krebskranke Kinder verwendete, schließlich in einem Urteil genau beziffert. Für die Jahre 2003 und 2004 hatte das Finanzamt Hilfeleistungen von betrüblich geringen 4,3 beziehungsweise 5,9 Prozent festgestellt. Dem vom DKFW vorgebrachten Argument, wonach ein Großteil der Ausgaben für satzungsgemäße Öffentlichkeitsarbeit verwendet worden sei, folgte das Gericht nicht.

Es ist naiv zu glauben, dass die zweifelhafte Abgrenzung, also der Verweis auf »satzungsgemäße Öffentlichkeitsarbeit«, als Kompensation für nicht erbrachte konkrete Hilfeleistungen einen Ausnahmefall in der deutschen Spendenszene darstellt. Peter Pfützenreuter, Vorstand des DKFW, verspricht dem Spender, die Situation schwer erkrankter und in Not geratener Kinder zu verbessern. Es stünden insbesondere die Probleme von an Krebs erkrankten Kindern und Jugendlichen im Vordergrund. Aber muss darüber aufgeklärt werden, dass Kinderkrebs eine schlimme und bekämpfenswerte Krankheit ist? Dafür muss und würde wohl niemand Geld spenden.

In professioneller Verpackung sieht das traurigerweise anders aus. Mit Mogelpackungen wie von den Rosstäuschern der Lebensmittelbranche lässt sich selbst Gammelfleisch als Gourmetschnitzel an den Verbraucher bringen. Wahrscheinlich schloss deshalb einer der Vorstände einen Vertrag mit einem Fundraising-Unternehmen ab. Im Rahmen eines Gerichtsverfahrens wurde der Vertrag, wohl aus prozesstaktischen Erwägungen, von DKFW als »wirtschaftlich unvorteilhaftes Vertragsverhältnis« bezeichnet. Trotzdem und trotz des Gerichtsverfahrens sah sich Pfützenreuter bei derselben Agentur nach einem vorteilhaften Vertrag um. Laut Homepage von L.A. & Friends ist DKFW dort weiterhin Kunde. Gleiches gilt für den ebenfalls zweifelhaften Verein Children's Project oder den Kinderfee e.V.

Ein Schelm, der Böses dabei denkt. Das gilt übrigens auch für die Reaktion auf eine einfache Anfrage von CharityWatch.de, ob der Verein zwischenzeitlich etwas im Sinne der Spender verbessert habe. Nicht Pfützenreuter selbst, sondern eine vom Verein mandatierte Rechtsanwaltskanzlei schreibt auf zwei Seiten über die angeblich so ungerechten Behörden. Transparenz würde nach Auffassung der DKFW-Anwälte nur dafür ausgeschlachtet, »den Verein in der öffentlichen Meinung zu attackieren, wie man eine Sau durchs Dorf treibt«. Konkrete Aussagen zur Mittelverwendung oder eine Stellungnahme zu den Vorwürfen aus dem Oberverwaltungsgerichtsurteils erfolgen nicht. Stattdessen wird forsch unterstellt: »Sie werden Verständnis dafür haben, dass das Deutsche Kinderförderwerk e.V. kein Interesse daran hat, durch Informationen gegenüber Journalisten, die sich nicht der Berichterstattung, sondern der Stimmungsmache verpflichtet fühlen, an seinem eigenen Rufmord mitzuwirken.«

Wendet man sich beim DKFW den mit »Jahresbericht« überschriebenen Angaben zu, fallen vor allem die Worthülsen auf. Sehr allgemein wird im Bericht für 2009 bei Hilfeleistungen gesprochen von: »[trägt] ein Stück weit zur Finanzierung des Gerätes bei«, »wird die monatliche finanzielle Unterstützung […] aufrechterhalten«, oder »es wurde eine Delphintherapie (DHT) bezuschusst«. Das sind wachsweiche Angaben ohne Nennung von Beträgen – stets ein Warnsignal für eine intransparente Mittelverwendung.

Ein Warnsignal ist auch die Möglichkeit von Insichgeschäften. Bei der Children's Charity of Vietnam (Deutschland) gGmbH wurde eine US-Amerikanerin als Gesellschafterin und Geschäftführerin der gemeinnützigen GmbH von den Beschränkungen des Paragraphen 181 BGB befreit. Das heißt, aufgrund dieser Befreiung von

Insichgeschäften hätte sie Verträge sowohl als Vertreterin der gemeinnützigen GmbH als auch als Vertreterin der anderen Vertragspartei unterschreiben können. Ihre Anwälte haben zwar klargestellt, die gut siebzigjährige Geschäftsführerin aus dem sonnigen Kalifornien habe davon keinen Gebrauch gemacht, aber welchen Schluss über die Grundhaltung der Organisation und ihrer Geschäftsführerin lässt die bei der Gründung eingeräumte Möglichkeit denn nur zu?

Bedenklich ist zudem ein anderer ungewöhnlicher Vorgang: Da Children's Charity of Vietnam als gemeinnützige GmbH angelegt wurde, musste im elektronischen Bundesanzeiger jährlich eine verkürzte Version des Jahresabschlusses veröffentlicht werden. Das passierte aber nicht, weshalb CharityWatch.de beim Bundesamt für Justiz nach dem Grund fragte. Die Antwort spricht Bände: »Gegen die Children's Charity of Vietnam gGmbH konnten für die Bilanzgeschäftsjahre 2006–2008 mangels Zustellbarkeit keine Ordnungsgeldverfahren nach § 335 HGB wirksam eingeleitet werden. Zum Geschäftsjahr 2009 läuft derzeit mit neuer Anschrift eine aktuelle Zustellung.«

Hört, hört. Nicht einmal das Bundesamt für Justiz konnte deutsches Recht durchsetzen. Vielleicht wird das jetzt anders. Die Staatsanwaltschaft Hannover ermittelt strafrechtlich gegen Verantwortliche bei Children's Charity of Vietnam. Es geht um den Verdacht von Veruntreuung. 2010 wurden bereits Hausdurchsuchungen durchgeführt und Unterlagen beschlagnahmt. Doch egal was die Ermittlungen ans Tageslicht bringen. Die Geschäftsführerin mit Wohnsitz in den USA hat bereits die Liquidierung von Children's Charity of Vietnam veranlasst. Ihre Anwälte teilten außerdem mit, es wurden nie Spenden gesammelt.

Die Bosse baden in Champagner, bei den Betroffenen geht es um die nackte Existenz

Villen, Nobelautos, Yachten, Traumschiff-Ambiente und Luxusleben. Ein dramatischer Kontrast zur Klientel. Die Schutzbefohlenen kämpfen nicht nur gegen Armut, Hunger und Krankheit, sondern oft genug ums nackte Überleben. Ob man nun Spender ist, Beobachter oder »nur« Steuern zahlender Bürger, es stößt übel auf, wenn Bedürftige als eurobringendes Etikett missbraucht werden. Schwarze Schafe gibt es überall, mag mancher reflexartig einwenden. Und ja: Sehr viele Spendensammler arbeiten sauber, und nicht jeder unseriöse Spendenboss bringt es zum Millionär. Auch hauen nicht alle dermaßen auf die Pauke wie die Paradiesvögel der Branche, die jedes moralische Empfinden verloren zu haben scheinen.

Fakt ist: Allein die Beträge, die in Deutschland jährlich von den genannten Organisationen an den eigentlichen Hilfszwecken vorbeigeschleust werden, könnten Tausende Waisenkinder versorgen, viele Tiere retten und unzählige kranke Menschen unterstützen. Wie furchtbar mutet es an zu wissen, dass auch die aufgeführten Beispiele nur die Krümel des zerbröselten Spendenkuchens darstellen.

Wann lässt sich der Betrug denn tatsächlich nachweisen? Der Vorsatz, den Großteil der Gelder eben nicht satzungsgemäß verwenden zu wollen? Wer wurde überhaupt betrogen? Juristisch lauten die Urteile oft auf Veruntreuung oder Unterschlagung.

Die Belege spitzen sich auf eine Frage zu: Welche Strukturen – sowohl politischer wie fiskalischer und auch juristischer Natur – leisten der offensichtlich ständigen Vermehrung der schwarzen Schafe Vorschub? Fehlende Kontrollen! Und die dunklen Herden wissen darum. Immer sicherer wird ihre Kenntnis um die entsprechenden Gesetzeslücken, fehlenden Kontrollen und überlasteten Staatsanwaltschaften. Mit immer ausgefeilteren Methoden erobern sie sich immer größere Weidegründe.

Gibt es keinen gesellschaftlichen, gibt es keinen politischen Willen, diese schwarzen Schafe in ihrem Aktionsradius zu begrenzen? Sie zu erkennen, zu benennen und damit schadlos zu machen? Vielleicht fehlt der gesellschaftliche Wille einfach nur deshalb, weil das Wissen um die tatsächliche Größe der schwarzen Herde nicht bekannt genug ist.

Resümee

Die wenigen in die Aufmerksamkeit der Öffentlichkeit gelangten Skandale sind keine Einzelfälle. Viel zu oft werden die rechtlichen Rahmenbedingungen als Einladung zum Missbrauch verstanden. Die provokante These, der Spendenmarkt ziehe Betrüger an wie das Licht die Motten, ist nicht aus der Luft gegriffen.

Und warum ändert sich nichts daran? Der seriöse Teil der Branche scheint kein Interesse zu zeigen, gegen die schwarzen Schafe vorzugehen. Eine offene Debatte, so wird befürchtet, schade dem Markt insgesamt, weil dann die Spendenbereitschaft sinken würde. Anfangs mag das zutreffen. Wäre die Bereitschaft nach einer glaubwürdigen Reform dafür nicht umso höher? Außerdem würde trotz Spendenrückgang wesentlich mehr Geld bei Organisationen mit ehrlichen Absichten landen. Gute Argumente, die bisher leider nichts bewirken.

Auch ohne grundlegende Umbesinnung wäre mit etwas mehr Zivilcourage schon heute einiges zu erreichen. Denn sowohl Presse als auch Staatsanwaltschaft sind bei der Aufdeckung von Missbrauch im Spendenbereich anfangs auf Insider angewiesen, Insider, die bei erkennbaren Pflichtverletzungen nicht wegsehen. Zu viele lassen sich von schönen Worten oder glamourösen Auftritten ablenken oder blenden. Gute Einrichtungen überzeugen durch Fakten. Es ist immer ein Warnsignal, wenn der Jahresbericht einer Organisation in seinen Aussagen ungenau bleibt und die Beschreibungen der geleisteten Hilfen oberflächlich sind. Formulierungen wie »wurden finanziell unterstützt«; »Stellen wurden gefördert«; »ein Angebot geschaffen«; oder »beteiligt sich an den Kosten durch monatliche Zuschüsse« – all das sagt herzlich wenig über die wirkliche Hilfeleistung aus. Wer derartig nebulös formuliert, hat meist einen Grund dafür – doch der ist häufig nicht im Sinne der Spender.

8 Mogelpackung Sozialverantwortung: Greenwashing, ohne dabei rot zu werden

Ein moderner Begriff im Kontext von Unternehmen und Marketing ist Corporate Social Responsibility (CSR), der mit »unternehmerische Sozialverantwortung« oder auch »unternehmerische Gesellschaftsverantwortung« übersetzt wird. Zweifellos sind Unternehmen Teil der sozialen Gemeinschaft; sie haben eine Verantwortung gegenüber ihren Mitarbeitern, Kunden und dem sozialen Umfeld, auch gegenüber ihrer Umwelt und der Gesellschaft allgemein. Im Sinne dieser gesellschaftlich-moralischen Selbstverpflichtung entschließt sich eine zunehmende Zahl von Firmen zu freiwilligen Leistungen, die über die gesetzlichen Forderungen hinausgehen. Wenn diese dokumentierte CSR auch noch dem eigenen Image guttut, umso besser.

Ein bedeutendes Thema in diesem Trend ist der Verkauf von Produkten, die mit einer Spende kombiniert sind. Eines der bekanntesten Beispiele liefert die Firma Krombacher: Wer in den bisher fünf seit 2002 ausgerufenen Aktionszeiträumen einen Kasten Krombacher Bier kaufte, rettete damit, so das Werbeversprechen, einen Quadratmeter Regenwald. Dafür traten Günther Jauch und Rudi Völler vor die Fernsehkameras. Eine tolle Sache, irgendwie logisch. Und auch unkompliziert. Jeder konnte mitmachen. Die richtige Wahl beim Bier macht's möglich.

Doch die wenigsten Krombacher-Genießer werden, in fröhlicher Runde oder sonst wo, den Rechenstift zücken und die zentrale Frage auf einen Bierdeckel notieren: Was kostet es eigentlich, einen Quadratmeter Regenwald zu retten?

Ob Günther Jauch, langjähriger Moderator im Quotenbringer-Quiz *Wer wird Millionär*, die richtige Antwort auf diese grundlegende Frage parat hätte, ist nicht gewiss. Aber wenn er sie wusste, tat er besser daran, sie nicht zu verkünden. Es wäre vermutlich nicht gut für sein Image gewesen, außerdem hätte es ihn bei Krombacher wenn schon nicht Kopf und Kragen, so doch die lukrativen Einnahmen als Werbezugpferd kosten können. Also wie viel Geld vom Kaufpreis eines Kasten Bieres wird denn nun zur Erhaltung des Regenwalds gespendet oder – treffender gesagt – wie erschreckend wenig?

Nach eigenen Angaben stattete Krombacher im Rahmen seiner Regenwaldaktionen in den vergangenen Jahren eine Stiftung der Naturschutzorganisation World Wide Fund For Nature (WWF) mit 3,35 Millionen Euro aus. Dem stand ein Verkauf von 83 Millionen Kästen Bier gegenüber. Das heißt, es wurden 0,04 Euro pro verkauftem Kasten Bier gespendet. In Relation zum Ladenverkaufspreis ist das ein Anteil im Promillebereich, also nicht einmal dem Alkoholgehalt der beteiligten Biersorte entsprechend.

Magere vier Cent pro Kasten für den Regenwald! Für den Bierbrauer ergibt sich eine deutlich fettere Bilanz. Seine Verkaufsstrategen wissen genau, dass bei der Wahl-Qual im deutschen Biermarkt-Dschungel oft emotionale Gründe den Ausschlag geben. Wie wohl fühlt sich der Bierkäufer erst, wenn er dabei auch noch als Regenwaldschützer agiert. Ein Firmensprecher bestätigte zu Beginn des zweiten Aktionszeitraums dem *Spiegel*, damals habe es sich um die bis dahin »erfolgreichste Verkaufsförderungskampagne in der Geschichte unseres Unternehmens« gehandelt. Der Umsatz stieg im ersten Aktionsjahr um über acht Prozent, wobei die Regenwaldmaßnahme »ganz sicher einer der Faktoren« war, »die für große Aufmerksamkeit gesorgt haben«.

An diesem Beispiel wird eines deutlich: Spenden Unternehmen einen Teil des Produktpreises – und sei er auch noch so winzig –, können sie damit ihren Gewinn erhöhen. Doch die Verbindung mit der guten Tat beschert den Herstellern neben dem Umsatzplus zusätzlich einen Imagesprung. Eine moralische Täuschung des Kunden ist es allemal, solange die wahre Relation zwischen Kaufpreis und Spende nicht deutlich offengelegt wird.

Übrigens: Wer wirklich etwas für den Regenwald tun will, rundet den Kaufpreis eines Kasten Bieres auf und spendet direkt an eine Naturschutzvereinigung. Für 25 Euro kann ein ganzer Quadratkilometer Regenwald geschützt werden. Das sind umgerechnet eine Million Quadratmeter – dafür müsste man zehn Millionen Liter Krombacher Bier aus der »4-Cent-Aktion« trinken!

Um moralische Verbrauchertäuschung und um Getränke geht es auch bei der Trinkwasser-Initiative von Volvic, beworben als stilles Mineralwasser aus der Auvergne. Zu still offenbar. Um dem Produkt aus dem Hause Danone mehr Aufmerksamkeit zu verschaffen, dachten sich die Marketingexperten eine passende Werbestrategie aus. Eyecatcher und Mitleidsobjekt auf dem Wasserflaschenetikett: ein kleines Kind, das wertvolle Wassertropfen aus einem Brunnen auffängt. Daneben der Appell: »Volvic unterstützt UNICEF beim Brunnenbau in Äthiopien – Helfen Sie mit!« Darunter der Werbeslogan: »1 Liter trinken = 10 Liter spenden«. Wie viel vom Kaufpreis tatsächlich für die zweifellos gute Sache gespendet wurde, darüber schwiegen sich die Zuständigen auf Anfrage von CharityWatch.de aus.

Doch was für einen Bierproduzenten mit Regenwaldschützer-Ambitionen gilt, das sollte auch Gültigkeit haben, wenn ein Markenwasserproduzent mit einer Brunnenbauaktion in den Trockengebieten Äthiopiens punkten will. Voraussichtlich mindestens 800 000 Euro, so teilte die UNICEF-Pressesprecherin mit, kamen aus den ersten vier Aktionsjahren für den Brunnenbau zusammen. Im Schnitt solle ein Brunnen 6000 US-Dollar kosten, hieß es. Bei 112 geplanten Brunnen ging die Rechnung nicht ganz auf. Deshalb wurde auf erneute Anfrage ergänzt, es würden durchschnittlich noch weitere 3000 US-Dollar pro Brunnen benötigt, »für Schulungen und andere Ausgaben«.

Was denn die Basis für die Höhe der Zuwendung pro verkauften Liter Volvic-Wasser sei, sollte Danone verraten. Eine weitere Anfrage von CharityWatch.de, die unbeantwortet blieb. Als Anhaltspunkt dient nur die anfangs am Rande erwähnte Zahl: Mit

800 000 Euro könne für etwa vier Milliarden Liter sauberes Trink-wasser gesorgt werden. Bei zehn Litern pro Flasche wären also 400 Millionen Liter verkauftes Volvic notwendig. Der Ansatz er-gibt pro Liter eine Spende von 0,002 Euro oder zwei Zehntel Cent an UNICEF. Anders ausgedrückt: Vom Verkaufspreis eines Kas-tens Volvic-Wasser im Supermarkt wurde gerade einmal 0,3 Pro-zent gespendet.

Dieser wüstendürre Anteil dürfte den wenigsten Volvic-Käufern bewusst sein. Wer rechnet schon nach? Apropos rechnen: Ein paar plausible Annahmen legen den Verdacht nahe, dass Danone mit der Aktion richtig gutes Geld verdient: 400 Millionen Liter Volvic kosten im Laden rund 250 Millionen Euro. Bereits ein kleines Umsatzplus im Sog der Spendenaktionen würde bereits reichen, um die Spende von 800 000 Euro an UNICEF finanzieren zu kön-nen. Deshalb könnte Danone problemlos mehr spenden als den in diesem Fall sprichwörtlichen Tropfen auf den heißen Stein. So aber bleibt der stille Nachgeschmack, dass es bei der Aktion im Wesentlichen um die Gewinnung neuer Marktanteile geht, schlimmer noch: dass die Abgabe von Almosen zu einer die Wüs-tenwelt bewegenden Aktion aufgepumpt wurde.

Damit kein falscher Eindruck entsteht: Promotionsaktionen von kommerziellen Unternehmen in Zusammenarbeit mit gemein-nützigen Organisationen sind prinzipiell eine gute Sache. Unab-dingbare Voraussetzung ist jedoch, den Verbraucher ehrlich über die tatsächliche Spendenwirkung zu informieren. Das ist bei der Volvic-Trinkwasser-Initiative meines Erachtens nicht geschehen. Wüsste der Käufer, dass offenbar nur magere 0,2 Cent pro Liter gespendet werden, würde er wohl kaum »der guten Sache wegen« von seiner bisherigen Marke zu Volvic wechseln und einer Hilfs-organisation lieber direkt spenden.

Offenbar hat bei UNICEF aber zwischenzeitlich ein Umdenkpro-zess stattgefunden. Wie die Pressesprecherin Helga Kuhn auf er-neute Anfrage Anfang 2011 mitteilte, soll bei künftigen Koopera-tionen der Spendenanteil klar benannt werden. Als Beispiele dafür nannte sie die Kooperationen mit IKEA (1 Euro pro verkauftem Kuscheltier) und Pampers (0,053 Euro pro verkaufter Windelpackung). Ob es noch einmal zu einer Zusammenarbeit mit Danone/Volvic kommen wird, ließ sie offen.

Unter dem Deckmantel sozialer Verantwortung kann pure Profitgier lauern

Krombacher und Volvic waren so etwas wie Trendsetter. Inzwischen wollen immer mehr Unternehmen durch CSR-Projekte ihr Image aufpolieren – und praktischerweise gleich noch ihren Umsatz erhöhen. Doch hat das ganze als »unternehmerische Sozialverantwortung« bezeichnete Tun seine Tücken. Nicht selten wird das, was sich manchmal unter dem Deckmantel sozialer Verantwortung abspielt, von purer Profitgier geleitet. Was kostet es denn wirklich, einen Quadratmeter Regenwald zu schützen oder zehn Liter Wasser zu spenden? Das sind Fragen, um deren Antwort die Firmen herumkurven.

Bei Tchibo wird erst gar keine Relation genannt. »Ein Teil des Verkaufserlöses«, so heißt es unverbindlich, fließt an den guten Zweck – die in Großbritannien ansässige 21st Century Leaders Foundation. Sie setzt sich für Armutsbekämpfung, Kinderschutz und die Erhaltung der Umwelt ein. An der »Whatever It Takes«-Kampagne beteiligen sich internationale Stars wie beispielsweise George Clooney, Phil Collins und Robbie Williams.

Die eigens für Tchibo entworfenen Produkte tragen eine persönliche Botschaft der Stars, ein Selbstporträt oder ein »unverwechselbares Artwork als Zeichen der Hoffnung«. Beim Käufer entsteht der Eindruck, ein erheblicher Teil – vielleicht sogar der vollständige Kaufpreis – würden gespendet. Wie viel jedoch vom Verkaufserlös der zwischen zehn und 20 Euro teuren Produkte an den guten Zweck fließen, damit will Tchibo nicht herausrücken. Einziger Anhaltspunkt über die Spendenhöhe bleibt die Aussage der 21st

Century Leaders Foundation über eine Untergrenze von mindestens 120 000 Euro. Für einen verkaufsstarken Konzern wie Tchibo, der 2008 einen Umsatz von 3,2 Milliarden Euro machte, liegt dieser Betrag schlapp im Almosenbereich.

Wie aber soll ein Kunde erkennen, ob der Kaffeeanbieter mit dem Riesenzusatzsortiment vom Umsatz mit den Charity-Produkten nicht lediglich eine homöopathische Dosis dem guten Zweck zuführt? Doppelt bitter wäre es, wenn Menschen durch den Kauf solcher Produkte ihr Gewissen beruhigen, wenn sie eben deswegen von Geldspenden an Hilfsorganisationen absehen, wenn mit einer Spende direkt an die Betroffenen entschieden mehr ausgerichtet werden könnte. Verbirgt sich in solchen Fällen hinter der Fassade unternehmerischer Sozialverantwortung nicht reine Profitgier?

Profitabel für Armutsbekämpfung, Kinderschutz und Umwelt war die Aktion keinesfalls. Trotz des gewaltigen Staraufgebots sind laut Tchibo in den ersten Jahren insgesamt bescheidene drei Millionen US-Dollar bei der 21st Century Leaders Foundation zusammengekommen. Wie viel davon – oder vermutlich eher, wie wenig – Tchibo zur Verfügung stellte, ist nicht bekannt. Gleiches gilt für die genaue Verwendung der Tchibo-Spendengelder, die von der 21st Century Leaders Foundation an andere Hilfsorganisationen wie UNICEF, Lifebeat oder Trade plus Aid »weitergeleitet« werden. Welche Nebenkosten anfallen und ob oder wie viel Tchibo selbst am Verkauf der Produkte verdient, bleibt ebenfalls Unternehmensgeheimnis. Das ist alles zusammen wenig vertrauenerweckend, obwohl doch gerade das Vertrauen durch die Aktion gestärkt werden sollte. Oder stand der soziale Gedanke doch nicht im Vordergrund?

Bei der Charity-Kollektion von Tchibo kann leicht der Eindruck entstehen, dass die Aussicht auf ein Umsatzplus der gute Zweck war, und auch diesen heiligen ja bekanntlich fast alle Mittel. Ob die mitwirkenden Stars über die wahren Verhältnisse Bescheid wissen?

Die Marketingexperten der Konzerne fahnden in immer stärker umworbenen Märkten ständig nach Ideen, um ihre Position ausbauen zu können. Da ist fast jede Hilfe im Kampf um den Kunden willkommen. Vor ähnlichen Herausforderungen sehen sich die Charity-Organisationen. Auch dort wird der Konkurrenzkampf um die Spender immer härter. Was liegt also näher als eine Kooperation zur Erreichung beider Ziele? Der eine gibt seinen guten Namen und kassiert dafür Spenden. Der andere will seine Marktanteile vergrößern, indem er ein gutes Gewissen beim Kauf seiner Produkte vermittelt. Das ist eine akzeptable Win-win-Situation, sofern der Verbraucher ehrlich über die Zusammenhänge informiert wird.

Nicht zuletzt wegen der Breitenwirkung solcher Aktionen stünde es der Spendenbranche gut zu Gesicht, bestimmte Grundsätze zu definieren, ähnlich wie bei Briefwerbung oder anderen Spendenakquisitionsmaßnahmen üblich. Denn eines ist klar: Wer als Vorstand einer gemeinnützigen Organisation eine bewusste Verbrauchertäuschung mitmacht, nur um an einen lukrativen Marketingtopf heranzukommen, der riskiert einen dramatischen Imageschaden. Ist aber Ehrlichkeit gegenüber dem Konsumenten erkennbar, kann das, zusätzlich zu den Spenden, zu einer Verbreitung der gemeinnützigen Ziele für die jeweilige Charity-Organisation führen.

Geschäftskonzept Tierfutterspende: Mehr Kost fürs Konto als für Vierbeiner

Der Erfolg dubioser Konzepte hängt immer von ihrer Durchschaubarkeit ab sowie davon, wie neu sie sind. Ein schwer durchschaubares und vergleichsweise neues Geschäftsmodell brachte das Unternehmen Futter für Tiere in Not auf den Markt.

Futter für Tiere in Not (nachfolgend als FFTIN abgekürzt) ist eine baden-württembergische Firma mit Sitz in Rottenburg. Sie schließt Verträge mit Tierschutzvereinen ab. Inhalt dieser Verträge ist die Erlaubnis, mit dem Namen und dem Logo des jeweiligen Tierschutzvereins in der Region werben zu dürfen, um auf diese Art und Weise Spender dazu zu bewegen, Futterpatenschaften abzuschließen. Der Vorteil für den Tierschutzverein: Er erhält im Gegenzug von der Firma FFTIN auf der Grundlage bestehender Futterpatenschaften kostenloses Hunde- und Katzenfutter. Dieses Futter können die Vereine aber nicht frei auswählen, sondern es wird von FFTIN geliefert.

Bis hierhin ist nicht erkennbar, was an dieser Abmachung schlecht sein sollte. Nun liegt für das gewerbliche Unternehmen die Gewinnspanne aber in der Differenz zwischen dem Herstellungs- beziehungsweise Einkaufspreis des Futters und dem Abgabepreis, zu dem den vertraglich gebundenen Tierheimen das Futter berechnet wird. Laut dem Online-Portal der *Rheinischen Post* werden bei FFTIN für je 100 Gramm Hundetrockenfutter 60 Cent berechnet. Dabei gibt es laut Stiftung Warentest gutes, bekömmliches Markentrockenfutter schon für sieben Cent pro 100 Gramm. Das bedeutet, der von FFTIN berechnete Preis liegt weit darüber. »Als Pate zahle ich das 8-Fache«, ärgert sich auf der Website der Verbraucherzentrale Nordrhein-Westfalen ein Betroffener.

Selbst bei einem Marken-Hundetrockenfutter aus dem mittleren Qualitätssegment – veranschlagt mit rund 40 Euro für 15 Kilo und mithin rund 26 Cent pro 100 Gramm – liegt das Futter von FFTIN immer noch bei mehr als dem Doppelten! Und einige Tierheime berichten, dass die Qualität des Futters bei weitem nicht in das »mittlere Qualitätssegment« falle, was vermutet wird aufgrund der (Un-)Verträglichkeit bei den Tierheimschützlingen. FFTIN begründet und rechtfertigt die Preise mit dem hohen Fleischanteil der Mixturen. Details sind jedoch nicht zu erfahren. Oliver Baur, Chef von Futter für Tiere in Not, stellt offensiv heraus: Er garantiere den Paten, dass deren Beiträge den Heimen ohne jeden Abzug zugute kämen, weil er für die Futterpakete nur den regulären Einzelhandelspreis berechne. Leider fehlt aber dieser echte

Marktvergleich, da das Tierfutter aus Rottenburg im Einzelhandel gar nicht angeboten wird. Die Futterdosen mit den Namen »Benno« oder »Peterle« werden eigens für Tierheime zusammengestellt, so Baur. Angaben zu Futterbestandteilen und zur Preisgestaltung gibt er nicht heraus; weder an Paten noch an andere Interessierte.

Weil das Konzept nicht auf Anhieb durchschaubar ist, haben sich inzwischen etwa 200 deutsche Tierheime beziehungsweise Tierschutzvereine vertraglich an FFTIN gebunden. Der Werbeeffekt wird verstärkt durch eine fortlaufende Veröffentlichung der Futterlieferungen samt Gewichtsangaben an die angeschlossenen Vereine auf der Homepage des Unternehmens.

Den Werbesprüchen von FFTIN gehen die Spender blauäugig auf den Leim. »Hilf auch Du«, betteln Hund und Katze auf Drucksachen. Allein der Firmenname Futter für Tiere in Not trägt das karitative Versprechen in sich. Die meisten Spender erkennen überhaupt nicht, dass es sich um ein gewerbliches Unternehmen handelt. Wie auch? Geworben wird gerne mit dem Namen und dem Logo der regionalen Tierschutzorganisationen.

Außerdem treten die häufig vor Lebensmittel-, Bau- und Gartenmärkten stehenden Werber sehr forsch und bedrängend auf. Beispielsweise eröffnen sie die Ansprache potenzieller Spender mit dem Spruch »Lieben Sie Tiere?«. Wohl kaum ein Passant wird in der Hektik des Einkaufs mit dem flotten Spruch »Nein, ich kann Tiere nicht leiden« die Flucht ergreifen. Überdies erreichen die Außendienstmitarbeiter von FFTIN durch den Bezug auf eine regional bekannte Tierschutzorganisation (der örtliche Tierschutzverein, das bekannte Tierheim im Nachbarort) ein hohes Identifikationspotenzial, das den Futterpaten die trügerische Hoffnung auf Kontrolle durch die unterstützte Einrichtung vermitteln mag. Mit Spendenabonnements zwischen sieben und 56 Euro werden die Paten vertraglich gebunden. Wird nicht fristgerecht gekündigt, verlängert sich der Vertrag automatisch um ein weiteres Jahr.

Nicht erkennbar ist in diesem Modell zudem die Gewinnspanne zwischen Einkaufs- und Abgabepreis. Der größte Dachverband deutscher Tierschutzvereine, der Deutsche Tierschutzbund e. V., warnt schon seit 2006 vor FFTIN. Von einer Methodik (der Werber), die an Drückerkolonnen erinnere, ist darin die Rede. In der Warnung werden auch Provisionen für die Werber genannt: 30 Euro pro abgeschlossenem Vertrag. Die Dachorganisation wörtlich: »Nach Berechnungen des Deutschen Tierschutzbundes liegt die Gewinnspanne des Unternehmens – also das Geld, das nicht an die Tierschutzvereine geht – bei mindestens 50 % des Patenschaftsbetrages.«

Das alles ficht FFTIN offenbar nicht an. In der langen Liste belieferter Vereine finden sich viele prominente Organisationen sowie Tierschutzvereine aus Großstädten. Tierliebhaber sollten lieber nicht auf die vertrauenerweckenden Namen achten und sich einen Vertragsschluss mit FFTIN genau überlegen. Wer helfen will, gibt sein Geld besser direkt an ein lokales Tierheim. Dieses kann dann das Futter in der gewünschten Qualität zu günstigen Preisen selbst kaufen. Der Umweg über FFTIN birgt die Gefahr, dass sich »unterwegs« Dritte an den Mitteln bedienen.

Auch das Geschäftsmodell von Robin Hood Tierheimservice knüpft an das chronische Problem der Tierschützer an, ausreichend Futter für ihre Schützlinge beschaffen zu müssen. Das Unternehmen tritt seit über zehn Jahren als vertrauenswürdiger Partner der Tierschutzvereine auf dem Gebiet Tierfutter-Sponsoring auf. Selbstredend wird Seriosität großgeschrieben. Das »unterscheidet unsere Arbeitsweise ganz deutlich von anderen Firmen in diesem Bereich«, wird verkündet. Welche anderen Firmen wohl damit gemeint sind?

Auf den ersten Blick scheint der Erfolg dem Unternehmen recht zu geben. Doch Aussagen von Sponsoren und Partnertierheimen lassen vermuten, dass die Arbeitsweise des wohlwollenden Dienstleisters längst nicht so transparent ist, wie seine Selbstdarstellung es glauben machen will.

Das Geschäftsmodell stellt sich so dar: Robin Hood Tierheimservice arbeitet bundesweit mit Partnertierheimen zusammen. Diesen bietet die Firma kostenloses Futter an. Der Unterschied zu Mitbewerbern: Das Geld stammt nicht von Privatpersonen. Robin Hood sammelt es bei Firmen im regionalen Umkreis der Partnertierheime. Sind die Sponsoren überzeugt worden, kauft der Verein »Tierheim-Sponsoring-Pakete« in unterschiedlichen Größen. Die Heime müssen ihrer Sponsorfirma nur noch mitteilen, welche Art Tiernahrung sie benötigen. Dabei können sie »frei aus dem auf dem Markt erhältlichen Angebot« wählen. Geliefert wird direkt ins Haus, kostenlos. Eine feine Sache, entstehen den Tierfreunden doch kaum Aufwand und keine Kosten.

So weit, so gut. Logisch ist aber, dass der Service angemessen entlohnt werden muss. Deshalb gibt Robin Hood Tierheimservice die Einkaufspreise des Futters nicht direkt an die Tierheime weiter. Seine Dienstleistung wird aus der Differenz vom Einkaufspreis der Tiernahrung und dem Weitergabepreis an die Tierschutzvereine finanziert.

Das sieht zunächst nach einem fairen Geschäftsmodell aus. Bei Recherchen fallen allerdings schnell einige Unklarheiten auf. In Gesprächen mit mehreren Partnertierheimen von Robin Hood Tierheimservice kam heraus, dass sich nur wenige kritisch mit der Geschäftsidee des Partners auseinandergesetzt hatten. Sonst müsste sie beispielsweise der seltsam gestaltete Nachweis für das Sammelergebnis irritieren. Offiziell klingt das so: »Der Tierschutzverein erhält nach jeder Akquise-Aktion eine Auflistung sämtlicher Sponsoren und deren Art der Teilnahme.« Mit einer solchen Liste, also Firmennamen und Preise der gespendeten Sponsoring-Pakete, können die Tierfreunde allerdings nur erahnen, wie viel Geld gesammelt wurde. Eine nachvollziehbare Darstellung, aus der auf einen Blick die Gesamtsumme hervorgeht, bekamen die befragten Tierheime nicht. Die meisten Tierheime verzichten auf diesbezügliche Spekulationen. Für sie ist nur die pünktliche Lieferung des kostenlosen Futters wichtig.

Bei Kenntnis der Akquisitionssumme bleiben immer noch die Einkaufspreise ein Geheimnis. So erfahren nachfragende Tierschützer nur die »Weitergabepreise« der Tiernahrung, also die Kosten des Futters, verrechnet mit den Dienstleistungskosten und der Gewinnmarge des Unternehmens. Die Einkaufspreise bleiben ein Geheimnis von Robin Hood Tierheimservice. Die Vereine können den Anteil des Geldes, der beim Partner bleibt, höchstens schätzen. Das Transparenzversprechen wird nicht eingelöst.

Sponsorfirmen, die nicht erfahren, welche Futtermenge sich in ihrem Spendenpaket befindet, Dienstleistungskosten, deren Höhe vorenthalten wird. Wie ist das zu erklären? Darüber wollte Gabriele Wehe, Inhaberin des Unternehmens, keine Auskunft geben. Bisher hatte offenbar noch niemand danach gefragt.

Es ist anzunehmen, dass viele Tierheime mit dem Service von Robin Hood Tierheimservice zufrieden sind. Schließlich wollen sie die Versorgung ihrer Schützlinge gesichert wissen. Und da ihnen aus der Leistung des Partners keine unmittelbaren Kosten entstehen, scheint sie die genaue Mittelverwendung nicht zu interessieren. Auch die Sponsorfirmen wollen offenbar nicht wissen, was genau mit ihrem Geld passiert. Die Nennung des vertrauten Tierheims in der Umgebung genügt, um weitere Fragen und Überlegungen auszuschließen. Die fatale Folge dieses nicht gerechtfertigten Vertrauens ist, dass einiges von dem Geld, das eigentlich die Fressnäpfe der Tiere füllen sollte, das Konto derer füttert, die sich dieses Geschäftsmodell ausgedacht haben.

Teddys für kranke Kinder – rührend und profitabel

Profitabel gestaltet sich auch die Verteilung von »Trösterteddys« an kranke Kinder oder solche, die einen Unfall erlitten haben. Die positive psychologische Wirkung einer solchen Handlung liegt auf der Hand. Deshalb finden sich stets genügend bereitwillige Sponsoren, die Trösterteddys gleich paketweise bezahlen.

Mit dem liebenswerten Lockvogel »Trösterteddy« sammelte der Verein Kinderhilfe e.V. gutes Geld ein. Eine vom Verein beauftragte »Serviceagentur« verdiente prächtig, die Gewinnmarge war enorm. Wer den Verkaufspreis von 17,85 Euro betrachtet, sollte ahnen, wohin der Hase bei dem Trösterteddy läuft. Egal ob die Plüschbären in Thailand oder einem anderen Land produziert werden, die Einkaufspreise liegen bei einem Bruchteil des Verkaufspreises.

Den Stein ins Rollen brachte erst die Beschwerde eines misstrauischen Sponsors. Dabei stellte sich heraus, dass die ADD bereits tätig gewesen war – mit dem bekannten Ergebnis: ein Sammlungsverbot für den Verein im Bundesland Rheinland-Pfalz.

Die Reaktion der Vorsitzenden Gertraud Beißer erfolgte gleich nach dem Sammlungsverbot. Sie kündigte die Löschung des Vereins an. Doch war dies das Ende der Sponsorensuche für Trösterteddys? Nein, fast nahtlos macht die Kinderhilfe Eckental GmbH heute weiter mit dem Teddyverkauf im Namen der guten Sache. Wenig überraschend, bestehen in der Personalbesetzung des nun kommerziellen Unternehmens auffällige Parallelen zum früheren Verein Kinderhilfe: Als Geschäftsführerin findet sich Gertraud Beißer, als Gesellschafter Manfred Beißer.

Aussagekräftige Zahlen zum Geschäftsverlauf der weiterhin als gute Tat dargestellten Sponsoring-Aktionen veröffentlichen? Dazu ist Gertraud Beißer nicht bereit. Nicht einmal die Umsatzzahl des Vereins für 2009 in Höhe von 400 000 Euro – sie stammt aus gut informierten Kreisen – wollte sie bestätigen. Und was ist mit den immateriellen und materiellen Werten, die der Verein in den letzten Jahren aufbaute. Werden diese jetzt von der GmbH genutzt? Dazu schreibt Beißer: »Soweit entsprechende Sachwerte vom Verein vorhanden waren und diese von der GmbH übernommen wurden, erfolgt selbstverständlich eine ordnungsgemäße Ablösung von der GmbH. In diesem Zusammenhang möchte ich erwähnen, dass ein eventuelles Vermögen des Vereins gemäß unserer Satzung an das SOS-Kinderdorf überwiesen wird.«

Interessant an diesem Beispiel ist, dass ein bestimmtes Vorgehen, eine Methodik, die zuerst unter dem Label der Gemeinnützigkeit angewandt wurde, anschließend problemlos Geschäftszweck einer GmbH wird. Das macht eine Hinterfragung der Motive der Vereinsverantwortlichen unnötig. Weit unter dem Abgabepreis eingekaufte Teddybären werden unter Beimischung eines Rührfaktors an Sponsoren verkauft. Interessanterweise scheut sich auch das gewerbliche Unternehmen nicht, sein Geschäftsmodell mit dem Primat der guten Tat zu schmücken: »Unsere Ziele sind weiterhin die Förderung der Jugendhilfe, des öffentlichen Gesundheitswesens und von Bildung und Erziehung.«

Ein nachdenklich stimmender Nebenaspekt des Geschäfts mit Trösterteddys ist die Frage, wo und unter welchen Bedingungen die Stofftiere hergestellt werden. Bekanntermaßen kommt es bei einer Produktion in Billiglohnländern häufig zur Ausbeutung von Kindern. So bleibt zu hoffen, dass die in Deutschland jungen Menschen kurzfristig bereitete Freude nicht auf Kinderarbeit beruht.

Ähnlich bedenklich läuft das Prinzip »Plüschbär Benny«. Kleine Patienten in Not e. V. will mit der »Initiative ›Trost spenden‹« Kindern in Notsituationen helfen. Der Verein ist vom Finanzamt als gemeinnützig anerkannt und organisiert Spendenaktionen, kauft Bären und liefert sie anschließend an ausgewählte Einrichtungen. Der Haken: Am Verkauf der Plüschbären verdient ein Zwischenhändler mit wenig Aufwand viel Geld, denn die Sponsoren zahlen mit 15 Euro netto einen stolzen Preis. Für die gewerblichen Sponsoren ist das möglicherweise nicht so wesentlich; sie können die Ausgaben als Betriebsausgabe (Werbekosten) absetzen, als Aufwendungen, die »insbesondere in der Sicherung oder Erhöhung des unternehmerischen Ansehens liegen«. Der gemeinnützige Verein hat jedoch mit der Abwicklung nichts zu tun, die Gelder fließen quasi an ihm vorbei. Lachender Dritter ist der »Bärenhändler«, der die kleinen Kuscheltiere günstig einkauft, um sie mit einer erheblichen Gewinnspanne unter dem doppelbödigen Geleitschutz des kinderfreundlichen Vereins weiterzureichen.

Schon 2005 warnte die Ravensburger Kinderklinik St. Nikolaus vor der Sammelaktion des Vereins, weil dieser ohne Absprache mit dem Namen der Klinik warb. Das Landratsamt Ravensburg sprach außerdem von einem »völlig überzogenen Preis« für die Teddys. Auch der BRK Kreisverband Traunstein distanzierte sich im Jahr 2010 von dem Verein und erwirbt die Plüschtiere inzwischen aus eigenen Mitteln – zu einem wesentlich günstigeren Preis.

Weitere Mogelpackung: Kleine Patienten in Not gibt an, die Bären seien in Deutschland handgearbeitet worden. Tatsächlich aber handelt es sich um leicht umgestylte »Förster Bonbon Bären« – made in Thailand. Die Passauer *Neue Presse* ließ sich bei einem Stofftierhändler ein Angebot für mindestens gleichwertige Plüschtiere erstellen. Die hätten netto bis zu zehn Euro pro Stück weniger gekostet.

Der zweite Vorsitzende Ralph Wendling gründete inzwischen übrigens einen weiteren Verein: Aktion Glücksmomente e. V. Dort ist er erster Vorsitzender. Der Zweck besteht darin, »Maßnahmen finanziell zu unterstützen, mit denen kranken Kindern der Heilungsprozess erleichtert werden soll«, unter anderem durch »Geschenkaktionen zu Feiertagen«. Das Konzept klingt sehr ähnlich wie bei Kleine Patienten in Not!

Bei einem anderen Beispiel sind nicht Bären die Köder mit Charity-Anstrich, sondern Bälle. Für die GKJ Gesellschaft für Kinder- und Jugendförderung mbH aus Langenfeld war es meist nicht schwer, Schulen von ihrem Sponsorenmodell zu überzeugen. Angeboten wurde, den Bestand an Sportmaterialien kostenlos aufzustocken. Präzise gesagt, den Vorrat an Bällen. Bälle für Fußball, Basketball, Handball, hinzu kamen Softbälle. Für die Schulleiter war das ein sehr praktisches Angebot. Sie mussten lediglich angeben, wie viele es von welcher Ballart sein sollen, den Rest erledigte die GKJ. Den Haken schluckten andere: Die hilfsbereiten Sponsoren bezahlten für die Bälle stolze 58,31 Euro inklusive Mehrwertsteuer.

Die Geschäftsidee der GKJ knüpfte am Phänomen der leeren Kassen an: »Eltern und Fördervereine haben in der Regel bereits durch Schulmaterial, Bücher etc. erhebliche Kosten zu tragen. In Zeiten nicht so üppig gefüllter Kassen müssen andere Geldquellen gefunden werden.« Dagegen ist eigentlich nichts einzuwenden, so es sich denn um gemeinnützige Absichten handelt. Genau diese stellte die GKJ heraus: »Sport soll unseren Kindern Spaß bereiten. Eine gute Sportausbildung bedeutet auch eine gute Gesundheitsausbildung und fördert außerdem die mentale Entwicklung der Kinder und Jugendlichen.« Wie gut, wenn sich hierfür Sponsoren finden lassen.

In der Praxis lief die Sponsorengewinnung so: Zunächst wurden Schulen angesprochen, ob sie ihr Ballsortiment kostenlos erweitern wollen. Anschließend hieß es Unternehmen in der Nähe von der Finanzierung der Sportball-Aktion zu überzeugen. Sobald sie das nötige Geld zur Verfügung gestellt hatten, rückten sie in den Sponsorstatus auf. Gute Taten fördern das Firmen-Image.

Einige Beschenkte durchschauten jedoch das unfaire Ballspiel und zogen nicht mit. Beispielsweise die Volksschule Rosenheim-Happing. Der Konrektor der Schule, Thorsten Deneke, wurde unter anderem gefragt, ob der Preis von 58,31 Euro pro Ball nicht etwas hoch wäre. Seine schriftliche Stellungnahme: »Wir haben uns bereits von dieser ›Gesellschaft‹ distanziert, da sie mit vollkommen überzogenen Preisen an Firmen und Unternehmen herantritt. Ein Softball kostet (Katalog) circa 24 Euro, ein guter Fußball ist bereits ab 30 Euro (inklusive Mehrwertsteuer) zu haben. Ursprünglich klang die Idee nicht schlecht, diese ›Gesellschaft‹ gab vor, für unsere Schule Sponsoren zu finden, die uns im Bereich Sport unterstützen. Deshalb haben wir um 20 Softbälle und 20 Fußbälle gebeten. Da ich nun mehrere Anfragen wie Ihre vorliegen habe, denke ich, dass hier jedoch nicht seriös gearbeitet wird.«

Fragen an GKJ-Geschäftsführerin Helga Kaschel blieben unbeantwortet. Was sollte sie auch erwidern? ›Mit unserem Namen und unserer Werbung täuschen wir den Eindruck von gemeinnützigen Absichten vor. In Wahrheit handelt es sich um ein geschickt verpacktes Verkaufsprogramm [...]‹? Das ist natürlich eine fiktive Antwort, doch selbst ohne sie hat nicht nur die Volksschule Rosenheim-Happing den wahren Kern des mildtätigen Angebots erkannt.

Das einzige probate Mittel, solchen Aktivitäten die verdiente rote Karte zu zeigen, ist die Öffentlichkeit. Bei GKJ wirkte das offensichtlich. Die Gesellschaft wurde zwischenzeitlich aufgelöst. Traurig nur, dass auf eine Auflösung meist zwei Neugründungen folgen.

Gemeinnützige Ziele kaschieren häufig überhöhte Preise

Warnwesten statt Kuscheltiere – auch damit lässt sich kräftig verdienen. Eigentlich müssten die Spendenjäger von Förderwerk für Kinder weltweit e. V. selbst Warnwesten tragen – als Hinweis auf legale Bauerfängerei. Legal, denn leider gibt es keine gesetzliche Handhabe gegen das Tun ihrer Organisation. Immerhin befindet sich das vorgebliche Förderwerk mit Sitz Timmendorfer Strand auf der Warnliste des DZI. Dort liegen zahlreiche Beschwerden vor, die »die Spendenwerbung des Vereins als unwahr und in hohem Maße bedrängend« schildern.

Eigentlich sollte das Hauptaugenmerk auf der Bekämpfung von Kinderarmut liegen. Tut es aber nicht, im Gegenteil: Von über 500 000 Euro Einnahmen 2009 wurde ein Teil für Warnwesten ausgegeben. Wie das zusammenpasst, war trotz mehrfacher Anfragen nicht zu ermitteln. Der Verein verweigert aussagekräftige Unterlagen über die Verwendung der Spendengelder. Stattdessen beschwerte sich Wolfgang Brümmel, Schriftführer des Vereins und Ehemann der Vorstandsvorsitzenden Angela Brümmel, vehement über die öffentliche Kritik an dem Förderwerk. Er habe die Nase voll, sich ständig rechtfertigen zu müssen. Er habe auch keine Lust mehr und wolle die Aktivitäten des Vereins ab Mitte 2011 wieder über die Media Future Foundation GmbH (MFF) abwickeln.

Das ist eine interessante Aussage mit Spekulationspotenzial: Ende 2009 wurde nämlich Angela Brümmel zur Geschäftsführerin der

MFF berufen – eine Aufgabe, die vorher Denis Sauerbrei wahr-
nahm, der zweite Vereinsvorsitzende von Förderwerk für Kinder
weltweit. Sauerbrei war Inhaber der Angela Brümmel Marketing
e.K., (e.K. ist die Abkürzung für eingetragene Kauffrau/eingetra-
gener Kaufmann als eigenständige Rechtsform), die den Betrieb
zum 31. Dezember 2009 aufgab. Über die merkwürdigen personellen Verflechtungen schwieg sich Angela Brümmel aus. Irgendwie seltsam. Auf telefonische Nachfrage erklärte Dennis Sauerbrei, er sei jetzt beim Verein angestellt. Davon allerdings wusste
Schriftführer Wolfgang Brümmel nichts. Mit der Auskunft von
Sauerbrei konfrontiert, druckste er herum, dies müsse dann wohl
in den vergangenen ein, zwei Monaten passiert sein.
Nochmals zur Ausgangssituation: Das Motto vom Förderwerk für
Kinder weltweit lautet »Gemeinsam Kindern eine Zukunft schenken«. Spender werden darüber informiert, dass 2,7 Millionen Kinder derzeit in Deutschland unter der Armutsgrenze leben, weltweit 90 Millionen Kinder unter fünf Jahren mangelernährt sind
und 400 Millionen Kinder kein sauberes Trinkwasser haben. Wo-
mit wir wieder bei den Warnwesten sind, von denen laut Wolfgang Brümmel 15 000 Stück »verteilt« wurden. Warum eine Wes-
te anfänglich gleich 20 Euro kostete – inzwischen immer noch
teure zehn Euro – ist nicht nachvollziehbar. Wolfgang Brümmel
begründet den Preis mit der »Giftfreiheit« der Textilien. Angeblich seien fast alle am Markt erhältlichen Warnwesten gesund-
heitsgefährdend. Eine markige Aussage zur Rechtfertigung eigener hoher Preise, die auch einen ersten Eindruck von Aggressivität
bei der Sponsorensuche erahnen lässt. Wer mit einigen der Sponsoren gesprochen hat, kann den Begriff Gesundheitsgefährdung
getrost auf diese übertragen. Die Aufregung, nachdem sie das anfänglich plausible Hilfsangebot durchschaut haben, ist vermutlich
gesundheitsschädlicher als jede handelsübliche Warnweste.
Der Verein Protect our Children e.V. wiederum verteilt im großen
Rahmen Ratgeberreihen zu Missbrauch und Sexualität oder zu
Drogen, Sucht und Abhängigkeit an Schulen. Wer näher hinsieht,

erkennt schnell die Geschäftsidee des Vereins. Ziel ist es, mit fragwürdigen Methoden Anzeigen zu verkaufen: Sagt ein Unternehmen telefonisch eine Werbeanzeige zu, bekommt es gleich darauf eine »Reservierungsbestätigung« zur Unterschrift gefaxt. Im Kleingedruckten ein unscheinbarer Satz: »Nur unter der Voraussetzung, dass unsere Anzeige auch in weiteren sechs Monatsausgaben erscheinen soll, brauchen wir nichts weiter zu tun.« Im Klartext: Wer unterschreibt, bucht gleich sieben Anzeigen auf einen Schlag.

Das Landgericht Hamburg bezeichnete in einem Urteil vom 1. Juni 2010 die Vereinbarung als intransparent. Das Gericht kritisierte auch, dass kein Gesamtpreis für die Anzeigen angegeben wird. Zweifellos ist das eine einträgliche Masche, denn jedes Heft des *Jugendschutzmagazins* bringt Einnahmen in Höhe von 7,5 Millionen Euro. Dies trug der Verlag Deutsche Polizeiliteratur, ein Unternehmen der Gewerkschaft der Polizei, in einem Verfahren beim Landgericht Düsseldorf vor. Der Vortrag blieb vom Bundes-Jugendschutz-Verlag unwidersprochen. Als Gegenargument wurden nur »erhebliche Kosten« angeführt. Ein schwacher Schachzug, um die Höhe des Ordnungsgeldes zu drücken, das vom Gericht festzusetzen war. »[...] Weil sie trotz der verhängten Ordnungsgelder in beträchtlicher Höhe nicht davon abgelassen hat, ihr Geschäft in der untersagten Weise weiter zu betreiben. Aus diesem Grund war [...] ein deutlich höheres Ordnungsgeld zu verhängen«, so der Richter. Sicherlich ist das Ordnungsgeld längst einkalkuliert und nicht existenzbedrohend für das Geschäftsmodell. Das sei, wie der Richter in seinem Urteil feststellte, offenbar recht einträglich. Broschürenverkauf unter dem Deckmantel der Gemeinnützigkeit – eine weitere Episode aus der Spenden-Seifenoper »Greenwashing, ohne dabei rot zu werden«.

Resümee

Grundsätzlich spricht nichts dagegen, Produkte zu kaufen, die eine indirekte Spende versprechen. Würde jemand ohnehin zu diesem Produkt greifen, ist das ein angenehmer Nebeneffekt. Doch bevor aufgrund einer Spende ein bewährtes Produkt durch ein anderes ersetzt wird, sollte der Käufer den monetären Wert der guten Tat hinterfragen. Wird er verschleiert, liegt zumindest eine moralische Verbrauchertäuschung vor. Allgemeine, nicht quantifizierbare Versprechen sind stets ein Warnsignal. »1 Liter trinken und 10 Liter spenden« zählt ebenso dazu wie »einen Quadratmeter Regenwald schützen«. Nur wenn klar benannt wird, wie hoch die indirekte Spende ausfällt, kann eine rationale Entscheidung für das eine oder andere Produkt getroffen werden. Unabhängig davon: Eines können und dürfen die Minispenden niemals ersetzen: die direkte Zuwendung an eine Organisation Ihres Vertrauens.

Grundsätzlich ist bei sogenannten Sponsoring-Aktionen eine kritische Einstellung zu empfehlen. Häufig werden dem Unterstützer durch die Verbindung mit einer guten Tat völlig überteuerte Produkte angedreht. Gespendet werden die Preisdifferenzen von seriösen Einrichtungen sicher effektiver verwendet.

9 Verkaufte Spender: Das gemeine Geschäft mit den Daten

Spenden Menschen Geld für einen guten Zweck, bekommen sie häufig ein ungeahntes Folgeproblem: ein Dutzend weiterer Spendenaufrufe von anderen Organisationen. Doch wie sind die neuen Spendensammler an die Adresse gekommen? Die Antwort ist ebenso einfach wie empörend: Datenschutz wird kleingeschrieben in der Charity-Branche.

Auf die Frage, woher die Organisation die Kontaktdaten habe, gibt es meist ausweichende Antworten: Es gibt viele Wege, »um Namen von Menschen zu finden, von denen wir glauben, dass sie sich für die Hilfe für Menschen interessieren, denen das Glück nicht beschieden ist«. Oder: »Einer unserer Mitarbeiter hat möglicherweise bei der Suche nach Unterstützern das Gefühl gehabt, dass Sie nicht wegsehen möchten und eventuell helfen wollen. Ein Grund dafür könnte sein, dass Sie schon einmal einer ähnlichen gemeinnützigen Organisation gespendet haben.«

Wohlgemerkt, es geht nicht um ein paar Adressen, die sich möglicherweise jemand aus dem Telefonbuch geklaubt hat. Welche Ausmaße der Datenhandel hat, verdeutlicht ein Beitrag im Infokanal des NDR, der vor der VFK Krebsforschung gGmbH warnte. Dort wurde von einem schwunghaften Handel mit Spenderadressen berichtet. Laut NDR-Bericht hatte die Fundraising-Firma SAZ eine Liste mit bis zu 750 000 Spenderadressen angeboten, darunter offenbar auch solche von VFK-Spendern. Zur VFK hatte das DZI Mitte Dezember 2010 eine Warnung ausgesprochen, zum wiederholten Mal übrigens.

Namhafte Persönlichkeiten wie Professor Dr. Manfred Westphal und Professor Dr. Klaus Pantel von der Universitätsklinik Hamburg-Eppendorf sind inzwischen von der Homepage des Vereins verschwunden. Die Pressesprecherin der Uniklinik, Christine

Jähn, teilte mit, beide Herren hätten sich von ihrer Tätigkeit als wissenschaftliche Berater zurückgezogen. Zum Grund ergänzte Jähn: »Der Rückzug von Professor Westphal – und wenige Tage später auch von Professor Pantel – erfolgte, als ihnen bekannt wurde, dass gegen den Verein wegen Adresshandel ermittelt wird.«

Leider haben sich nicht alle werblich genannten Wissenschaftler von VFK Krebsforschung distanziert. Dr. Tobias Martens, Professor Nathalie Reimers, Professor Horst Burger und Dr. Marc Brockmann werden immer noch auf der Homepage des Vereins genannt und verleiten den Betrachter, der vermittelten Botschaft ein nicht angebrachtes Vertrauen zu schenken. Vielleicht sollten die werbewirksamen Mediziner bei der Staatsanwaltschaft Hannover anrufen. Von dieser ist bereits eine Anklageschrift vorbereitet worden. Der zentrale Vorwurf: Verdacht auf Spendenbetrug.

Gegen die Namensnennung sprechen auch die Wurzeln der VFK, die bis in die USA reichen. Mitglieder des 1953 gegründeten National Cancer Center (NCC) haben die VFK als deutschen Ableger ins Leben gerufen. Da in den USA gemeinnützige Organisationen über die Mittelherkunft und deren Verwendung öffentlich Auskunft geben müssen, lohnt ein Blick in die NCC-Zahlen. Laut dem Außenministerium des US-Bundesstaates Tennessee hat das National Cancer Center im Geschäftsjahr 2009/2010 stolze 65 Prozent seiner Ausgaben in das Fundraising gesteckt. Abzüglich weiterer Managementkosten blieben nur 22 Prozent für Projekte übrig. Ähnlich mager hinsichtlich der Projektquote waren die Vorjahre. Der Charity Navigator, eine unabhängige Institution zur Qualitätsbeurteilung von Spendenorganisationen in den USA, verwies das NCC bei einem Vergleich verschiedener Brustkrebs-Organisationen vor einigen Jahren auf den letzten Platz.

Gerichtsurteile bringen etwas Licht ins Dunkel der geheimen Fundraising-Absprachen

Von der Fundraising-Firma der VFK zur Werbeagentur des Allgemeinen Tierhilfsdiensts e.V. ist es nur ein Katzensprung. Beide sind in dem 60 000 Einwohner zählenden Städtchen Garbsen bei Hannover angesiedelt. Sowohl die SAZ als auch die marketwing GmbH sind nicht immer zimperlich, wenn es um das Geld der Spender geht.

Zu Recht wunderten und empörten sich Yves-Rocher-Kunden eines Tages über Post mit dem Absender Allgemeiner Tierhilfsdienst e.V. Mit der Geldeinwerbung war die Fundraising-Firma marketwing beauftragt worden. Die Kunden des bekannten Kosmetikunternehmens erhielten Bettelbriefe mit höchst bedrängenden Tierleidschilderungen. Damit sollten die Kunden der auf »Pflanzenkosmetik« spezialisierten Firma zum Spenden animiert werden. Tenor: »Misshandelt und gequält! Ausgestoßene Tiere brauchen uns jetzt!« Wie so häufig waren diesen Briefen als »Dankeschön« ein »entzückender Anstecker und drei Grußkarten mit niedlichen Tiermotiven« beigelegt. Einer anderen Aktion lag eine »hübsche Einkaufstasche« bei. Damit könnten die Empfänger »Ihr Herz für Tiere auch für andere sichtbar« tragen, so das unerbetene Angebot.

Die Adressdaten der Tierhilfsdienst-Aussendung von September 2010 hatte der Kosmetikkonzern Yves Rocher »zur Verfügung gestellt«. Das passt nun gar nicht mit den Verlautbarungen des Konzerns zusammen, wie sie auf der Homepage zu lesen sind: »Wir bei Yves Rocher haben uns verpflichtet, den Schutz Ihrer Kundendaten zu garantieren.« Unter den häufigsten Fragen (FAQ) ist zu lesen: »Werden meine persönlichen Angaben wirklich vertraulich behandelt? […] Sie können sich darauf verlassen, dass Yves Rocher keine E-Mail-Adressen an andere Unternehmen verkauft oder mit ihnen austauscht.« Juristen erkennen sofort die Handschrift eines formulierungsfindigen Kollegen. Auf die allgemeine

Frage nach den »persönlichen Angaben« wird einschränkend auf die E-Mail-Adresse Bezug genommen. Auch an anderer Stelle findet sich kein klarer Hinweis auf die Weitergabe von Daten an Dritte. Lediglich bei einer Geschäftsabwicklung würden die Daten im Rahmen der Bestellabwicklung gegebenenfalls an verbundene Unternehmen weitergegeben.

»Zur Verfügung gestellt«? »Weitergegeben«? Nach konkreten Fragen verwies Sabine Fesenmayr von der Yves-Rocher-Pressestelle auf die Einhaltung des Gesetzes und schwächte in Richtung gängiger Marketinggewohnheiten ab: »Es ist üblich, im Direktmarketing mit entgeltlicher Adressvermietung zum Zwecke der Werbung zu arbeiten.« Auf Deutsch: Es ist Usus, Kundenadressen weiterzuverkaufen – sorry, zu vermieten. Warum wird dieser »Brauch« nicht auf der Homepage veröffentlicht?

Das Perfide dabei: Die Erfolge von Spenden-Mailings mit fremden Adressen halten sich häufig in engen Grenzen. Mitunter fallen die Spendeneinnahmen sogar geringer aus als die Kosten für die Bettelbriefe. Das führt natürlich zu der Frage, warum man überhaupt mit »fremden« Adressen arbeitet. Weil dann immer noch mindestens drei Beteiligte profitieren: Die Werbeagentur vom Großauftrag der Spendenorganisation, die Post von den fünf- bis sechsstelligen Portogebühren und die Kosmetikfirma vom Geld für die Adressen»vermietung«.

Aber wie rechtfertigen es ein Fundraising-Unternehmen und ein Verein, dass mit solchen Blind-Mailings Verluste entstehen können? Ganz einfach: Die »erfolgreich« angeschriebenen Spender erhalten künftig noch häufiger Post und produzieren durch ihre erhofften späteren Zahlungen am Ende einen »Gewinn«. Die Gelder der Neuspender werden also nicht oder nur in sehr geringem Maße für den Tierschutz, sondern für den Aufbau einer Adressdatenbank verwendet.

Über die Praktiken und Absprachen zwischen Vereinen und Fundraising-Firmen informieren zwei aktuelle Gerichtsurteile: ein Urteil vom Verwaltungsgericht Trier im Januar 2011 und ein Urteil vom Oberverwaltungsgericht Rheinland-Pfalz im April 2011. In den bis Redaktionsschluss noch nicht rechtskräftigen Entscheidungen mussten die Richter jeweils über das von der ADD ausgesprochene Sammlungsverbot gegen den Allgemeinen Tierhilfsdienst entscheiden. Dabei folgten die Richter der Argumentation der Behörde, dass »keine genügende Gewähr für die ordnungsgemäße Durchführung der Sammlung oder die zweckentsprechende, einwandfreie Verwendung des Sammlungsertrages gegeben ist«.

Interessant wird es in den Urteilsbegründungen in Bezug auf die Ausgestaltung der ansonsten streng geheimen Verträge zwischen den Vereinen und den Fundraising-Firmen. In dem verhandelten Fall liegen die veranschlagten Produktions- und Versandkosten für die Werbeaktionen in den Jahren 2009 bis 2012 bei 4,6 Millionen Euro. Darüber hinaus erhält die Agentur für ihre Tätigkeit eine voraussichtliche Gesamtvergütung von 2,4 Millionen Euro. Was danach noch für die Tiere übrig bleibt, beschreibt das Oberverwaltungsgericht so: »Denn das Verwaltungsgericht ist zu Recht davon ausgegangen, dass der größte Teil der Einnahmen ausweislich der Vertragswerke sowie der Marketingpläne nicht der bei der Spendenwerbung in den Vordergrund gestellten konkreten Hilfe für Tierschutzmaßnahmen dient, sondern der Begleichung der Kosten aus den Fundrasing-Maßnahmen. Dafür spricht auch, dass die Werbeagentur nach dem Ende der Marketingaktion (Ende 2012) von einem kumulierten Ergebnis (Ertrag/Defizit) in Höhe von 1825,35 Euro ausgeht.«

Es werden Millionen aufgewendet, um magere 2000 Euro für Tiere zu sammeln, und dieses skandalöse Verhältnis ist von den Verantwortlichen offenbar bewusst kalkuliert. Die Richter führen nämlich weiter aus, dass der Verein an die Agentur Abschlagszahlungen in Höhe von 90 Prozent seines Geldeingangs zu bezahlen hat, wodurch keine zweckentsprechende Verwendung zu erkennen ist.

Wie kann es sein, dass solche für aufrechte Spender vermutlich schwer fassbare Transaktionen steuerlich begünstigt werden? So

ist der Allgemeine Tierhilfsdienst laut dem letzten Freistellungsbescheid vom Finanzamt Salzwedel als gemeinnützig anerkannt.
Irreführend steht auf den von der Agentur tausendfach verschickten Überweisungsträgern, dass laut Finanzamt »die Zuwendung
nur für die in der Vereinssatzung festgelegten und für allgemein
als besonders förderungswürdig anerkannten Zwecke, zur Förderung des Tierschutzes, im Sinne der §§ 51 ff. AO, verwendet
wird«.

Dieser Fall hat ganz besondere Bedeutung, weil der »Systemfehler« in einem öffentlichen Gerichtsverfahren dokumentiert wird.
Zur Bedeutung der steuerlichen Prüfung des Finanzamts stellen
die Richter klar: »Diese Bescheide beziehen sich in erster Linie auf
die Satzungsbestimmungen des Antragstellers (§ 59 Abgabenordnung), belegen hingegen nicht die zweckentsprechende Verwendung des Spendenaufkommens.« Die per Freistellungsbescheid
attestierte Gemeinnützigkeit eines Vereins ist somit kein Beleg
für Seriosität.

Die Vorstandsvorsitzende des Allgemeinen Tierhilfsdiensts, Ursula Lohse, antwortete auf die Anfrage zur Herausgabe von Bilanz-
daten mit der Einschätzung, dass sie diese Aufforderung als Nötigung empfinde.

Von einem Unternehmen wie Yves Rocher sollte eigentlich zu er-
warten sein, dass es die Seriosität eines Vereins überprüft, bevor
Kundendaten für einen »guten Zweck« weitergegeben werden.
Dass dies allem Anschein nach nicht geschehen ist, wirft zweifel-
los einen Schatten auf die Glaubwürdigkeit des Pflanzenkosmetik-
Konzerns mit »Respekt für Haut und Natur«.

Fundraising – ein hochgradig lukratives Geschäft

Massive Datenschutzfragen ergeben sich auch, wenn man den
Bund der Steuerzahler Deutschland e. V. (BdSt) näher betrachtet.
Als »unabhängige Interessensvertretung« stellt er sich dar. Sein

bekanntestes Werk wird jedes Jahr in allen Medien zitiert: das Schwarzbuch. Es prangert – zu Recht – öffentliche Verschwendung an.

Der BdSt, der sich für die Belange der Steuerzahler ins Zeug wirft, ist längst nicht so unabhängig, wie er vorgibt. Zwischen ihm und der Hamburg-Mannheimer-Versicherung, die heute ERGO heißt, finden sich bedenkliche Verflechtungen und eine Rahmenvereinbarung, derzufolge Mitarbeiter der Versicherung Mitglieder für den BdSt werben. Die bayerische Landesgeschäftsführerin Hannah Stein gab dies auf Anfrage offen zu. Angeblich ausschließlich für die Werbung und Betreuung zuständige »Mitgliederbeauftragte« würden de facto von der Versicherung beschäftigt. Sie könnten aber auch eine »Beratung in Versicherungs- und Versorgungsfragen anbieten, die nicht vom BdSt, sondern von der Hamburg Mannheimer erbracht wird«.

Laut geschäftsführendem BdSt-Vorstandsmitglied Reiner Holznagel bekommt der BdSt allerdings keinerlei Provision für vermittelte Versicherungen. Die Hamburg-Mannheimer erhalte vom BdSt allerdings Provisionen für erfolgreiche Mitgliederwerbungen. Über die Höhe wollte der Bundesgeschäftsführer keine konkreten Angaben machen. Es werde eine vom Mitgliedsbeitrag unabhängige Kopfpauschale bezahlt, hieß es. Intransparenz herrscht des Weiteren bei der Verwendung der Mitgliedsbeiträge. Derselbe Bund der Steuerzahler, der die Bundesregierung und andere öffentliche Stellen regelmäßig der Verschwendung bezichtigt, ist nicht bereit, über den Einsatz seiner Gelder aufzuklären.

Die Strategie der Kooperation mit dem Versicherungsunternehmen ist schnell erklärt: Einem Mitarbeiter der Hamburg-Mannheimer- beziehungsweise der ERGO-Versicherung wird vermutlich eher der Zutritt verwehrt als jemandem vom Bund der deutschen Steuerzahler. Mitunter kommt es dann zu einer Mitgliedschaft, und die Falle schnappt zu. Nachdem ihn ein Mitarbeiter der Hamburg-Mannheimer beziehungsweise der ERGO geworben hat, erhält die Versicherung Zugriff auf BdSt-Daten. Unter Datenschutzgesichtspunkten ist eine höchst zweifelhafte Praxis; vor allem bei einem Verein mit über 300 000 Mitgliedern. Des Weiteren ist dem BdSt der Vorwurf der Doppelmoral zu machen. Neben Steuerverschwendungen kritisiert er auch die mangelhafte Transparenz bei der Parteienfinanzierung. Das tut er mit gutem Recht. Nur macht der BdSt seine Zahlen selbst nicht transparent. Soll vielleicht die Zusammensetzung der Ausgaben nicht bekannt werden, damit niemand diese in Frage stellen kann? Zudem versucht das mit dem Bund der Steuerzahler verbundene Karl-Bräuer-Institut, mit wissenschaftlichen Ausarbeitungen Lobbyarbeit zu leisten, unter anderem zu Versicherungsthemen. Angesichts dieser Verkoppelung drängt sich eine Frage auf: War die der Versicherungsbranche sehr genehme Studie vom Karl-Bräuer-Institut über die Bürgerversicherung wirklich so unabhängig? Schließlich dürften die Ergebnisse dem Versicherungskonzern ERGO, der wiederum zur Munich Re gehört, gelegen gekommen sein.

Das Grundproblem beginnt wieder einmal auf Gesetzesebene. Wirksame Vorgaben für gemeinnützige Vereine fehlen. Es existiert so gut wie kein nennenswerter Datenschutz. Werden Missbrauchsfälle bekannt, redet man sie klein. Ein Blick in das Gesetz selbst zeigt, dass der Gesetzgeber den Bereich der Spendenakquisition ausdrücklich freigibt. In Paragraph 28 Absatz 3 Bundesdatenschutzgesetz heißt es: »Die Verarbeitung oder Nutzung personenbezogener Daten für Zwecke des Adresshandels oder der Werbung ist zulässig [...] für Zwecke der Werbung für Spenden.« Auch vorliegende Gerichtsurteile untergraben den Datenschutz. Ein einfaches Mitglied des Vereins Slow Food hat sich das Recht auf Zugang zu allen Adressen der etwa 9600 Mitglieder vor dem Landgericht Münster erklagt. Er wollte für den Vorstand kandidieren und sich schon vorab bei allen Mitgliedern vorstellen.

Zum einen ist das Urteil ein Schlag ins Gesicht all derer, die sich für Datenschutz einsetzen. Zum anderen verstößt der Beschluss nach Juristenmeinung gegen geltendes Recht. Denn gemäß den aktuellen Bestimmungen des Bundesdatenschutzgesetzes dürfen nur Funktionsträger eines Vereins über die Mitgliederdaten verfügen. Dritte hingegen, also einfache Mitglieder, sind davon ausdrücklich ausgeschlossen.

Spender-Schock: Plötzlich fehlt Geld auf dem Konto

Sollte der Münsteraner Beschluss Schule machen, könnte bald jedes beliebige Mitglied eines Vereins auf Datenherausgabe klagen – und sich so einen erheblichen Adressenfundus von Menschen mit bestimmten Unterstützungsvorlieben sichern. Zweifelsohne ein Datenfiasko, denn niemand kann dafür garantieren, was im Endeffekt mit den teils sehr persönlichen Informationen über den Spender passiert, wer sie in die Hände bekommt und wofür er sie verwendet. Die Daten könnten etwa an professionelle Adressenhändler verkauft werden. Manche zahlen dafür, wie ein Bericht von *WDR markt* im Februar 2008 zeigte, in Einzelfällen bis zu 160 Euro pro Adresse. Ein schönes Zubrot. Je nach Größe des Vereins kann es zu einem üppigen Festbankett auf dem Konto des Datenjägers führen. Weiterer Nachschlag nicht ausgeschlossen. Denn wer hindert den Datenhai daran, seine Beute gleich an mehrere Interessenten zu verkaufen?

Nach einem Daten-Deal flattert schnell jede Menge Briefpost ins Haus, oder das E-Mail-Postfach ist plötzlich mit Offerten jeglicher Art verstopft. Bei der Hardcore-Variante fehlt plötzlich Geld auf dem Konto. Es finden sich merkwürdige Abbuchungen, etwa 120 Euro für ein Gewinnspiel, 250 Euro für einen Reisegutschein. Die Beträge ließ ein Unbekannter auf ein anonymisiertes Konto überweisen. Wer seine Kontoauszüge nicht zeitnah und genau kontrolliert, kann das zu Unrecht abgebuchte Geld vermutlich abschreiben.

Egal ob nun gleich betrügerisch mehrfach abgebucht oder »nur« ein schwunghafter Handel betrieben wird. Die zentralen Fragen sind immer gleich: Warum ist es nach wie vor so einfach, an die Daten von Vereinsmitgliedern heranzukommen? Sind Vereinsmitglieder weniger schützenswert als andere Bundesbürger? Wann verabschiedet sich der Gesetzgeber von dem sozialromantischen Gedanken, in deutschen Vereinen seien ausschließlich moderne Vertreter von Mutter Teresa und Albert Schweitzer anzutreffen? Will denn niemand erkennen, dass sich im Vereinswesen zunehmend gewissenlose Gestalten tummeln, denen jedes Mittel zur persönlichen Bereicherung recht ist?

6500 Mitgliedsanträge per CD verschickt – zu Schnupperzwecken!

Anonym bekam CharityWatch.de eine CD mit über 6500 Mitgliedsanträgen zugeschickt. Jedes Formular enthielt Name, Adresse, E-Mail-Adresse, Höhe des Jahresbeitrags, Bankverbindung und Unterschrift. Über die Höhe des Beitrags wären ohne weiteres Rückschlüsse auf die finanzielle Situation der einzelnen Personen möglich. Gratis, zu »Testzwecken« erfolgte diese erste Sendung, wie ein anonymer Anrufer einige Tage später aufklärte. Die gelisteten Personen entsprachen genau der Zielgruppe von CharityWatch.de. Für einen geringen Obolus könnten weitere 250 000 Adressen erworben werden. Sogar die Unterschrift auf den Mitgliedsanträgen wurde mitgeliefert.

CharityWatch.de erbat sich Bedenkzeit und kontaktierte umgehend verschiedene Datenschutzbeauftragte. Nach einer telefonischen Odyssee, um die Zuständigkeiten zu klären, wollte sich der Landesdatenschutzbeauftragte für Bayern gleich wieder aus der Affäre ziehen: »Das interessiert mich nicht, weil ich für Vereine nicht zuständig bin!« Erst nach dem Hinweis, es handele sich, weil der Verein nicht gemeinnützig ist, eigentlich um ein kommerzielles Unternehmen, nahm er sich der Sache an. Zumindest auf dem Papier. Monatelang herrschte Funkstille. Dann kam die Information: Da der Verein seinen Sitz gewechselt habe, sei nun ein anderer Kollege zuständig. Der Berliner Datenschutzbeauftragte vermeldete, dass ihm »die Eingabe über die missbräuchliche Nutzung von Mitgliederdaten […] zuständigkeitshalber zur weiteren Bearbeitung« vom Bayerischen Landesamt für Datenschutzaufsicht übersandt wurde. Ergebnis nach sechs Monaten: »Wir werden die Angelegenheit überprüfen, bitten jedoch um Verständnis dafür, dass dies einige Zeit in Anspruch nehmen kann.«

Weitere drei Monate später hieß es, eine abschließende Stellungnahme stehe leider noch aus. Es vergingen erneut zwei Monate, da erfolgte die Aufforderung, zwar gäbe es noch kein Ergebnis, aber CharityWatch.de solle sofort das Original sowie alle Kopien der Mitgliedsanträge übersenden. Das dazugehörige Schreiben bestand aus zwei unpersönlich formulierten Sätzen. Durch diese Sicherstellung sollte einer möglichen missbräuchlichen Verwendung der Daten begegnet werden.

Da fühlt sich die um Aufklärung bemühte Person flugs in die Position eines potenziellen Datenmissbrauchers katapultiert. Ähnlich knapp und unwirsch war dann der Brief, in dem die Einstellung des Verfahrens mitgeteilt wurde. Der Verein habe angeblich die betroffenen Mitglieder »über den Sachverhalt bezüglich ihrer personenbezogenen Daten informiert«. Das war's dann auch schon.

Ein Vereinsinsider bezweifelte, dass die vom Datenschutzbeauftragten geforderten Aufklärungsbriefe jemals verschickt wurden. In seiner Position hätte er davon Kenntnis gehabt. Außerdem: An wen wären die Briefe verschickt worden? An die 6500 Mitglieder, deren Daten zufällig auf die Test-CD gelangt waren? Zudem ist es wahrscheinlich, dass nicht nur CharityWatch.de das Angebot zum Kauf von 250 000 Mitgliedsanträgen erhielt. Nachdem keine weiteren Anzeigen erstattet worden waren, haben andere das Angebot vielleicht angenommen.

Grundsätzlich stellt sich die Frage: Was hat der Verein, dessen Mitgliedsdaten entwendet worden waren, schon vorher und erst recht nach den Auflagen des Datenschutzbeauftragten unternommen, um solche Missbräuche zu verhindern?

Noch unangenehmer dürfte es den weit über 20 000 Mitgliedern eines anderen Vereins gewesen sein, dass ihre Daten tagelang öffentlich im Internet einsehbar waren. Der Klick auf eine bestimmte URL reichte, um zu einer entsprechenden Excel-Datei zu gelangen. Sofort nachdem CharityWatch.de davon erfahren hatte, wurde der zuständige Landesbeauftragte für Datenschutz in Nordrhein-Westfalen informiert. Seine Reaktion: Da die Links nicht mehr funktionieren, liege kein Datenschutzverstoß mehr vor. Anders ausgedrückt: Er hat gewartet, bis das Unternehmen den Fehler abstellte, damit war die Angelegenheit erledigt. CharityWatch.de forderte er nicht einmal dazu auf, die Daten zu löschen. Ebenso wenig hörte er offenbar den betroffenen Verein an und monierte die mangelhaften Datenschutzvorkehrungen. Obwohl ein ehemaliger Insider gegenüber CharityWatch.de den Vorwurf äußerte, bei dem Tierschutzverein gäbe es keinerlei Datenschutzvorkehrungen. Wie bei vielen anderen Organisationen auch, könne dort jeder mit Zugang zum Computer die Daten kopieren.

Geburtsjahr, Kontonummern, Mail-Adressen und persönliche Vorlieben gehören inzwischen zu den offenen Geheimnissen. Spender und Mitglieder geben die Daten heraus, ohne an mögliche Folgen zu denken. Schließlich hat man es doch mit einer Organisation zu tun, die Gutes im Schilde führt. Wieso sollte ausgerechnet sie die Daten ihrer Unterstützer ans Messer unlauterer Mitmenschen liefern?

Und die Bundesregierung? Im Rahmen einer Kleinen Anfrage im Bundestag durch Bündnis 90/Die Grünen gab sie unumwunden zu, ein Datenschutz bezüglich Name, Adresse, Beruf und Geburtsjahr existiere nicht, sofern »die Verarbeitung oder Nutzung erforderlich ist für Zwecke der Werbung von Spenden«. Auch die Beschwerdelage scheint nicht auf erwähnenswertes Interesse zu stoßen: »Die Zahl der in den Jahren 2007, 2008 und 2009 bei den Datenschutzbeauftragten der Länder und des Bundes gemeldeten Verstöße sind der Bundesregierung nicht bekannt.« Kaum verwunderlich also, dass die Bundesregierung keinen Handlungsbedarf sieht.

Aus Sicht der Regierung ist das Engagement von Vereinen zweifellos wünschenswert, sei es im sozialen Bereich, im Umweltschutz oder im Tierschutz. Gemeinnützige Vereine und ihre zahlreichen engagierten Helfer, darunter viele ehrenamtlich aktiv, können Not und Leid vermeiden oder zumindest lindern. Das bedeutet eine erhebliche Entlastung der zuständigen politischen Organe wie auch der öffentlichen Kassen. So wird, um den Spendenfluss nicht zu gefährden, eben das eine oder andere Auge zugedrückt. Auch beim Datenschutz.

Resümee

Selbst wenn sich jemand den Anstrich gemeinnütziger Absichten gibt, preisgeben sollte man immer nur die unbedingt notwendigen Daten. Bei Unterschriftenaktionen reichen Name und Ort ohne genaue Adresse. Kontodaten und Telefonnummer sind nur bei festen Mitgliedschaften oder Dauerspendeaufträgen per Einzugsermächtigung gerechtfertigt. Dann ist aber vorher (!) auf jeden Fall die Seriosität der zu unterstützenden Organisation genau zu prüfen.

Bei ungerechtfertigten Kontoabbuchungen muss der Geschädigte auf jeden Fall Anzeige erstatten. Um keine Abbuchungen zu übersehen, sollten Sie regelmäßig ihre Kontoauszüge überprüfen. Dabei ist unbedingt auf die Anzahl der Abbuchungen und die exakte Namensbezeichnung des Abbuchenden zu achten. Betrügerisch arbeitende Vereine wählen gerne einen ähnlich klingenden Namen, damit der Unterschied auf den ersten Blick nicht auffällt. Nicht selten werden Beträge zudem doppelt eingezogen. Bei einem EDV-Fehler würde das Geld nach ein paar Tagen automatisch – ohne Aufforderung – zurück überwiesen werden.

Laut Paragraph 34 des Bundesdatenschutzgesetzes (BDSG) hat jeder ein Recht darauf zu erfahren, welche Daten über ihn gespeichert sind. Der Betroffene kann Auskunft über die Datenquelle, die Empfänger der Daten und den Zweck der Speicherung verlangen. Dieser Anspruch ist grundsätzlich kostenlos zu erfüllen und kann im Zweifel sogar mit einer Auskunftsklage durchgesetzt werden. Außerdem kann einer weiteren Nutzung der Daten widersprochen werden.

Wer noch einen Schritt weiter gehen will, trägt sich in die Robinson-Listen ein. Die angeschlossenen Dialogmarketing-Firmen senden dann keine Werbeschreiben mehr zu. Allerdings ist der kostenlose Eintrag nicht verbindlich, weshalb nicht angeschlossene Unternehmen weiterhin unerwünschte Werbepost verschicken.

10 Schlaraffia statt Afrika: Entwicklungshilfegelder für bundesdeutsche Politiker

In den vorangegangenen Kapiteln ging es um verschiedenste Facetten von Spendenmissbrauch oder -verschwendung bei karitativen Vereinen. Im Fokus stand die Verwendung von Geld, das Privatpersonen für einen definierten Zweck zur Verfügung stellen. Wer nicht zum Unterstützerkreis zählt, ist von den Machenschaften der Spendenmafia nicht betroffen. Mit einer Ausnahme: Weil das Finanzamt gemeinnützigen Organisationen steuerliche Vorteile gewährt, leistet jeder Steuerzahler einen indirekten Beitrag zu den »guten Taten«.

Eine ganz andere Dimension steht im Kreuzfeuer der Kritik, wenn der Staat und damit die Allgemeinheit Geld zur Verfügung stellt. Direkt und offiziell abgesegnet. Wurde und wird dieses Geld tatsächlich stets im Sinne des »Spenders Staat« verwendet? Und wenn nicht, welche Konsequenzen hat das dann? Wollen die politisch Verantwortlichen überhaupt eventuelle Missstände beheben? Denn eines ist nicht von der Hand zu weisen: Es gibt viele Beispiele, die ein erhebliches Eigeninteresse der beteiligten Politiker und Parteien verraten.

35 Prozent aller Bundestagsabgeordneten haben eine Vorstands- oder Leistungsfunktion in einem Hilfsunternehmen, berichtete der *Stern* in einem Anfang 2011 veröffentlichten Beitrag unter dem treffenden Titel »Die Hilfsindustrie«. Demzufolge zählt die »Fraktion Hilfsindustrie« mehr Abgeordnete als die gesamte CDU. Erstaunlich und wohl sehr hilfreich für die Lobbyarbeit ist auch: Kein internationales Großunternehmen steht an der Spitze der deutschen Arbeitgeber – nein, mit rund 500 000 Mitarbeitern belegt die Caritas diese Position. Knapp dahinter rangiert ihr evangelisches Äquivalent, das Diakonische Werk. Dort sind

435 000 Menschen beschäftigt. Schlussfolgerung: Selbst ohne die Giganten Rotes Kreuz, Arbeiterwohlfahrt und Paritätischer Wohlfahrtsverband beschäftigen allein die beiden größten karitativen Unternehmen mehr Mitarbeiter als die gesamte Autoindustrie. Sind das möglicherweise gewichtige Argumente, aufkommende Reform- und Transparenzbemühungen im Keim zu ersticken?

Die Zahlungen an gemeinnützige Einrichtungen aus dem Steuertopf – hier speziell vom Bundesministerium für wirtschaftliche Zusammenarbeit und Entwicklung, kurz BMZ oder einfach nur Entwicklungshilfeministerium – betragen jährlich eine halbe Milliarde Euro.

500 Millionen Euro sind wahrlich kein Pappenstiel, da möchte man Näheres erfahren. Doch gegenüber Anfragen gibt sich das von Dirk Niebel geführte BMZ äußerst zugeknöpft. Und nachdem sich die Pressestelle mehrfach in absolute Widersprüche verstrickt hatte, wurden weitere Antworten einfach verweigert. Speziell ging es um Prüfungen, die das Ministerium gegenüber Zuwendungsempfängern vornimmt. Angeblich werden »ausnahmslos alle eingetragenen Vereine, die Zuwendungen durch das BMZ empfangen, regelmäßig geprüft«. Warum gibt es dann laut Pressestelle keine Liste der geprüften Geldempfänger? Mit den Unstimmigkeiten konfrontiert, folgte die Antwort: »Eine Liste unserer Zuwendungsempfänger können wir Ihnen leider nicht zusenden. Wir bitten dafür um Ihr Verständnis.« Das Verständnis für eine Antwort, hart am Rande der Maßregelung, hält sich in Grenzen. Sie löst eher Vermutungen aus, ob und was hier verschleiert werden soll?

CharityWatch.de begehrte somit auf dem Umweg über eine andere Abteilung im Ministerium Auskunft. Schließlich hat jeder Bürger das Recht, Auskünfte von Bundesbehörden einzufordern. Dies regelt das 2006 in Kraft getretene Informationsfreiheitsgesetz. Allerdings haben Anfragen auf dieser Basis gegenüber Auskünften nach dem Presserecht einen Nachteil: Sie kosten Geld, im konkreten Fall 195 Euro für eine Stunde höheren Dienst, eine Stunde gehobenen Dienst und drei Stunden mittleren Dienst – der Aufwand für die Erstellung von zwei Tabellen mit den Empfängern von Steuergeldern.

Aber jetzt wird es spannend: 40 Prozent der in 2007 verteilten 430 Millionen Euro gingen an parteinahe Stiftungen. Ganz vorne auf der Liste der Begünstigten rangiert mit 64 Millionen Euro die SPD-nahe Friedrich-Ebert-Stiftung. Die Konrad-Adenauer-Stiftung (CDU) erhielt in diesem Jahr 57 Millionen Euro, weitere 20 Millionen gingen an die Hanns-Seidel-Stiftung (CSU). Zusammen mit den Organisationen der anderen Parteien flossen aus dem Topf des Entwicklungshilfeministeriums 170 Millionen Euro an parteinahe Stiftungen. Ein stolzer Jahresetat, angesichts dessen die Frage nach dem Warum und Wofür gerechtfertigt ist.

Um das ergründen zu können, sollte das BMZ die Berichte über die Prüfung der Mittelvergabe zur Verfügung stellen. Denn daraus wären sowohl die genaue Verwendung sowie eventuelle Beanstandungen ersichtlich. Doch Pustekuchen. Die Pressestelle wiegelte ab: Die Unterlagen seien »interne Informationen«. Mit erkennbarer Ironie wurde auf die Möglichkeit einer gebührenpflichtigen Anfrage gemäß Informationsfreiheitsgesetz IFG verwiesen. Dieser Verweis erfolgte vermutlich wohl wissend, dass nun auch die Quelle des IFG-Beauftragten im Bundesministerium versiegen würde. Und tatsächlich kam von dort – nach etwa sechs Wochen – der Bescheid, dem Antrag könne nicht entsprochen werden.

Die Begründung des Ministeriums stand auf erkennbar wackeligem Boden. Das fiel sowohl dem Bayerischem Journalistenverband (BJV) als auch dem Büro des Bundesdatenschutzbeauftragten auf. Um den weiteren Fortgang abzukürzen: Zwei Jahre später entschied das Verwaltungsgericht Köln, das BMZ habe die Unterlagen vorzulegen. Demnach gibt es keinerlei Gründe, warum gegen eine Veröffentlichung der Prüfungsberichte über Zuwendungsgelder in Millionenhöhe pauschale Vorbehalte bestehen.

Doch wer nun glaubt, das BMZ würde einer richterlichen Anordnung uneingeschränkt Folge leisten, der irrt. Monatelang kam keine Post aus Berlin. Also wurde ein Vollstreckungsverfahren eingeleitet. Erst in dessen Verlauf gaben die Ministerialbeamten nach. Allerdings enthielten die Berichte mit den über Jahre zurückliegenden Prüfungen reihenweise Schwärzungen. Die betroffenen Organisationen konnten selbst vorschlagen, was unkenntlich zu machen sei.

Ob das Ministerium mit diesem Schritt Sündenböcke zu staatlich geschützten Gärtnern beförderte? Die fehlende Aussagequalität der bisher übersandten Unterlagen scheint die Frage zu untermauern. Lückenhaft sind die Papiere auch deshalb, weil die Stellungnahmen der jeweiligen Geldempfänger zumindest bis zur Drucklegung des Buches Verschlusssache blieben. Nachfolgend geht es somit nur um in den Berichten minimalistisch beschriebene Beanstandungen.

Nicht einleuchten will, warum das BMZ bei den mehr als berechtigten Beanstandungen der Prüfer derartig »nachsichtig« war, dass es die gewährten Zuschüsse nicht in weit größerem Maße zurückforderte, als geschehen.

Mit vollen Händen – Verschwendung und Schlamperei am laufenden Band

Manche der vom Entwicklungshilfeministerium begünstigten Stiftungen scheinen eine Lizenz zum Verschwenden in ihren Statuten verankert zu haben.

Bei der Konrad-Adenauer-Stiftung (KAS) prüfte das BMZ etwa die Jahre 2002 bis 2004. In diesem Zeitraum wurde unter anderem ein Seminar auf Mauritius abgehalten. Die Kosten für den Luxus-Trip betrugen 41 000 Euro. Eingeladen waren 22 Medieneigentümer aus dem südlichen Teil Afrikas. Mit der Wahl dieses angenehmen Veranstaltungsorts wollte die Stiftung einen »Anreiz zum Kommen für die hochrangigen Teilnehmer« schaffen. Die Auswahl der attraktiven Seminaradresse war jedoch nicht der einzige »Anreiz«, denn den fünf Aufenthalts- und Reisetagen standen lediglich zwei Tage inhaltliche Arbeit gegenüber. Der gemeinsame halbtägige touristische Ausflug wurde zu den reinen »Arbeitstagen« gezählt.

Warum die KAS ein solches Treffen von sicher nicht gerade unvermögenden Medieneigentümern aus den südlichen Ländern Afrikas finanziert? Hierzu lässt sich nur spekulieren. Ein Einzelfall ist es nicht. In den Jahren 2002 bis 2004 zahlte der deutsche Steuerzahler 1,1 Millionen Euro für »Medien und Demokratie in Sub-Sahara-Afrika«. Die Ausgaben unterlagen offensichtlich keinem erkennbaren Sparzwang. Beispielsweise dokumentieren die Prüfungen die Anschaffung von 300 hochwertigen Kugelschreibern. Diese »Seminar-Utensilien« kosteten umgerechnet 23 Euro das Stück. Der Kauf einer »hohen Anzahl von Rucksäcken und Tagesmappen« weist ebenfalls auf eine großzügige Ausgabenpolitik. Der Begriff Verschwendung scheint angemessen.

In den allgemeinen Feststellungen führte das Ministerium aus: »Insgesamt ist festzuhalten, dass es während der gesamten Bewilligungsphase von drei Jahren erhebliche Defizite bei Projektadministration, -buchhaltung, -abrechnung und -dokumentation sowie Verstöße gegen die einschlägigen KAS-Abrechnungsregeln gab, die auch für die mit Steuerung und laufender Abrechnung des Projekts in der KAS-Zentrale befasste Arbeitseinheit offensichtlich gewesen sein müssen.« Die eleganten bürokratischen Wendungen kreisen um das schlichte Faktum: Zur Verschwendung gesellte sich auch noch Schlamperei.

Großen Respekt vor den Prüfungen brauchte die KAS nicht zu haben. Von 58 Millionen Euro Zuwendungen wurden nur 28 Prozent einer stichprobenartigen Überprüfung unterzogen. Die Summe der insgesamt zurückgeforderten Beträge belief sich auf 50 000 Euro – entspricht 0,09 Prozent der gewährten Mittel. Da wäre weit mehr zurückzuholen gewesen. Wie wohl das Finanzamt bei einem kommerziellen Unternehmen gehandelt hätte? Das

BMZ legt bei den parteinahen Stiftungen offensichtlich andere Maßstäbe an.

Dass die laschen Prüfungen zum Standard gehören, bestätigt das Beispiel der CSU-nahen Hanns-Seidel-Stiftung (HSS). Von den Millionenbeträgen, gewährt zur »Förderung entwicklungswichtiger Vorhaben«, musste so gut wie nichts zurückgezahlt werden. Trotz belegter Schlamperei. Denn wie anders lässt sich die folgende Feststellung benennen: »Anhand der zur Prüfung vorgelegten Unterlagen war es kaum möglich, den Weg von den Ausgabepositionen im Verwendungsnachweis bis zur Einzelausgabe im Projekt ohne großen Aufwand nachzuvollziehen.« Schon fast flehentlich bat das Ministerium deshalb darum, künftig die vorgeschriebenen(!) Beleglisten zu fertigen. Übertragen in die heimische Festzeltkultur bedeuten die vielen Ungenauigkeiten in etwa: Freibier für alle. Die Rechnung zahlt Vater Staat.

Unabhängig von formalen Aspekten stellt sich auch bei der HSS die Grundsatzfrage, warum für bestimmte Projekte Millionenzuschüsse aus Steuergeldern gewährt werden. 1,7 Millionen Euro gingen 2004 bis 2006 in die »Managementausbildung für Führungskräfte aus Politik und Wirtschaft in Ungarn«. »Regionales Leadership- und Management-Ausbildungsprogramm (Thailand, Myanmar, Malaysia, Vietnam, Laos und Kambodscha) mit Sitz in Singapur« lautete die etwas sperrige Bezeichnung eines Projekts, für das fast 1,9 Millionen Euro hingeblättert wurden. Andere Projektbezeichnungen lassen nicht mehr Rückschlüsse über die Verwendung der Steuergelder zu. So standen der HSS 630 000 Euro zur Verfügung für »Kontroll- und Berichtsreisen zur Evaluierung von Projekten und zur Kontaktpflege«.

»Kontaktpflege« auf Kosten des Steuerzahlers? Wo muss man sich anmelden, um Auslandskontakte auf Kosten des Entwicklungshilfeministeriums pflegen zu können? Und die Reaktion der BMZ-Prüfer? Rückforderungen gab es natürlich keine, obwohl selbst die Prüfer fragten: »Welcher Sinn und Zweck wurde mit den 7 Kontrollreisen des […] in den Jahren 2002 und 2003 verfolgt?« Eine weitere, ebenso berechtigte Frage: »Warum liegen für viele dieser Kontrollreisen nicht die vorgeschriebenen Reiseberichte vor?« Hört sich verdächtig nach Incentive-Reisen à la Volkswagenaufsichtsrat an. Wir erinnern uns: Luxusreisen in die schönsten Gebiete dieser Erde brachten vor einigen Jahren einige Betriebsratsmitglieder arg in Erklärungsnot.

Entwicklungspolitische Ziele – ein Begriff mit viel Stretchpotenzial

Um regierungsgesponserte Fernreisen ging es bei der SPD-nahen Friedrich-Ebert-Stiftung (FES). Neun Millionen Euro war dem BMZ von 2004 bis 2006 die gesellschaftspolitische Beratung durch die FES in Mexiko, Zentralamerika und in der Karibik wert. Und was kritisierten die Prüfer daran? Bemängelt wird lediglich die Tatsache, dass nicht genug Geld ausgegeben wurde. Denn eigentlich waren gut elf Millionen Euro bewilligt worden. Und wenn dieses Budget schon zur Verfügung stand, dann hätte es auch restlos ausgeschöpft werden müssen. So steht die dezente Rüge im Raum, ob »verschiedene Maßnahmen nicht oder nicht vollständig durchgeführt wurden«. Vor allem die »Nichtausgaben« bei den »Bildungs- und Beratungsmaßnahmen in Partnerländern« hätten begründet werden müssen.
Eine Tendenz hin zur Sparsamkeit lässt sich daraus nicht ableiten – vor allem, wenn es um die eigenen Genossinnen und Genossen geht. Von den 1,1 Millionen Euro für das Forschungs-, Ausbildungs- und Fortbildungsprogramm für Wissenschaftler, Fach- und Führungskräfte wurde ein erheblicher Teil für eigene Mitarbeiter ausgegeben. Fast die Hälfte der Fortbildungsgelder ging nicht an eine »entwicklungspolitische Zielgruppe«, beanstandeten die BMZ-Kontrolleure. Sie kamen dem Stiftungspersonal zugute. Das sei zwar nicht in Ordnung, aber eine Rückzahlung von Steuergeldern wurde trotzdem nicht festgesetzt.

Ohnehin scheint der Begriff »Sparsamkeit« im Vokabular der FES zu fehlen. So stellten die Kontrolleure im Rahmen der Prüfung anderer Fortbildungsveranstaltungen der FES nüchtern fest: »Auch ist nicht erkennbar, dass das Rahmenprogramm zur Erreichung des Fortbildungszieles und Förderungszwecks notwendig und angemessen ist.«

Erstaunlich, für welche Zwecke das Entwicklungshilfeministerium Geld zur Verfügung stellt. Unter dem Projekt »Pluralismus und demokratische Partizipation in Afrika« wurden beispielsweise Veranstaltungen verbucht, die sich ausschließlich an Fachpolitiker aus Deutschland und aus anderen Industrieländern richteten. Dabei hatten die Veranstaltungen »weder die Bildung bzw. die Beratung von Fach- und Führungskräften aus Partnerländern noch den Dialog mit diesen zum Inhalt«. Das ist wiederum eine deutliche Beanstandung – ohne Konsequenzen. Trotz immerhin 18 Seiten Prüfungsfeststellungen musste die FES keinen einzigen Euro der erhaltenen Steuergelder zurückzahlen.

Allein die rudimentären Unterlagen nähren den Verdacht, dass mit den Millionenbeträgen aus dem Topf des Entwicklungshilfeministeriums eine versteckte Parteienfinanzierung stattfindet. Eine gezielte und ausschließliche »Förderung entwicklungswichtiger Vorhaben« erscheint angesichts solch feudalistisch anmutender Haushaltsführung mit starken Zweifeln behaftet. Auffallend wie gleichermaßen besorgniserregend ist, dass die Kontrolleure des BMZ wie gezähmte Tiger wirken, die ständig ängstlich nach den mächtigen Stiftungsfürsten schielen. Dabei wären die jährlichen Millionenetats sicher für eine tatsächliche Linderung der Nöte auf dieser Welt einzusetzen.

Wenigstens machen die wenigen Beispiele aus dem nicht vollständig transparenten Zahlenwerk die Blockadehaltung des Entwicklungshilfeministeriums nachvollziehbar. Legitim ist sie deswegen aber nicht. Der Steuerzahler hat ein Recht darauf zu erfahren, was mit seinem Geld passiert. CharityWatch.de stellte deshalb eine neue IFG-Anfrage nach zusätzlichen Unterlagen.

Die kurz vor Redaktionsschluss eingegangenen Unterlagen enthielten Tabellen mit den Zuwendungsempfängern der Jahre 2008, 2009 und 2010, für die das BMZ erneut 190 Euro in Rechnung stellte. Wieder fällt die Höhe der Zuschüsse an parteinahe Stiftungen auf. Doch während 2006 noch 165 Millionen Euro und im Jahr danach 169 Millionen Euro überwiesen wurden, gingen die Beträge anschließend fast sprunghaft nach oben. Von 201 Millionen Euro für 2008 über 216 Millionen Euro auf 233 Millionen Euro 2010. In Prozent ausgedrückt ist das ein Anstieg der Zuschüsse an parteinahe Stiftungen von 41 Prozent in vier Jahren. Er wirft die Frage nach dem Warum auf. Doch die Prüfberichte fehlen. Angeblich hat das BMZ für aktuellere Zuschusszeiträume keine erstellt. Dabei argumentierte das Ministerium doch, die großen Zuwendungsempfänger – und dazu zählen die parteinahen Stiftungen unstrittig – würden lückenlos geprüft. Trotzdem sollen die Prüfungen von beispielsweise der Konrad-Adenauer-Stiftung für die Jahre 2002 bis 2004 die aktuellsten sein? Eine merkwürdige Definition von zeitnaher Kontrolle. Wie es scheint, ist das von Dirk Niebel geführte Ministerium extrem großzügig bei der Verteilung von Spendengeldern.

Übrigens nicht nur gegenüber den parteinahen Stiftungen. Das Bildungswerk des Deutschen Gewerkschaftsbundes (DGB) erhält ebenfalls jährlich mehrere Millionen aus dem Entwicklungshilfetopf. Doch wie sorgsam – oder besser gesagt schlampig – sie mit dem Geld umgehen, bestätigt ein Kontrollbericht für die Jahre 2004 bis 2006: »Die Außenrevision des BMZ musste die Prüfung sowohl in 2008 als auch in 2009 wegen mangelnder Vollständigkeit, intransparenter Dokumentation sowie unzureichender Nachvollziehbarkeit der Projektabrechnung unterbrechen [...] Das DGB Bildungswerk entsprach in erheblicher Weise nicht seinen zuwendungsrechtlichen Verpflichtungen.« Sogar »im Nachhinein in nicht unerheblicher Weise« veränderte Verwendungsnachweise, »Abrechnungsmanipulationen« und »ein erhebliches strukturelles Defizit in Bezug auf notwendige Transparenz der Abrechnungsdokumentation und Führung eines bestimmungsgemäßen, sachlich zutreffenden Verwendungsnachweises« werden von den BMZ-Kontrolleuren angeprangert.

Starker Tobak, allerdings ohne nennenswerte Konsequenzen. Rückzahlungen für ungerechtfertigt erhaltene Gelder wurden so gut wie keine verlangt. Und 2010 erhielt der DGB Bildungswerk e.V. erneut 2,72 Millionen Euro vom BMZ. Vermutlich wurden wie in den geprüften Jahren 2004 bis 2006 solche Projekte wie »Entwicklungspolitische Bildungsarbeit für Arbeitnehmer/innen« oder »Aktionsgruppenprogramm für gewerkschaftliche Gruppen« gefördert. Es bleibt zu hoffen, dass die DGB-Mitarbeiter/innen wenigstens die Hinweise der BMZ-Prüfer befolgten, wonach keine Dienstreiseabrechnungen erstellt werden sollen, wenn die Veranstaltungen an deren regelmäßigen Arbeitsstätte stattfinden.

Die Kontrolleure der Kontrolleure entziehen sich der Kontrolle

Apropos Kontrolle: Ein weiterer Aspekt der merkwürdigen Art ist die Kontrolle des Ministeriums durch den Bundesrechnungshof (BRH), der als oberste Bundesbehörde die sinnvolle Verwendung der Steuergelder prüft. Doch betrifft das Problem nicht allein Deutschland. Vertreter von 152 Rechnungshöfen weltweit einigten sich im November 2010 auf einer Konferenz im südafrikanischen Johannesburg, die Transparenz der unabhängigen Kontrolleure für die Öffentlichkeit weiter auszubauen.

Auf der mehrtägigen Konferenz wurde eine neue Richtlinie über die »Grundsätze der Transparenz und Rechenschaftspflicht« verabschiedet – mit Zustimmung Deutschlands. Angewandt wird sie in der deutschen Praxis bisher nicht. Eine IFG-Anfrage über die Prüfberichte des Rechnungshofs zur Mittelverwendung des Entwicklungshilfeministeriums wurde abgelehnt. Nun muss das

Oberverwaltungsgericht Münster über eine Veröffentlichung der Berichte entscheiden. Eine Mitarbeiterin des Bundesbeauftragten für Datenschutz und Informationsfreiheit vertrat dazu die Auffassung, dass alles für eine Veröffentlichungspflicht spreche. Das gefiel dem Vertreter des Bundesrechnungshofs überhaupt nicht, weshalb er in Zusammenhang mit dieser Einschätzung von einer »tendenziösen« Behörde sprach. Wie auch immer das Verfahren ausgehen mag, bis zur Drucklegung lagen keine Entscheidungen des Oberverwaltungsgerichts Nordrhein-Westfalen vor.

Die Notwendigkeit von verbesserter Kontrolle und mehr Transparenz bestätigt ein neuer Fall von Korruption. Wie das Magazin *Focus* im Mai 2011 berichtete, soll der Hilfsfonds Global Fund in Afrika Gelder veruntreut haben. Als drittgrößter Geber unterstützt Deutschland die Hilfsorganisation jährlich mit 200 Millionen Euro. Ziel ist der weltweite Kampf gegen Aids, Tuberkulose und Malaria in 150 Ländern. Nun gibt es gegen das Finanzgebaren der Organisation handfeste Korruptionsvorwürfe: 44 Millionen Dollar stehen in Rede. Der Global Fund räumte bereits ein, in Mauretanien, Mali, Dschibuti und Sambia seien nachweislich Fondsmittel zweckentfremdet worden.

Der Promi-Fonds – unter anderem unterstützt von Frankreichs Präsidentengattin Carla Bruni, U2-Sänger Bono und Milliardär Bill Gates – solle einen »Abschlussbericht« oder »zumindest einen Zwischenbericht mit belastbaren Aussagen« vorlegen, forderte Niebel von Fund-Direktor Michel Kazatchkine. Andernfalls behalte sich die Bundesregierung laut *Focus* vor, »die bisher für die Umsetzung über den Globalen Fonds eingeplanten Mittel durch andere, weniger korruptionsgefährdete Instrumente für denselben Verwendungszweck einzusetzen.« Es könne nicht akzeptiert werden, dass »Kranke unter einer Verzögerung der Untersuchung leiden«.

»Die Fehlverwendung von Mitteln des globalen Fonds – die ja letztlich zu einem großen Teil Mittel der Steuerzahler der Geberländer sind«, sei besorgniserregend, mahnte Minister Niebel schon Anfang März in einem Brief an Kazatchkine, der in Kopie an seine Amtskollegen in Kanada, Belgien, Dänemark, Großbritannien und den Niederlanden ging. Niebel verlangte »eine gründliche und rasche Untersuchung« der Geldverschwendung, denn die könne nicht einfach als »Betriebsunfall« abgetan werden. Im Gegenteil, die Bundesregierung wolle eine qualifizierte Stichprobe besonders von Ländern, »denen von internationalen Indizes eine hohe Korruptionsanfälligkeit bescheinigt wird«.

Niebel verlangt also eine »qualifizierte Stichprobe«. Das erinnert an die »brutalstmögliche Aufklärung«, die der damalige hessische Ministerpräsident Roland Koch in Zusammenhang mit der CDU-Spendenaffäre versprach. Viel ist damals nicht daraus geworden. Es wäre schon hilfreich, wenn diesmal wenigstens der Aha-Effekt eintritt: Auch wer den Kampf gegen Krankheit und Elend als Legitimation auf Revers und Briefkopf führt, muss nicht zwangsläufig – und hier bemühen wir Friedrich Schiller – »edel, hilfreich und gut« sein.

In ihrem Buch *Die Mitleidsindustrie* veranschaulicht die holländische Journalistin Linda Polman viele Hintergründe von Hilfstaten auf internationaler Ebene. Die langjährige Korrespondentin der UN-Friedensmissionen in Somalia, Haiti und Ruanda kennt die Probleme dort aus erster Hand. Ihre Beurteilung der gegenwärtigen Situation ist nicht gerade ermutigend: »Es gibt schon seit vielen Jahren eine weltweit operierende Spendenmafia, bei der nur Teile der Einnahmen zweckgebunden eingesetzt werden […] Eine Krisen-Karawane, die von Bürgerkrieg zu Bürgerkrieg, von Naturkatastrophe zu Naturkatastrophe zieht, ohne nachhaltig zu helfen. Nur der Moment zählt. Von den Millionen, die gespendet wurden, zweigt manch dubiose Organisation einen Teil für sich ab, einen zweiten zahlen sie vor Ort der Regierung oder einer Kriegspartei, um überhaupt in das Gebiet reinzukommen.«

Diverse Kenner der Szene gehen davon aus, dass ausnahmslos alle Hilfsorganisationen im Einsatzland erhebliche Summen an die lokalen Warlords, an die Militärs und an die Regierungen abzugeben haben. So seien nicht unerhebliche Anteile aller Spenden für die Tsunami-Opfer in Asien an die Militärs gegangen. Beim Erdbeben in Haiti habe etwa die Hälfte an Militärs und Regierung abgegeben werden müssen, und in Somalia seien mehr Spenden bei lokalen Warlords und Militärs gelandet als bei den Hilfsbedürftigen – sozusagen als Eintrittskarte für das Krisengebiet des Landes.

Polman geht so weit, in der »Mitleidsindustrie« den Grund für die Verlängerung so mancher Kriege zu sehen. Ihre Erklärung klingt so ungeheuerlich wie logisch: Spenden seien für korrupte Politiker und Warlords willkommene Einnahmen, das zeigt sie an vielen konkreten Beispielen auf. »Es gibt fast 40 000 internationale Hilfsorganisationen, die um Geld betteln, die ein Stück vom Milliardenkuchen abhaben wollen. Die Hilfsindustrie ist ein Monster geworden, das kaum noch kontrollierbar ist.«

Das ist eine deprimierende Einschätzung von einer Expertin mit Vor-Ort-Erfahrung, und sie spiegelt wider, wie sich die großen international tätigen Organisationen verhalten, vor allem bei Katastrophenfällen. Möglichst große Stücke vom Spendenkuchen abzukommen, das ist die zentrale Devise von einigen großen Nichtregierungsorganisationen (NGO). Zweiter Teil der traurigen Realität: Es geht nicht bei allen darum, möglichst effektiv und schnell konkrete Maßnahmen umzusetzen. Viele wollen zunächst möglichst viel Geld bunkern – das sie dann vor Ort schon »irgendwie« ausgeben werden. Oder auch nicht. Mit anderen Worten: Die meisten wollen andere Organisation nur bei der Spendengewinnung ausstechen, nicht bei der Umsetzung sinnvoller Hilfsmaßnahmen. Alibiprojekte brauchen sie trotzdem und stehen sich prompt gegenseitig im Weg. Oder sie behindern jene, die tatsächliche Hilfe leisten – nachdem sie ihnen zuvor einen Großteil des Spendenkuchens entrissen haben.

Wo liegen die Alternativen? Eine Möglichkeit bestünde darin, auf internationaler Ebene eine Allianz zu bilden. Dadurch ließe sich passgenau definieren, wer was am besten kann und wie im Katastrophenfall eine koordinierte maximale Hilfe zu gewährleisten ist. Eine dringende Notwendigkeit, denn nach den vergangenen Katastrophen wurde häufig über Koordinierungsschwierigkeiten geklagt. Viele Regionen waren von Hilfeleistungen weitgehend ausgenommen, während sich zahlreiche NGOs an anderer Stelle tummelten. Wir wollen ja nicht unterstellen, dass dies vorsätzlich passierte, nur weil in den gut erreichbaren Regionen die mitgereiste Presse besser über die Situation berichten konnte und man den Kontakt zu dieser zur Vergrößerung des eigenen Stücks vom Spendenkuchen sucht.

Abgesehen von diesem Exkurs in internationale Sphären: Dass die Politik nicht immer sorgsam mit Steuergeldern umgeht, ist allgemein bekannt. Bereicherung durch vorgebliche Gutmenschen hingegen wird bisher nur als Ausnahmeerscheinung wahrgenommen. In der Öffentlichkeit taucht das Skandalthema lediglich dann auf, wenn ein allzu unvorsichtiges schwarzes Schaf medial geschlachtet wird. Dass dahinter eine perfide organisierte Seilschaft der Spendenmafia steckt, will niemand wissen. Das Thema Spendenmissbrauch rührt zu sehr an der Angst, der schnellen Gewissenserleichterung beraubt zu werden. Für wenig Geld und keinen Aufwand gibt es das befreiende Gefühl, etwas Gutes getan zu haben, selbst ein Teil des Samariterbundes zu sein. Wer will schon wissen, dass es oft besser gewesen wäre, die Spende irgendwo auf einer Parkbank zu plazieren. Deswegen fällt es den gerissenen Paten mit den weißen Westen so leicht, sie weiter zu betreiben – ihre schmutzigen Geschäfte mit dem Mitleid.

Nachwort

Damit künftig mehr Geld bei Hilfsbedürftigen ankommt und nicht anderswo versickert, müssen die Systemfehler schnellstens behoben werden. Hier sind die zuständigen politischen Institutionen gefordert. Es braucht lückenlose Gesetze, um durch mehr Transparenz ein breiteres Fundament für die lobenswerte Arbeit seriöser Spendenorganisationen zu schaffen.

Einen Lösungsansatz zeigt die fruchtbare Arbeit der ADD in Trier. Bisher enden ihre Kompetenzen an den Landesgrenzen. Würden solche Kontrollinstanzen jedoch bundesweit installiert, wäre der erste wichtige Schritt hin zur Transparenz und Kontrolle unternommen. Für die Politik mag er attraktiver sein, als gekippte Landesgesetze (Sammlungsgesetze) wiederzubeleben. Denn bundesweite Aufsichtsbehörden böten die Gelegenheit, das Spendenwesen ohne Gesichtsverlust zu reformieren.

Einen schnell umsetzbaren Lösungsansatz könnte in diesem Zusammenhang das DZI darstellen. Im Grundsatz funktioniert das Kontrollprinzip sehr gut. Es fehlen nur die finanziellen Mittel und durchgreifende Kompetenzen, um mehr zu bewirken. Das notwendige Know-how ist vorhanden, mithin auch das Wissen, dass unseriöse Organisationen keine unkontrollierbaren Monster sind, sondern sich lediglich durch halblegale Schlupflöcher Zutritt verschaffen zu den vielen Millionen an Spendengeldern. Das DZI könnte ohne weiteres zu einer Institution mit staatlichen Vollmachten aufgerüstet werden, statt wie bisher Siegel auf freiwilliger Prüfbasis gegen Gebühr zu verleihen. In der DZI-Satzung ist der Verbraucherschutzauftrag bereits definiert. Nun müsste er nur noch – wie beispielsweise bei der großen Schwester Stiftung Warentest – viel stärker in Form von öffentlichen Warnungen mit Leben erfüllt werden.

Hilfe statt Profit – es ist höchste Zeit für Veränderungen

Zahlreiche Aspekte wurden in diesem Buch ausführlich beleuchtet. Einige jedoch konnten nur am Rande erwähnt werden, zum Beispiel die jährlich verteilten Hunderte Millionen Euro Bußgelder. Immer wenn Staatsanwaltschaften sich bei einem Vergleich mit dem Angeklagten auf eine Geldstrafe einigen oder Gerichte Bußgelder für soziale Zwecke verhängen, bleiben Details über den Zuwendungsbegünstigten im Dunkeln. Dazu gehört die Frage, nach welchen Kriterien die begünstigten Organisationen ausgewählt werden.

Tiefer zu beleuchten wären zudem die Themen internationale Hilfe bei Katastropheneinsätzen und die Vergabepraxis öffentlicher Gelder. Auch hier sollte es nicht darum gehen, in die immer wieder laut werdenden Rufe nach mehr Geld einzustimmen, sondern die vorhandenen Mittel effektiver einzusetzen.

Ein zentrales Motiv dieses Buchs ist es, durch eine umfassende Dokumentation von Einzelfällen ein Problembewusstsein zu schaffen und damit eine Diskussion anzustoßen. Der Titel *Die Spendenmafia* soll aber nicht ausdrücken, dass alle Spendensammler zum Kreise der Mafiosi zählen. Stattdessen weist er auf die Schwächen des Systems hin, auf die Bildung mafiöser Strukturen, die fehlende Gesetze begünstigen.

Wünschenswert wäre eine breite gesellschaftliche und politische Diskussion, offen und konstruktiv über Lösungen für dieses im Milliardenbereich rangierende Problem – Lösungen, die seriöse Organisationen stärken und die Effizienz von Spenden für die bedürftigen Zielgruppen erhöhen. So könnte ein Großteil des Spendenmissbrauchs verhindert werden. Die Ermittlung und Verfolgung des anderen Teils ist dann Aufgabe der Strafverfolgungsbehörden und der Justiz.

Der Begriff »Spendenmafia« ist keine Erfindung von mir. Zumindest der *Focus*, *BILD*, *B.Z.* und *WELT* sind mir zuvorgekommen. In einem Artikel in der *WELT* wird das Begriffsumfeld so treffend definiert, dass ich gerne zitiere: »[...] zu allen Zeiten standen den Spendern jene gegenüber, für die die Spenden nicht gedacht waren, die sie sich aber anzueignen gedachten. Die gibt es auch heute noch. Allerdings bevorzugt die ›Spenden-Mafia‹ inzwischen weniger auffällige Methoden als das Ausrauben einer Kollekte. Da gründet einer einen Verein. Agiert – gut honoriert – als Geschäftsführer. Beauftragt eine Agentur, gewöhnlich personell verschwägert, mit der Organisation der Sammel-Kampagne. Die erfindet eine mitleidheischende Geschichte, versieht sie mit anrührenden Bildern, verschickt Briefe und mobilisiert Drücker-Kolonnen, die den Leuten auf die Pelle rücken (und prozentual an den Einnahmen beteiligt sind). Das beschert ein gutes Einkommen, während bestenfalls wenige Prozent der Einnahmen dem wohltätigen Zweck zufließen.«

Mit diesem im Dezember 2005 erschienenen Beitrag unter der Überschrift »Hast Du mal 'nen Euro?« von Peter Dittmar wurden viele Thesen meines Buches angesprochen. Und der Artikel definiert treffend den Begriff »Spendenmafia«. Allerdings fehlte der Aspekt der politischen Einflussnahme. Und gerade diese wird von Spendenorganisationen ganz massiv betrieben. Das bestätigt ein Blick in die Lobbyliste, die »ständig aktualisierte Fassung der öffentlichen Liste über die Registrierung von Verbänden und deren Vertretern«. 2110 Vereine und Verbände wurden im Frühjahr 2011 darin gelistet. Sehr viele kommen aus dem klassischen Bereich der Spendenfinanzierung.

Außerdem bringt schon der branchenübliche Sammelbegriff der NGOs zum Ausdruck, dass sie quasi als zweites Standbein international neben den Regierungsorganisationen agieren, allerdings mit fehlender demokratischer Legitimation. Und gerade deshalb müssen an NGOs besonders hohe Anforderungen bezüglich der Transparenz gestellt werden.

Abschließend möchte ich noch einmal die drei Kernforderungen zusammenfassen:

- In einer öffentlichen Diskussion muss bei Vereinsmitgliedern und Spendern die Sensibilität für den leider in großem Stil vorkommenden Missbrauch von Unterstützungsgeldern geschärft werden. Im ersten Schritt ist es nicht notwendig, den Non-Profit-Organisationen mehr Geld zur Verfügung zu stellen. Entscheidend ist vielmehr, dass die jedes Jahr aufs Neue geleisteten Überweisungen an die richtigen Empfänger gehen. Bereits ein solcher Umverteilungsprozess erhöht die echten Hilfeleistungen deutlich.

- Ein wichtiger Aspekt, um einen ehrlichen Wettbewerb zwischen den Spendenorganisationen zu unterstützen, wäre die Schaffung von mehr Transparenz. Dazu ist nur das bestehende Gesetz zur Veröffentlichungspflicht von Jahresabschlüssen für Kapitalgesellschaften auf Vereine und Stiftungen zu erweitern. Wie in Großbritannien oder den USA üblich, sollten Non-Profit-Organisationen ab einer bestimmten Größe öffentlich über die Zusammensetzung der Einnahmen und Ausgaben informieren müssen. Unter www.spendenpetition.de können sich alle, die diese Forderung gegenüber der Politik unterstützen und ihr Nachdruck verleihen wollen, kostenlos und unverbindlich in eine Liste eintragen, die bei den einzelnen Regierungen der Länder und des Bundes Vorschriften für Mindesttransparenz einfordert. Wichtig: Es geht nicht um den Aufbau hoher bürokratischer Hürden, die ehrenamtliches Engagement bremsen. Erst ab 30 000 Euro Jahreseinnahmen sollten Vereine und Stiftungen zur Veröffentlichung ihrer Einnahmen und Ausgaben verpflichtet werden. In anderen Ländern ist dies längst gängige Praxis und trägt dazu bei, dass mehr Geld bei den wirklich gemeinnützigen Zwecken ankommt.

- Da es unabhängig von den vorgenannten Forderungen trotzdem weiterhin schwarze Schafe geben wird, sollte es bundesweit zur Einrichtung von Behörden wie die für Rheinland-Pfalz tätige Aufsichts- und Dienstleistungsdirektion (ADD) kommen. Bei besonders krassen Missbrauchsfällen schützen sie hilfsbereite Menschen nur durch amtliche Sammlungsverbote. Dazu ergänzend oder alternativ wäre die Erweiterung der Kompetenzen des Deutschen Zentralinstituts für soziale Fragen (DZI) wichtig. Der in der Satzung ohnehin schon definierte Verbraucherschutzauftrag muss dringend durch ausgesprochene Warnungen mit Leben gefüllt werden. Um diesen Auftrag entsprechend zu erfüllen und im Zweifel rechtlich vertreten zu können, ist das DZI mit mehr Mitteln auszustatten. Wenn beispielsweise der Freistaat Bayern das DZI jährlich mit lächerlichen 600 Euro unterstützt und gleichzeitig die Abschaffung des Sammlungsgesetzes in erster Linie mit der Arbeit des Instituts begründet, zeigt das die Schizophrenie der Argumentation sehr deutlich.

Ich würde mich freuen, wenn ich mit diesem Buch zumindest einen Teil der Spendengelder, die allein bei den genannten Organisationen jährlich über hundert Millionen Euro ausmachen, in die richtigen Kanäle lenken kann. Nicht explizit erwähnte, aber ebenso missbräuchlich arbeitende Organisationen hoffe ich allein schon durch die Frage nach einem Jahresbericht mit Finanzzahlen in Erklärungsnöte zu bringen. Solange Transparenz nicht gesetzlich vorgeschrieben ist, müssen Spender sie eben selbst einfordern. Ähnliches gilt für die Politik, die häufig erst aufgrund öffentlicher Empörung reagiert, statt ein Problem vorausschauend zu lösen.

Danksagung

Mit kritischen Fragen zu Spendenorganisationen macht man sich wenig Freunde. Umso wichtiger sind diejenigen, die Wesentliches zu CharityWatch.de und die Entstehung dieses Buches beigetragen haben.

Allen voran möchte ich den Mitarbeiterinnen und Mitarbeitern des Bayerischen Journalistenverbandes danken. Ohne deren moralische und vor allem rechtliche Unterstützung hätte ich längst aufgegeben. Auch Karin Burger mit ihrem Schwerpunkt Tierschutz ist mittlerweile zu einer sehr wichtigen Stütze geworden. Arnulf und Harald Müller-Delius schaffen vor allem die technischen Voraussetzungen. Mein Dank gilt auch meiner Schwester Karin Loipfinger, die seit vielen Jahren eine unverzichtbare Mitarbeiterin ist. Nicht zu vergessenen meine Ehefrau Susanna. Sie arbeitet aktiv mit, hat stets ein offenes Ohr und liefert wertvolle Ratschläge. Zum Schluss dürfen natürlich nicht die Mitarbeiterinnen und Mitarbeiter des Verlags fehlen. Ihnen gilt mein Dank für die Geduld und professionelle Begleitung. Auch den zahlreichen Informantinnen und Informanten möchte ich an dieser Stelle noch einmal danken. Ohne ihre Zivilcourage könnten einige Spendenfürsten weiterhin ihr Unwesen unter Ausschluss der Öffentlichkeit treiben.